U0641158

尼山文库

NISHAN SERIES

儒学与中国哲学

杨国荣 著

山东教育出版社·济南

图书在版编目（CIP）数据

儒学与中国哲学 / 杨国荣著 . —济南：山东教育出版社，
2024.6

（尼山文库 . 第二辑）

ISBN 978-7-5701-2769-6

Ⅰ. ①儒… Ⅱ. ①杨… Ⅲ. ①儒学－研究 Ⅳ. ① B222.05

中国国家版本馆 CIP 数据核字（2023）第 221778 号

责任编辑：何欣竹 周宝青

责任校对：刘 园

封面设计：姜海涛

版式设计：吴江楠

RUXUE YU ZHONGGUO ZHEXUE

儒学与中国哲学 　　　　　　　　　　　　　　　　杨国荣 著

主管单位：山东出版传媒股份有限公司

出版发行：山东教育出版社

　　　　　地址：济南市市中区二环南路 2066 号 4 区 1 号 　　邮编：250003

　　　　　电话：（0531）82092660 　　网址：www.sjs.com.cn

印　　刷：山东新华印务有限公司

版　　次：2024 年 6 月第 1 版

印　　次：2024 年 6 月第 1 次印刷

开　　本：710 毫米 × 1000 毫米　1/16

印　　张：27

字　　数：339 千

定　　价：120.00 元

（如印装质量有问题，请与印刷厂联系调换）印厂电话：0534-2671218

《尼山文库》编委会

编委会主任：靳　诺　　白玉刚　　于晓明

编委会副主任：张立文　陈　来　魏长民　国承彦

编委会委员：（按姓氏笔画排序）

干春松　于晓明　王　博　王中江　王国良　王新春

王学典　贝淡宁（加拿大）　方国根　尹丝淳（韩国）

白　奚　白玉刚　西原春夫（日本）　成中英（美国）

朱人求　朱汉民　朱瑞显　向世陵　刘　皓　刘大钧

刘学智　齐鹏飞　米怀勇　池田知久（日本）　汤恩佳

安乐哲（美国）　牟钟鉴　杜泽逊　李中华　李宗桂

李承贵　李振纲　李晨阳　李景林　李焯然　李锦全

李瑞全　杨国荣　杨泽波　杨柱才　杨朝明　肖永明

吴　震　吴根友　何　俊　冷兴邦　张　践　张志强

张学智　张新民　张立文　陈　来　陈卫平　陈少明

邵汉明　范瑞平　林乐昌　林安梧　林忠军　国承彦

罗多弼（瑞典）　罗安宪　周　静　姚新中　柴文华

高令印　郭　沂（韩国）　郭齐勇　郭思克　黄玉顺

黄俊杰　黄　勇　崔英辰（韩国）　梁　涛　彭彦华

董　平　董金裕　景海峰　程奇立　傅永聚　舒大刚

温海明　靳　诺　蔡方鹿　臧峰宇　黎红雷　颜炳罡

潘文阁（越南）　潘富恩　魏长民

主　　编：张立文　陈　来

作者简介

　　杨国荣，华东师范大学资深教授、人文社会科学学院院长、教育部人文社会科学重点研究基地中国现代思想文化研究所所长、校学术委员会主任。浙江大学马一浮书院院长，教育部长江学者，国务院学位委员会第五、第六届哲学学科评议组成员。主要研究领域包括中国哲学、中西比较哲学、伦理学、形而上学等，出版学术著作20余种，多种论著被译为英文、韩文，在 Indian University Press、Brill 等出版。主要学术兼职包括国际形而上学学会（ISM）主席、国际哲学学院（IIP）院士、国际中国哲学学会（ISCP）前会长（2019—2022），中国哲学史学会会长等。

总序

　　为深入贯彻党的二十大精神，贯彻落实习近平总书记关于传承发展中华优秀传统文化系列重要讲话精神，落实《尼山世界儒学中心儒学传承发展"十四五"规划》有关部署要求，尼山世界儒学中心依托中心学术委员会，以学术顾问和学术委员为主体，组织编写出版了《尼山文库》。

　　一个民族的复兴，总是以文化的兴盛为强大支撑；一个时代的进步，总是以文化的繁荣为鲜明标志。以习近平同志为核心的党中央高度重视中华优秀传统文化的传承发展，始终从中华民族最深沉的精神追求看待优秀传统文化，从国家战略资源和文化软实力的高度继承优秀传统文化，从推动中华民族现代化进程的角度创新发展优秀传统文化，使中华优秀传统文化成为新时代新征程党和国家事业发展、实现第二个百年奋斗目标的重要力量。党的二十大报告提出"推进文化自信自强，铸就社会主义文化新辉煌"，就建设社会主义文化强国作出战略部署。深入学习贯彻党的二十大精神，坚持中国特色社会主义文化发展道路，增强文化自信，承担起举旗帜、聚民心、育新人、兴文化、展形象的使命任务，踔厉奋发，笃行不怠，推出更多增强人民精神力量的优秀作品，是《尼山文库》的使命担当。

　　文库汇编的作品展现了学术界近年来在中华优秀传统文化研

究方面的新理念、新观点、新贡献，着重阐释儒学在弘扬践行社会主义核心价值观中的重要价值，概括儒学在国际交流、传播以及对话中的积极作用，解读儒学在公益慈善文化中的智慧启示。选编内容包括专家们在学术会议上的发言、出版论著的序言、近期发表的学术论文，或论文论著精华摘要、核心观点摘编等，各自组成体系完备、结构完整的学术著作。我们力争在"十四五"期间，陆续推出40部学术著作。

　　《尼山文库》的出版是建设世界儒学研究高地，打造文化"两创"新标杆的需要。2013年11月，习近平总书记在山东考察工作时提出，要加强对中华优秀传统文化的挖掘和阐发，努力实现中华优秀传统文化的创造性转化、创新性发展。十年来，山东立足丰厚的文化资源，以高度的文化自觉扛牢中华优秀传统文化"两创"担当，不断激发文化创新创造活力。设立尼山世界儒学中心（中国孔子基金会秘书处）就是为了深入贯彻落实习近平总书记重要指示要求，努力打造世界儒学研究高地、儒学人才集聚和培养高地、儒学普及推广高地、儒学国际交流传播高地。山东省第十二次党代会明确提出"打造文化'两创'新标杆""深入推进尼山世界儒学中心建设"。在全国上下深入学习贯彻党的二十大精神，全面建设具有强大凝聚力和引领力的社会主义意识形态的时代背景下，编写出版这套丛书，有助于我们全面深入学习贯彻习近平总书记关于大力弘扬中华优秀传统文化的重要论述，坚守中华文化立场，做好为国家立心、为民族立魂的工作，传承和弘扬好以儒家思想为代表的中华优秀传统文化。

　　《尼山文库》的出版是以文化人、守正创新，推动中华优秀传统文化与社会主义社会相适应的需要。习近平总书记强调，中华优秀传统文化是中华文明的智慧结晶和精华所在，是中华民族的根和魂，是我们在世界文化激荡中站稳脚跟的根基。出版这套丛书的宗旨在于立根铸魂，研究阐释中华文明讲仁爱、重民本、守诚信、崇正义、尚和合、求大同的精神特质和发展形态，阐明中国道路的深厚文化底蕴，展现中国人的宇宙观、天下观、社会观、道德观，展现中华文明的悠久历史和人文底蕴，承继中华优秀传统文化"观乎人文，以化成天下"的教化之道，更好构筑中国精神、中国价值、中国力量，坚定文化自信，增强中华文明的传播力、影响力，促进文化"两创"成果落在社会上、落在群众中、落在生活里。

《尼山文库》的出版是推动世界不同文明交流互鉴，构建人类命运共同体的需要。海纳百川，有容乃大，编写出版《尼山文库》，继承中华优秀传统文化，弘扬时代精神，构建中国价值，绝不是拒斥外来文明，而是坚持不忘本来、吸收外来、面向未来，坚持"二为"方向、"双百"方针，坚持创造性转化、创新性发展。丛书倡导求实、严谨、活泼的文风，突出学术性、思想性、可读性，弘扬平等、互鉴、对话、包容的文明观，弘扬中华文明蕴含的全人类共同价值。

为天地立心，为生民立命，为往圣继绝学，为万世开太平，这是中国古代儒家知识分子的抱负，也是《尼山文库》的理想和期待。推进"两创"和"两个结合"需要久久为功、持续用力，希望更多的专家学者参与《尼山文库》的编写，为建成社会主义文化强国共同努力奋斗！

是为序。

《尼山文库》编委会

2022年11月16日

前言

儒学本属传统的学派，但在晚近，已融入广义的中国哲学之中。就其内在品格而言，中国哲学首先表现为历史与理论、生成性与历史性的统一。回溯以往的衍化过程，可以看到，每一个时代，都有每一个时代的中国哲学：一方面，早先的哲学思想随着时间的推移而成为历史中的哲学；另一方面，在不同的历史背景之下，中国哲学又不断生成新的形态。近代以来，这种生成性仍在延续，当代中国同样面临着进一步生成的问题。

与中国哲学的以上特点相联系，中国哲学的研究涉及历史与理论二重进路。冯友兰先生曾区分"照着讲"与"接着讲"，前者体现了历史学家的方式，后者则更多地呈现为哲学理论的建构，二者尽管进路不同，但都有自身的学术意义，不同个体可以根据性之所近、学之所长而有所侧重。当然，具体个体在研究过程中诚然可以有不同进路，但就中国哲学总体发展而言，以上方式需要相互交融。

近代以来，随着西方哲学的东渐及中西哲学的相遇，中国哲学与西方哲学的接触与互动已经成为一种基本的历史现象。以此为背景，中国哲学也开始获得世界性的维度。世界哲学可以从不同的层面加以理解。将哲学理解为"世界哲学"，首先与历史已成为世界的历史这一时代背景相联系。与之相应，世界哲学意味着超越地域性文化背景和文化传统的限定，从"世界"的角度来理解世界本身。

就哲学的衍化而言，走向世界哲学，同时意味着回归哲学的本原形态。哲学从其诞生之时就与智慧的追求无法分离。作为把握世界的方式，智慧不同于知识：知识主要指向经验世界之中的特定领域和对象，智慧则要求超越经验领域的界限，把握作为整体的世界。知识在对世界分而论之的同时，也蕴含着对存在的某种分离，哲学则要求超越"分"或"别"而求其"通"。从哲学的层面看，所谓"通"，并不仅仅在于哲学体系或思想学说本身在逻辑上的融贯性或无矛盾性，它的更深刻的意义体现在对存在的统一性、具体性的敞开和澄明。在历史越出地域的限制而走向世界历史的前提下，哲学思维在存在背景方面的限制得到了某种扬弃，这就为真正超越特定的界限（包括知识的界限）而走向整个世界，提供了更为切实的历史条件。近代以来，在历史走向世界历史的背景下，哲学逐渐有可能在一种比较普遍的、人类共同的价值基础和前提下，提供关于世界的说明。

同时，近代以来，随着知识的不断分化，学科意义上的不同知识系统逐渐取得了相对独立的形态，并愈来愈趋于专业化、专门化。知识的这种逐渐分化既为重新回到智慧的本原形态提供了可能，又使超越界限、从统一的层面理解世界变得愈益必要。在经历了知识分化的过程之后，如何真正回到对世界的整体性的、智慧形态上的把握？这是今天的哲学沉思无法回避的问题，而回应这一问题的过程，也是走向世界哲学的过程。在此意义上，所谓"世界哲学"，也可以理解为智慧的现代形态，或者说，现代形态的智慧。从以上方面看，世界哲学显然不仅仅是一个空间的概念，而是同时包含历史性和形而上层面的深沉内涵。

相对于具体科学，哲学更多地关切总体上的价值方向和价值目的。就当代而言，各种形式的冲突，包括民族纷争、宗教分异、意识形态的对抗，使传统的"大同"理想以及张载提出的"为万世开太平"或康德的"永久和平"是否可能和如何可能，成为具有现实意义的问题。随着科学技术的发展，基因、克隆、人工智能、信息技术等，也包含着哲学需要回应的新的问题。哲学离生活并不远，尽管它不研究具体学科中的特定对象，但总是无法回避涉及人类发展方向的诸种问题。哲学家的使命，在于以哲学解释和说明世界的同时，又努力多方面地实现其规范作用，引导人们更好地思考和行动。作为智慧的形态，哲学既超越知识的限定而表现出普遍的向度，又涉及价值的关怀，与之相联系，如前所述，世界哲学意味着从更普遍的人类价值的角度，理解世界对人的意义。

哲学的问题每每具有恒久性。历史地看，亚里士多德的一些科学假说，在伽利略时代已被证明是错误的，从而，作为科学家，亚里士多德在相关的领域中可能逐渐退隐。但是，作为哲学家，亚里士多德却无法被遗忘，后来的哲学总是会不断地向他回归。在科学领域，以前的科学家常常被后来的科学家超越，其理论也每每被涵盖，然而，在哲学上，却不能说当代哲学家一定比古代哲学家高明。哲学总是要关切人自身和这个世界，总是需要追问一些根本性的东西，只要人类存在，那么对人为何存在、应该如何存在的发问就不会停止。这一进路既与西方philosophy（哲学）内含的智慧之思相一致，也体现了中国性与天道之学的传统。当然，这样的追问必须建立在可靠的基础之上，这既涉及现实的背景，又关乎严密的逻辑分析。

以上事实表明，在展示世界性内涵的同时，哲学也具有规范意义：实践的引导同时展现了哲学的规范意义。哲学的"世界历史性"与哲学的"实践力量"呈现内在的关联性，二者的这种联系在马克思的以下表述中得到了更具体的展示，马克思指出："世界的哲学化同时也就是哲学的世界化。"所谓"哲学的世界化"，涉及在普遍的层面上对于世界的理解和把握；"世界的哲学化"则意味着蕴含于哲学之中的普遍价值理想在世界之中得到真正实现。从康德在"理性立法"的形式下讨论哲学的规范性，到马克思将哲学的规范性与改变世界联系起来，其间既包含视域的扩展和转换，又存在某种历史的联系。

世界视域下的普遍视域，同时与哲学自身的建构与发展相联系。从这一方面看，世界哲学进一步涉及哲学衍化的多重资源与多元智慧。这一意义上的世界哲学意味着超越单一或封闭的传统，运用人类在不同文化背景下所形成的多样智慧，进一步推进对世界的理解和哲学思考本身的深化。在相当长的时期中，中国哲学、西方哲学都是在各自的传统下相对独立地发展，然而，在历史成为世界历史的背景下，哲学第一次可以在实质的意义上超越单一的理论资源和传统，真正运用人类的多元智慧推进对世界的理解。

以中国哲学的衍化而言，近代以来，中国哲学的发展，乃是以世界哲学的历史衍化为前提，这种背景使哲学思想的建构与哲学观念的论争，同时具有超乎特定时空的意义。在此背景下，哲学建构以及哲学的论争即使发生于中国，也开始具有世界的意义。中国当代哲学家冯契先生在20世纪末曾指出：中国哲学在现代"正面临着世界性的百家争鸣"。历史地看，20世纪以来的中国哲学既呈现世界性的意义，也以某种方式介入了世界范围内的百家争鸣，而如何通过更深入、更自觉地参与这种争鸣以发展自身，则是中国哲学在进一步演进过程中所面对的问题。

参与世界范围内的百家争鸣的过程，也是中国哲学形成自主的思想体系并展示自身话语力量的过程。建构自主的思想体系，首先需要立足于创造性研究，而非仅仅基于标语口号，唯有通过这种研究形成自身独特的概念系统、理论构架，中国哲学才能既作为百家之一而介入世界范围的学术争鸣，又展现自身的内在话语力量。在这里，走向世界哲学与形成自主的思想体系表现为同一过程的两个方面。相应于此，世界哲学也不同于某种单一的哲学形态：与历史已经进入世界历史、不同文化传统已彼此相遇的背景相联系，世界哲学既以多样性为其具体内容，又呈现个性化的特点。从而，哲学的世界化与哲学的个性化、多样化呈现内在一致性。

作为中国哲学的历史构成，儒学同样包含历史性与生成性双重品格：它形成于先秦，经历了汉代经学至宋明新儒学（理学）的衍化，晚近以来，又出现了所谓现代新儒学。以时代的变迁为背景，儒学唯有经过历史的转换，才能获得内在的生命力。按其实质，儒学的演进与中国哲学的发展，呈现同一趋向。收入本书的相关文章既以儒学和中国哲学的历史反思为指向，也努力从不同方面赋予二者以新的历史内涵，这一进路在更广的意义上试图展现史与思统一的哲学视域。

目录

001

附　录

后　记 / 409

上编

文明互鉴：走向思想的深层

一

从互鉴的角度看，文明具有普遍性和特殊性两重规定。人类文明首先包含普遍性之维，这一意义上的文明可以宽泛地理解为人类存在的基本方式。在相近的意义上也可以说，人类文明就是人类文化创造成果的总和。

以中国文化为出发点，人类文明的普遍性规定可以从儒学较早关注的两个观念加以考察。第一个是"文野之别"。儒家很早就关注"文野之别"，"文"即文明化，"野"则指前文明的自然状态。从价值论的角度看，"文野之别"所涉及的问题，是如何走出自然状态，进入文明化的形态，这也是"文野之别"内含的价值意义。以本体论或形而上学为视域，则可以注意到，这一过程表现为从本然的存在到现实世界的转换过程。"本然存在"即人的知行活动尚未参与其中的存在状态；"现实世界"则是人通过自身对外部存在的作用而构建起来的世界，其中包含着人的参与过程，而人本身也内在于这一世界之中。就以上方面而言，文明意味着从本然世界进入现实世界。

儒家文化中第二个与文明相关的观念，是"人禽之辨"。"人禽之辨"是儒学所讨论的重要论题，这一方面的辨析主要回答"何为人"的问题，其关切之点在于指出人之为人或人不同于其他存在的根本规定。孟子说："人之所以异于禽兽者几希；庶民去之，君子存之。"①这里的"几希"即人之为人的内在本质。荀子进一步通过比较草木、水火、禽兽与人的差异，以突出人的独特品格："水火有气而无生，草木有生而无知，禽兽有知而无义，人有气、有生、有知，亦且有义，故最为天下贵也。"②以上说法更深层次的含义，在于指出人与自然对象差异之所在。"人禽之辨"所包含的价值取向上的观念，也是我们讨论文明形态时所要关注的问题：如果说，"文野之别"着重于价值创造，强调人乃是通过自身的文化创造活动而构建超越于自然状态的现实存在，那么，"人禽之辨"则更多地着眼于价值取向，肯定人的存在之中沉淀着文明发展过程中形成的仁义等价值品格，从而，就人与其他对象的区别而言，文明的特征便体现于人的价值创造活动以及人的价值取向。

以上两点构成了文明的普遍性特征：可以说，文明在普遍之维上都涉及"文野之别"与"人禽之辨"。需要指出的是，文明的上述内涵主要从"类"而非"个体"的角度，体现了其内在特征："文野之别"关乎"类"的价值创造，"人禽之辨"则体现了"类"的价值取向。从"文野之别"到"人禽之辨"，确实可以从不同角度看到人之为人的普遍品格，而在"类"的层面所揭示的人之为人的本质规定，又体现于经济、政治、文化、价值观念

---

① 《孟子·离娄下》。
② 《荀子·王制》。

与日常生活、行为方式等多重维度。

就原初的存在而言，人乃是通过劳动而实现从前自然状态到文明状态的转换，在此意义上，劳动构成了文明所以可能的重要前提。从政治上看，人在进入文明社会之后，便开始实行社会治理、建立政治体制。从文化价值方面来说，随着实践生活的多方面展开，人逐渐构成了一系列文明的观念和规范系统。以日常生活经验为视域，人们常常会提到文明的交往方式，在此，"文"即表现为人不同于其他存在或区别于前文明状态的交往形式，直到现代，与文明相对的行为常常被归入野蛮之列：看到举止粗鲁，人们通常会说这种行为"不文明"。在以上方面，文明确实体现于日常行为方式之中。除了普遍性规定之外，文明还具有特殊性，这种特殊性不仅渗入政治、经济、文化价值方面，而且不难在上述日常的行为方式中发现。

从宏观的方面来说，文明有西方文明、阿拉伯文明、印度文明、中国文明等不同形态。如果着眼于宗教的视野，则可以区分基督教文明、伊斯兰文明、儒家文明，等等。具体而言，如果以中西文明作为参照，则可以看到文明的发展衍化过程确实展现出不同特点。在经济生活中，早期西方文明注重航海贸易，中国则比较早地从事农耕活动。政治上，西方在古希腊已采用了城邦民主治理的方式，中国则从周朝开始强调"溥天之下，莫非王土；率土之滨，莫非王臣"[1]，建立了以君主制为形式的政治制度。在科学文化方面，也不难注意到两者的差异。如医学上，西方关注人体的特定部分，对现代西方医学来说，最为重要的是两个方面，一个是抗生素，一个是手术刀。中国的中医则注重人体的辩

---

[1]《诗经·小雅·北山》。

证性质，主张辨证施治，从整体的角度来理解人之身，而冬病夏治等方式，则从另一方面体现了辩证的观念。从文化层面上说，西方人有"为知识而知识"的传统，中国人则强调实用理性，趋向于通过解决经济、政治、生活的具体问题而展开研究，这也表现出两者的明显差异。从价值观念看，西方人强调个人权利、个体本位，中国人则更注重于家庭观念、家族至上。从具体生活方式来说，中国人使用筷子，西方人使用刀叉，这也体现了文明的不同。诸如此类，不一而足。

可以看到，文明既有普遍性的特点，也呈现特殊性的一面。文明所具有的普遍性品格为文明的互鉴或相互影响提供了可能，不同的文明形态作为超越于自然状态、体现了人化规定的存在形态，彼此之间具有相通性，从而可以相互影响，就此而言，文明的普遍性构成了文明相通和互鉴的前提。今天所说的构建人类命运共同体，也以文明的普遍性作为基础。相形之下，文明的特殊性则蕴含多样性和差异性，它使不同文明之间的比较、借鉴成为必要：完全同一的对象之间不存在相互参照的问题；因为相异，所以需要彼此借鉴。要而言之，文明的普遍性为文明之间的互鉴提供了何以可能的前提：彼此全然不同的东西无法相互比较、互鉴；文明的特殊性则从文明差异性、多样性方面凸显了文明之间互鉴互补的必要性。习近平同志曾指出，"文明因多样而交流，因交流而互鉴，因互鉴而发展"，这一看法也确认了以上关系。互补既是保持和发扬自身优势的重要方面，也意味着每一种文明需要学习其他文明的长处，以克服自身的不足；人类文明的普遍性与特殊性和人类的发展具有内在的关联。

文明所蕴含的以上二重规定表明，需要合理地看待二者关系。如果仅仅强调文明的普遍性，便容易导向独断论。现代西方价值系统所强调的"普世文明"，多少蕴含将西方文明理解为放之四海而皆准的独断系统的趋向，在这一视域下，西方近代以来所形成的价值系统，往往被看作是唯一、标准的形态，由此趋向于"非我族类，其心必异"的观念，排斥其他与之相异的文明形态，并以坚持西方价值原则为所谓"政治正确"的准则，由此导致独断的价值倾向。如果仅仅强调文明的特殊性，也常常会导向相对主义和排他主义。各种宗教极端主义和狭隘的民族主义，便以不同的形式突出了某种文明形态的特殊性。宗教极端主义强调一定宗教形态的特殊意义，要求绝对皈依并忠实于这种特殊形态而排斥其他，由此引向宗教文明之间的相互对立。狭隘的民族主义对外要求承认其独特性，对内则责成相关成员认同自身传统，当民族认同与普遍的价值取向彼此冲突时，狭隘的民族主义更多地表现出否定性的一面。

不难注意到，单纯地突出文明的普遍性或单纯强调文明的特殊性，都将趋向于文明的单一化和排他化，两者共同特点是无视文明的多样性，未能接受兼容并包的观念。这种单一化、排他性的取向往往导向文明间的冲突。亨廷顿所提出的"文明冲突论"，便基于文明之间无法彼此相容的观念。在这一意义上，承认文明的普遍性、尊重文明的特殊性和多样性既是进行文明互鉴的前提，也为避免文明的冲突提供了依据。

二

历史地看，在人类文明的演进过程中，文明互鉴古已有之。西方文明、印度文明、中亚文明、中国文明之间，很早就形成相互的影响和借鉴。这种互鉴和相互影响，体现于不同的维度。从物质的层面来说，文明之间的不同影响，在世界范围之内都不难注意到。以经济领域中的农作物而言，小麦是基本的粮食作物之一，在中国目前已很常见，但小麦并非中国本来就有，就种植的历史来说，中亚和西亚的小麦种植要比中国早三千年左右，中国的小麦可能源自中亚。此外，如所周知，玉米、红薯是从南美洲引入中国，这也体现了不同文明之间在物质层面的互相影响。这类植物的引入，对中国社会历史产生了重要影响：红薯、玉米耐旱耐寒、产量较高，明清之际特别是清代中国人口的迅速增长，与以上农作物的引入密切相关。

同样，就家畜而言，猪、羊、马的驯化都是西亚早于中国。猪、羊直到现在仍是我们重要的肉食来源，马虽然淡出了历史，但曾是重要的运输工具，在日常生活、军事活动中都具有重要作用。西亚对这些家畜的驯化早于中国，很可能它们最初是从西亚引入中国的。军事上的战车也是从域外传入中国，中国本来并无战车。其他物品如日常生活中椅子、桌子都是从西方、中亚、印度等地引入的：中国人最初习惯于席地而坐，并使用"几"而非桌子。乐器方面，如胡琴，从名称就知道来自域外。

以上是就西方或者中亚文明对中国的影响来说。中国的物质文明对西方和域外也产生了巨大影响。显而易见的方面是丝绸，现在重提丝绸之路，倡导共建"一带一路"，这一主张便基于丝绸最初源于中国，而后传入西方。蚕的养殖、丝绸成品，都来自中国。同时，中国饮茶比较早，唐代的陆羽已把茶从诸多的饮品中抽出来，以清茶的形式饮用，这一方式后来在中国逐渐普及，从宫廷贵族到一般的民众，饮茶成为普遍习惯。茶的饮用、种植都从中国开始，然后通过印度、中亚逐渐传入西方。这些都体现了中国文化在物质层面上对西方等域外文化的影响。此外，大家比较熟悉的四大发明（造纸术、指南针、火药、印刷术），对整个世界文明包括西方文明都产生了巨大影响，后来西方的军事、经济、文化的发展，与中国文明的以上影响很难分开。可以看到，在物质层面，中国既受到外来文化的影响，也把自己的文化输入其他的文明形态中，由此，具体展现了文明的相互影响。

从思想文化上说，外来文明对中国文明同样产生了重要的影响。这里首先可以关注佛教，佛教本来源于印度，自东汉末年传入中国后，在魏晋、隋唐以及宋明时期，都产生了多方面的影响。以宋明时期的理学而言，理学与佛教的关系可以说相拒而又相融，一方面，理学家作为儒家的传人，都有排佛、反佛的趋向，但另一方面，其思想的内在的层面，又处处受到佛教的影响，从哲学观念，到语言概念，都不难看到佛教影响，理学家所说的"能所""境界"，其表述形式和内在含义都与佛教相关。后来的王夫之也用"能所"来讨论认识论问题，"能知"与今天所说的认识主体及其观念相关，"所知"则指认识对象，后者不同于尚未进入知行之域的本然对象。"境界"这一观念也渗入了佛教的思想，尽管这两个汉字早就有了，但是从哲学层面来说，以此表示人的精神的形态，则与佛教相关。另外，日常生活中，"因果报应"已成为中国人很重要的观念，明清小说几乎都可以看到因果报应的思想，这一观念也来自佛教。就以上方面而言，从文化层面的思想理念到日常生活，佛教对中国文化产生了多方面的影响。

到了16世纪，随着传教士来华，西方文明开始逐步地由传教士传到中国。传教士引入的西方文化，对中国文化的触动虽然没有像19世纪中后期那样广泛，但是也产生了重要的影响，特别在部分的士大夫中，其影响非常深刻。一些人如徐光启，甚至接受洗礼，皈依基督教，成为其信徒。传教士在学术层面介绍的几何学、天文学，在文化交流方面也有很重要的作用。西方传教士中的一些人，如汤若望、南怀仁等，甚至成为钦天监，成了明清主持天文历法的重要人物，可见其影响之深。在哲学上，同样可以看到类似现象，方以智在《物理小识》中提到"质测"与"通几"，"质测"相当于实证科学，"通几"则近于形而上的哲学观念。"质测"与"通几"这两个概念在中国古已有之，在《易传》中便可以看到"通几"这一表述，但是方以智借用西方（远西）的概念来解释其具体含义，并指出了西方学术的不足："远西学人，详于质测而拙于言通几。"[1]这里已可看到中西学术的初步相涉。

19世纪中后期，西方哲学开始系统传入。相对而言，16世纪传教士对西方文化和思想的介绍既谈不上系统，也很难说深入，作为传教士，他们毕竟有自身的局限。到了19世纪后期，西方文化，包括西方哲学开始真正传入，今天所说的中西哲学，与这一时期有更为切近的关系。从哲学层面来说，西方思想的引入，对中国文化产生了重要影响。以墨家思想，特别是《墨辩》的理解来说，其中很多的观念涉及实证科学、逻辑学方面的思想，由于相对于中国传统中主流学术观点而言，它们显得有些"另类"，因而在相当长的时期中，一直不得其解。然而，在西方科学与逻辑学传入之后，以西方思想为参照，反观《墨辩》中的科学与逻辑思想，以前一直晦涩不清的很多观念，就比较清楚而容易理解了。可以看到，西方文明对理解中国自身文化，具有不可忽视的作用。

以上主要简略考察西方文化对中国的影响。同样，中国文

---

[1] 方以智：《物理小识·自序》，商务印书馆，1937。

009

明对其他的文明包括西方文明产生了重要的影响，早在16世纪，传教士已经把中国文化中的四书五经翻译成拉丁文或其他欧洲文字，将其传入西方，这些著作以及其中蕴含的思想对西方的启蒙思想家产生了重要影响。如所周知，莱布尼茨、伏尔泰等等都受到中国文化的影响。以传教士的介绍为途径，莱布尼茨对中国文化已有所了解，并对此作了反馈，著述了不少关于中国文化的专著和文章，《易经》的影响，便直接导致了他对二进位的兴趣，从中也可以看到中国文化对西方文化的影响。当然，从哲学层面来说，当时还存在某种不对称现象：西方哲学家如莱布尼茨等人了解并吸取了中国哲学的思想，中国的士大夫除了少数人对逻辑学等有所关注外，对西方哲学大都不太感兴趣。实藤惠秀曾指出："16世纪以来，传教士虽然不断引进近代西方文化，但是，当时的中国人却无接受之意。传教士煞费苦心用汉文写成的东西，大多数中国人亦不加理睬。"[①]这一看法也有见于以上现象。

　　不过，就总体而言，从历史角度来说，不管在物质的层面，还是文化观念层面，文明互鉴、文明之间的相互影响，都是一个古已有之的事实。

三

　　对文明互鉴的考察，进一步引向文明互动的问题。从词义上说，"文明互鉴"侧重于相互参照（mutual reference），其重点在于分析比较、把握同异。"文明互动"的含义是相互作用（mutual

---

① 实藤惠秀：《中国人留学日本史》，生活·读书·新知三联书店，1983，第4页。

interaction），其特点关乎实际的活动。不同的文明之间既需要在观念上相互参照，包括同异的比较等等，也需要在动态变革的层面相互作用。广义的"互鉴"蕴含"互动"，当习近平同志强调文明"因互鉴而发展"时，也已肯定这一点。

19世纪70年代，中国派遣的第一批留美学生正式赴美学习。这一留学计划，即以当时的"文明互鉴"为依据：西方在科学、军事等方面的领先和强势，使中国人不能不通过留学等方式，了解这一域外文明。然而，除了詹天佑、唐绍仪等人在实业、政治上留下了自身的历史印痕外，这些学生回来后相当程度上成为历史的"旁观者"，并未能充分发挥实际的历史作用。这里的缘由当然是多方面的，但主要以相互参照为视域，停留于彼此"互鉴"，而没有进一步走向"互动"，无疑是不可忽视的因素。这一现象从一个方面表明，基于实际活动的互动在文明的交流中是不可或缺的。

文明互动既关乎观念的层面，也涉及实际的作用过程。从后者来说，基于儒学的仁道的观念，便体现了社会运行过程中不同观念之间的互动。今天中国所实施的"精准扶贫"在这方面可以说提供了一个较为具体的范例："精准扶贫"虽然也折射了"得其应得"的西方正义观念，但同时依据于传统儒学的"仁道"的原则和"得其需得"的观念。在"精准扶贫"的历史实践中，扶贫过程基于扶贫对象摆脱贫困、发展自身的内在需要，其遵循的原则是与"仁道"相应的"得其需得"，而以"精准"为实施的方式，则关乎"得其需得"原则实现的具体途径。这一事实表明：文明互动不仅仅内在于观念层面的相互参照，也体现在实践层面上的实际作用。

在政治上，同样不难注意到文明的互动。一方面，中国的政治变革需要吸取西方近代以来的文明观念，在政治体制建设过程中，西方近代的民主观念，包括注重政治程序、讨论选举等，都构成了借鉴、参考的重要内容，也制约着实际的体制建构过程。另一方面，中国在政治体制方面的一些举措，对西方政治文明同样可以产生重要影响。中国政治文明的重要特点之一是"举国体制"，"集中力量办大事"。这种政治文明的观念在实践层面上同样为西方政治体制提供了某种借鉴，从现在西方特别是美国的一些政治取向便可看出这一点。美国现在推出的"芯片法案"和"芯片联盟"，以及从"亚太再平衡战略"到"印太战略"等所谓"战略"，都是政府主导之下，以一种举国体制的形式展开的过程，这些政治举措在某种意义上似乎参照了中国政治文明的运行方式：按照西方传统的自由市场的理念，西方政府应该担任所谓"守夜人"的角色，不干预经济活动，不参与与之相关的运作。当然，从价值方向上看，美国这种政府之举主要是为了扼制、打压其他国家的发展，这固然从一个方面展现了政治文明之间的相互作用，但其行为又逆历史潮流而动，这种背离了历史发展进程的"作用"显然难以如愿。

从近代科学的发展来看，西方科学主要体现于两个方面，一是实验方式，一是数学推演，这也构成了近代科学的主要特征。比较而言，中国人比较注重的是有机联系的观念和辩证思维方式，这一点很多研究中国科技史的人物，如李约瑟等，都已经注意到了。从自然观的角度看，这与中国哲学中"气"的思想具有内在关联。相对"原子"的特定规定，"气"的观念具有某种模糊性，但在科学的层面，又为普遍联系等观念提供了空间。如果说，"原子"观念与近代的实证科学具有一致性，那么，"气"的思想则为接受现代物理学的"场"（电场、磁场、引力场等）的观念提供了某种依据。在实践的层面，现代科学的发展既离不开西方近代以来的实证精神，也需要传统中国与"气"的思想相关的有机联系观念、辩证思维方式，二者不仅能够互鉴，而且可以在科学活动中形成实际的相互作用。

在经济上，不同文明之间的这种相互作用，同样不能停留在观念层面的互鉴，而是需要指向实践领域的互相作用。世界范围内，经济在发展过程中已逐渐形成全球产业链，这种产业链制约着经济领域的互动，它要求具有不同文明背景的国家、民族、地区根据自身的特点，聚焦于某一个方面，进一步参与世界经济的循环。唯有承认并肯定这种相互作用的意义，才能推动整个世界经济的发展。一切反全球化、人为破坏全球产业链的观念和行动，都属于经济发展过程中的历史逆流，其作用是消极并具有否定性的。经济活动的以上方面具有实践意义，而不仅仅涉及观念层面的相互了解、同异比较，它乃是基于经济活动中的不同定位和角色，在实践层面上展开的相互作用。

在哲学方面，中国近代以来所形成的各种具有世界意义的体系，如熊十力、梁漱溟、冯友兰、金岳霖等哲学家的系统，其独创性体系的形成，也可以视为广义的文明互动的产物。中西哲学本是中西文明各自长期发展的结晶，熊十力、梁漱溟等哲学家既吸取了西方文明的成果，也上承了中国文明的理论资源。这些形成自身体系的哲学家正是根据自己对西方思想、文化精神的理解，吸纳其主要观念，由此形成了创造性的哲学系统。这种情形在20世纪之后依然得到了延续，以冯契、李泽厚为主要代表的具有创造性的哲学家，其体系也可以视为从文明互鉴到文明互动的产物。

反观当代西方文明，在这一方面可能存在自身的不足。从思想衍化的角度来说，当代西方哲学家似乎只知道一种文明，那就是从古希腊到现代的西方文明；在实质的层面，他们并不承认和理解西方之外的其他文明。由于仅仅守着单一的哲学传统，其学术的创造性和生命力多少受到了抑制：在今天的西方，很难看到真正自成一系、对世界和人自身作出深刻考察的哲学家，这一现象便表明了这一点。以上事实从反面告诉我们，文明互鉴和文明互动对文化的创造具有不可忽视的意义。

（本文系作者于2022年8月26日在"儒学与文明互鉴研究"学术研讨会上的主题演讲，原载《伦理学研究》2022年第6期）

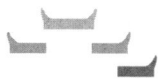

中国哲学的世界意义

一

近代以来，中国哲学的发展以世界哲学为其背景。对中国哲学而言，世界哲学在广义上包括阿拉伯哲学、印度哲学、日本哲学等等，但更为具体的形态则与西方哲学相关。从历史的衍化看，世界范围内，中西两大哲学传统在中国彼此相遇，显然是哲学史中的重要事件，今天哲学问题的研究如果离开了这一前提，便难以切实地展开。

追本溯源，便可注意到，凡是哲学，总是包含哲学之为哲学的一些共同之点，这些特点普遍地存在于中国哲学和西方哲学之中。当然，不同哲学存在个性的差异，表现形态也不完全一样，从语言风格到命题形式等，不同的哲学系统并不雷同。就个体研究而言，探索哲学问题，每一个研究者都可以有所侧重，或主要关注西方哲学，或首先指向中国哲学，但是在研究的时候，所面对的问题又都具有共同点或普遍品格。同样，从哲学形态考察，中西哲学的追问，也具有相通之处。

对哲学这一大家族中的普遍性品格，需要给予充分关注，如果离开了这些普遍性，哲学研究的意义就会减弱甚至不复存在。

中国哲学从先秦开始，其衍化过程便一直包含哲学之为哲学的普遍品格。尽管philosophy（哲学）这个词来自西方，但philosophy所面对的基本问题，诸如何为世界、何为人，如何理解世界、如何理解人等等，则具有普遍性。中国哲学中"性与天道"之学所追问的，也是这一类问题："性"关乎人的本质，与人的存在紧密相关，"天道"则表现为世界总的原理，从而，"性与天道"之辩所涉及的，也就是何为世界、如何理解世界以及何为人、如何理解人等根本问题，对这些问题的追问和探索在中国哲学中一直绵绵不绝。总之，表述方式、语言形式诚然不一样：西方名为philosophy，中国是"性道之学"，但关切的问题则具有相通性。

不过，"性与天道"这一表述更多地具有古典哲学的形式，现代中国哲学无须执着于此。事实上，若与世界哲学展开对话，以此为话语形态，显然很难彼此沟通。自中西哲学相遇之后，从语言形式到论述方式等，都应取得现代的形态。相关命题涉及的问题固然古老而常新，但如果要使围绕这些问题展开的探索成为现代学术共同体中讨论的对象，则其表述方式、概念运用、命题推论等，都需要在传统的基础上加以转换。以"话语"而言，中西各自的传统中确实有不同的话语系统，这些话语系统同时关联着相应的知识体系。不同系统之间的对话和接触，既无法出现于彼此隔绝的状态，也很难在互不理解的形态下展开，表达形式的现代转换，是避免这类情形的前提。

如何使中国哲学在世界哲学之林中获得一席之地？这一问题涉及今天常说的中国哲学的话语权，其中涉及两个要素。一是背景性要素：一种文化形态之获得国际话语权，与这种文化形态背后的政治、经济、军事和文化等综合实力无法相分，这几年中国哲学受到某种重视，很大程度上得益于中国综合实力的大幅提升。二是内涵性要素，即真正形成具有创造力量或原创意义的思想系统，并为其他文化形态所承认。从后一方面看，中国哲学除了取得现代的形态之外，还需要为这种形态注入新的内容，也就是说，应在现代的话语形态下，形成新的哲学内涵。为此，应当充分吸取西方哲学的理念，并使传统意义上的中国哲学获得理论上的参照背景。同时，创造性的研究工作也不可或缺：不能仅仅停留于观念层面的呼吁、主张之上。唯有通过切实的思与辨，才能形成为人所注重的思想系统，并进一步与世界范围内的其他学派展开对话。话语权并不是靠单向之"争"而获得，唯有真切地展现自身文化创造的意义和内在力量，才能得到其他文化形态的尊重和认可。就不同文化形态的互动而言，这里重要的不是俯视或漠视其他文化价值的"自作主张"，而是基于人类文明形成的多重智慧资源，踏实地从事实际的创造性工作，形成既具有历史价值又呈现世界意义的成果。这是获得国际话语权的基本前提。

这里，应避免几种情形：其一，完全忘却自身传统，如同邯郸学步，自身既无可以肯定的内容，则只能被动地追随西学；其二，以复归传统为取向；其三，空喊"自作主张"的标语口号，拒绝通过具体的研究工作以形成新的思想系统。与之相对，比较切实的进路是沉潜下来，通过创造性的思考，形成言之成理、持之有故的哲学思想，后者不仅应上承中国哲学的传统，而且须吸取包括西方哲学在内的人类文明的共同成果，同时，对人类普遍面临的历史问题以及现代困境作出回应，提出应对之道，从而既兼容诸种学说，又范围各家而进退之，由此成一家之言。这种自成一系的学说不同于观念层面的美好愿望，而是由建设性、创造性的思考而形成的话语系统，这种话语具有默然不语声如雷的特点，即使不发声，也是其他哲学系统所无法忽视的。

在尊重并承继自身传统的前提之下，应当以开放的视野去看待西方哲学。在这方面，近代以来的中国哲学做了不少工作：从19世纪末到20世纪，熊十力、梁漱溟、冯友兰、金岳霖等，已提供了较好的学术范例。熊十力、梁漱溟基本上以传统儒学为依归，但又吸取了一些西方哲学的观念。这里需要区分两种对待西方哲学的方式，一种是哲学家的方式，一种是专家的方式。从专家的角度来看，熊十力、梁漱溟等中国哲学家对西方哲学知识的了解似乎十分有限，甚至不值一提，但事实上，他们对于西方哲学总体上的把握，远超一些仅仅关注细枝末节的专家。梁漱溟的《东西方文化及其哲学》在今天看来也许对西方哲学的理解比较粗疏，但该书在对中西哲学之间差异的总体把握上，又有其独特的见解。后来的冯友兰、金岳霖都有海外留学的经历，对西方哲学的了解自然也更为深入、系统，但同时，他们并没有远离中国传统的哲学。概要而言，以比较开放的视野，对中西不同传统的文化成果加以融会贯通，成为这一时期中国哲学家的特点。

20世纪80年代，西学东渐呈现再度复兴之势：20世纪末和20世纪初在这方面似乎高度重合。与20世纪初相近，20世纪80年代也可以看到介绍、翻译西学的热潮。伴随这一现象的，是冯契、李泽厚、张世英这样的哲学家逐渐在哲学舞台上显山露水。他们在中国哲学领域做了不少建设性的工作，并试图作出某种理论建构，冯契提出了"智慧说"，李泽厚提出了"历史本体论"，张世英提出"万有相通"之论。对此当然可以从不同层面加以评说，但这些思想无疑都成为当代中国哲学的重要内容。至20世纪90年代，则出现了所谓"学术热潮"，随着"国学热""儒学热"的纷纷登场，传统思想也得到了比较多的关注，有人将这种文化现象概括为"思想家淡出，学问家凸显"。到了21世纪，从哲学的角度来看，也有一些学人开始试图从"照着说"转向"接着说"，希望在学术上有所建树。

然而，尽管呈现有所建树的意向，但相当一部分学人还主要停留在口号、主张之中。从学术的角度来说，理论建树须基于中外哲学的发展：从古到今，哲学的发展都是以历史上形成的思维成果为前提，无法仅仅从现在或当下开始。进一步看，理解哲学史中已有观念的意义，也以形成深沉的理论素养和开阔的哲学视野为前提。就中国哲学史而言，其中的很多观念、概念、命题确实包含深刻的智慧，但是如果没有相当的理论积累，没有开阔的视域，往往很难理解其内在意义。在对中国哲学深切涵泳的同时，又需要以开放的视野吸纳人类文明创造的各种成果，包括西方哲学的成果，并对时代问题给予自觉关注和积极回应。由此建构的思想系统不仅可以获得学术内涵，而且将形成哲学的影响力。

从中国当代哲学的衍化看，以下学术趋向也值得关注，即从事西方哲学研究的学人，逐渐转向中国哲学。他们本来主要以西方哲学为专业，但后来又从不同方面关注中国哲学及其理论资源，从学术的发展这一角度来说，这无疑是一种积极的现象。学术需要多样化，如果过于单一，便容易受到限定。就哲学的建构而言，能够以开放的视野理解西方哲学和中国哲学，运用多重资源加以探索，显然应当肯定。

二

在中国哲学的具体研究方面，既需要关注哲学家，也应当分析相关的哲学论题。以当代中国哲学而言，牟宗三与冯契显然是具有代表性的人物。尽管两者哲学立场不同，但牟宗三重"良知坎陷"，冯契讲"智慧说"，两种观念在某种意义上有相通之处，其共同特点在于不满足于知识之维而表现出追求智慧的趋向。两者的进路又存在重要差异。牟宗三在哲学上具有比较明显的思辨性、抽象性。坊间一直流传着一段公案，内容涉及冯友兰与熊十力关于如何理解良知问题的争论。牟宗三对此有如下记述："是以三十年前，当吾在北大时，一日熊先生与冯友兰氏谈，冯氏谓王阳明所讲的良知是一个假设，熊先生听之，即大为惊讶说：'良知是呈现，你怎么说是假设！'吾当时在旁静听，知冯氏之语底根据是康德。（冯氏终生不解康德，亦只是这样学着说而已。至对于良知，则更茫然。）而闻熊先生言，则大为震动，耳目一新。吾当时虽不甚了了，然'良知是呈现'之义，则总牢记心中，从未忘也。今乃知其必然。"①这一分歧和论争的哲学意义究竟何在？对此似乎很少有人作具体研究。人们往往习惯于人云亦云，重复牟宗三的转述：良知是呈现，而非假设。然而，为什么良知是呈现？这一说法的理论含义体现在何处？从哲学的角度说，这里事实上涉及道德直觉。道德直觉的特点主要表现为：对行为的选择或对行为结果的判断，常不假思索，当下决定，"良知呈现"可以视为对这一现象的描述。这种情形类似《中庸》所说的"不勉而中，不思而得，从容中道"，也与孟子所说的看到小孩快要掉到井里去了，便会出于"恻隐之心"而近乎本能地前去救助这一情形相近。以上这一类行为体现的便是道德直觉，所谓"良知呈现"，即肯定了道德意识（良知）的直觉性。

---

① 牟宗三：《心体与性体》（上），吉林出版集团有限责任公司，2013，第156页。

如果进一步追问，这种道德直觉来自哪里？对此若加以回应，便需要将视域扩展到现实的社会生活与实践活动。然而，牟宗三上承熊十力，似乎止步于此，即仅仅肯定道德意识（良知）的直觉意义，而不再考察直觉本身形成的现实根源。事实上，道德直觉并非先天具有，而是经过长期教育、熏陶，以及个体实践逐渐形成的。在后天的道德实践中，普遍的道德规范逐渐化为内在于个体的道德意识，使之呈现不思不勉、自然涌现的特点。只讲呈现而不谈过程，"良知"便成为无源之水、无本之木，只能归之于神秘的先天意识。比较而言，冯契虽然没有直接面对以上问题，但是按照他的哲学思路，显然难以忽略道德直觉产生的现实根源。

就另一方面而言，从道德意识的角度谈呈现与假设，显然也有其理论的意义。假设侧重于逻辑的设定，作为逻辑层面的预设，假设可以外在于人，亦即不与人的行为发生直接的关联。无论假设这个世界中的外在定律，还是假设可能世界的存在，都可以与人没有直接联系。作为人的内在道德意识，良知确实不能仅仅被看成假设：良知总是内在于人并对人的行为产生实际的制约作用，从而不同于外在于人的逻辑设定。但是，只讲良知呈现、仅仅肯定道德直觉，显然是不够的。这里重要的是进一步追问其根源，如果没有这种追问，便难以将其与人的现实存在沟通起来，并把握直觉的现实根据。在现实源头阙如的情况下，道德直觉便容易成为不可捉摸的先天直觉。

思辨的进路常常容易获得认同，与之相关，在中国哲学的研究领域中，港台新儒家往往得到比较多的重视，而当代中国大陆的哲学家如冯契的哲学，则往往未能获得应有的关注和研究。事实上，当代中国大陆的哲学同样有值得注意的人物和理论。以冯契而言，其哲学视野相当开阔，他的研究既基于中国哲学，又兼及康德、黑格尔和现代西方哲学，同时上溯马克思主义，作为哲学思考成果凝结的"智慧说"三篇，便对世界和人作了十分独到和深沉的把握。总体上，冯契对相关哲学问题的看法，不像牟宗三那样充满思辨、抽象的意味。遗憾的是，海内外的学人往往热衷于讨论所谓"宗教性""内在超越""圆善论"等话题，却很少关注这种理论内容的云遮雾罩、缺乏真正理论推进的偏向。与之相关的哲学所追求的，主要是思辨的满足，这不同于对人和世界的真切理解。

值得注意的是，在中国哲学的研究领域，往往存在一种倾向，即：把哲学还原为哲学史，哲学史还原为思想史，思想史还原为学术史。这可能或多或少受海外汉学家影响。汉学家有地缘的优势，总体做了不少工作，成果也是显而易见的。但从整个学术界背景来看，他们又表现出"让开大路，占领两厢"的倾向。所谓"让开大路"，是指对正史或历史主导方面不作充分的讨论和研究；"占领两厢"，则表现为将主要关注之点放在边缘性的、枝枝节节的方面。此外，海外的中国哲学学者对中国往往有点隔岸观照的趋向，并更多地从典籍上了解中国。这种观照不同于身临其境的关怀：即使对华裔学者而言，远隔重洋的目光，总难免伴随着对故土的隔膜感。同时，西方汉学界比较流行的是实证研究方法，这也使汉学家们在理论的建构上显得相对薄弱。受其影响，中国的哲学史研究也常常习惯于走思想史、学术史之路。

就具体研究进路而言，中西之间的对话显然具有积极意义。即使以中国哲学为主题，也常需要放在世界范围之内去讨论，不宜以关起门来用的方式去分梳。前面提到的还原趋向，即把哲学还原为哲学史、把哲学史还原为思想史、把思想史还原为学术史，也需要以中西互动的视野去化解。现在做中国哲学，应当有一种比较宽广的视野，所谓世界哲学，便提供了这样一种背景。这一意义上的世界哲学可以从不同的层面加以理解。近代以来，随着知识的不断分化，学科意义上的不同知识系统逐渐取得了相对独立的形态，并愈来愈趋于专业化、专门化。在经历了知识分化的过程之后，如何真正回到对世界的整体性的、智慧形态上的把握？这是今天的哲学沉思无法回避的问题，而回应这一问题的过程，也是走向世界哲学的过程。作为智慧的形态，哲学既超越知识的限定而表现出普遍的向度，又涉及价值的关怀，并致力于从世界的视域理解人与对象。从社会角度来说，也需要扩大中国哲学的影响，既让世界知道中国哲学，也让社会了解中国哲学的声音。

三

从世界哲学的视域考察哲学问题，同时需要关注马克思主义。马克思主义传入中国之后，对其接受和认同逐渐成为比较普遍的趋向，可以说，在中国哲学的当代衍化中，马克思主义已逐渐成为中国哲学不能忽视的方面。为什么会出现这种状况？这一问题显然引人思考。撇开近代以来的具体历史背景，反观中国文化的演进过程，便不难看到，中国传统文化中的诸种观念与马克思主义的理论之间，存在着多方面的思想契合；作为中国现代社会思潮的马克思主义，其传入和接受、认同，也相应地受到传统思想的内在制约。自较早的历史时期开始，中国文化便形成了"天下大同"或"天下为公"的社会理想。"天下为公"以社会的安平为指向，其中内含着对人与人之间和谐相处的肯定。与"天下为公"相近，马克思主义所追求的未来社会，是自由人的联合体，其中既包含人类解放的观念，也以人类的和谐交往为内涵，从总的价值方向来看，以上两者显然具有相通之处。近代中国的仁人志士谈社会理想的时候，往往既以"天下大同""天下为公"为依据，也基于马克思主义的观念，事实上，两者在中国大地上相遇之后，能很容易地相互融合。

就马克思主义的研究和发展而言，在中国从事马克思主义的研究，离不开中国文化的背景。按其实质内涵，马克思主义的中国化或马克思主义在中国这一土壤上的生根，总是以马克思主义与中国思想传统的彼此沟通为前提。历史上，佛教传入中国以后，其系统中不少思辨的、完全与中国已有文化隔阂的观念在中国便无法生长；思想的衍化表明，佛教的观念只有适应中国已有的文化传统，才能获得持久的生命力。当然，作为外来的思想，从语言形式到思想观念，佛教对中国文化，包括中国哲学也具有某种制约意义。类似的情形同样体现于马克思主义与中国文化的关系。作为新的观念形态，马克思主义只有与中国的现实相结合，才能在中国存在和发展。从其内涵看，马克思主义的很多观念与中国哲学之间存在着相互一致之处，这既为马克思主义与中国文化的交融提供了内在的根据，也使之在中国文化的进一步发展中具有引导性和规范性。如前所述，在学术研究的过程中需要运用多重资源来解决现实面临的问题，马克思主义则构成了其中重要的资源。

从大的背景来讲，任何一种外来文化要扎根中国本土，都离不开本土化过程，在学科的层面，一种有生命力的中国哲学概念、理论或体系，应该既是中国哲学的，又是西方哲学的，也是马克思主义哲学的。通过揭示、阐发中国传统哲学的深沉内涵，并进一步将其与马克思主义哲学加以沟通，马克思主义与中国哲学、中国文化的结合便不再呈现空洞、抽象的形态，而是可以落实在比较具体的方面。

（本文基于2022年6月《文汇报》记者的访谈，原载《中国文化》2022年秋季号）

工夫的哲学内涵及其限度

——兼议《儒家功夫哲学论》

一

"工夫"是中国哲学特有的概念，也是中国哲学能够给世界哲学提供的可能资源之一。倪培民教授的《儒家功夫哲学论》[①]，主要便以"工夫"[②]为探讨的主题。从内容看，对"工夫"及其哲学内涵作一个系统考察，显然有着独特意义。就总体而言，对"工夫"的哲学探索又以西方哲学为背景，而由此回溯、反观中国哲学问题，无疑有助于更具体而微地阐发中国哲学所具有的深沉内涵。

作为中国哲学的重要概念，"工夫"有多方面的含义。具体来说，它至少涉及两个方面，其一是知和行的关系。在通常提及的"知行工夫"这一表述中，知和行在广义上都表现为工夫。工夫的展开总是关乎致知过程、品格涵养，以及道德的践履，从其实际内容看，无论是致知过程，抑或品格涵养、道德的践履，

---

① 倪培民:《儒家功夫哲学论》，商务印书馆，2022。
② 如倪培民教授已注意到的，"功夫"与"工夫"在汉语中常通用，不过，与倪培民教授主要使用"功夫"不同，我更倾向于用"工夫"，后文也体现这一点。两者表述不同，所指为一。

都需要诉诸工夫。中国哲学中一再强调的"致知工夫""为善工夫"等表述，也从不同侧面表明了这一点。其二，在中国哲学的语境中，工夫又与本体相关，宋明时期，特别是明代理学中，工夫与本体更成为引人瞩目的哲学论题。在本体与工夫之辩中，工夫主要指践行活动或人对世界的广义作用，其所指包括"达到相关知识与形成道德意识的活动"和"由此出发展开的道德践履"两个方面，它们构成了这一时期工夫论说的主要内涵。与工夫相对的本体则既在形而上的层面以"道"或"理"为内容，又在广义上包括被把握到的事实之知和已经形成的道德意识。尽管在传统哲学中，本体常常被赋予先天的形式，所谓"性者，人之所受乎天者，其体则不过仁、义、礼、智之理而已"①，便表明了这一点，但在本体与工夫的讨论中，涉及工夫的本体，又指与工夫展开的特定情境相关的事实之知以及行为主体业已具备的道德意识。作为已经达到的一种精神形态，这种事实之知与道德意识构成了后天工夫展开的多样出发点。

027

在中国哲学中，工夫的实质在于"做"或"做事"，具有过程性；本体则表现为"做"或"做事"的内在根据。人的活动（"做"或"做事"）不能从无开始，而必须以事实之知与道德意识为内在根据，本体便构成了工夫展开的这种根据或开端。作为行为的现实根据，本体对工夫的展开具有引导、制约的作用，并由此赋予工夫的展开过程以自觉的品格。缺乏内在的根据，行为便难免流于自发、盲目。从现实的人的作用过程和活动过程来说，"做"或"做事"的工夫与作为"根据"的本体构成了两个

---

① 朱熹：《孟子或问》卷十四，载朱杰人等主编《朱子全书》第6册，上海古籍出版社、安徽教育出版社，2010，第1009页。

相互关联的方面，工夫的展开过程与它的内在根据（本体）很难分离。在以本体为出发点的同时，工夫对本体也具有制约的作用。前面提到，在传统哲学中，本体每每被先天化，但随着本体与工夫之辩的展开，一些哲学家往往试图扬弃这种先天性：在"心无本体，工夫所至，即其本体"^①这一表述中，侧重之点已从本体对工夫的制约，转向工夫在本体的生成中的作用。以上看法，从不同的方面展示了工夫与本体的内在统一性。

可以看到，广义的知和行，构成了工夫的实际内容；与本体的关联，则展现了工夫在特定实践背景中的具体形态。就前一方面而言，知与行构成了工夫的所指；从后一方面看，工夫又与本体难以分离并由此获得了自觉的品格，所谓"功夫不离本体，本体原无内外"^②，便表明了这一点。自工夫与本体之辩成为中国哲学的重要论题后，以上二重规定便展开于工夫之说的不同方面，不仅传统意义上知行关系的讨论总是伴随着对工夫的关注，而且道德意识与道德践行、先验之知与经验活动的互动，也往往渗入了本体与工夫的论辩。对工夫与本体内涵的以上理解，同时构成了考察工夫问题的理论前提。

二

关于工夫的哲学意义，可以从不同的方面加以考察。在认识论上，注重工夫，首先关乎知与行的关系。前面提到，致知工夫和本体都涉及知和行，对工夫的讨论也意味着扬弃知和行之间的

---

① 黄宗羲：《明儒学案·自序》，载《黄宗羲全集》第七册，浙江古籍出版社，1992，第3页。

② 王守仁：《传习录下》，载《王阳明全集》，上海古籍出版社，1992，第92页。

分离。同时，工夫又不同于前概念、前理论、前语言的行为，肯定工夫的意义，也相应地有别于后一哲学进路。与此相联系，对工夫的讨论，也不同于晚近的思想趋向：如果对现在的哲学界作一概览，便可注意到，无论是国内抑或国外，都比较推崇所谓前概念、前理论、前语言的存在形态。以现象学而言，其奠基者胡塞尔便认为，应当"从先于一切观点的东西开始：从本身被直观给与的和先于一切理论活动的东西的整个领域开始，从一切人们可直接看到和把握的东西开始——只要人们不让自己为偏见所蒙蔽以致未能考虑真正所与物的全部种类的话。如果'实证主义'相当于有关一切科学均绝对无偏见地基于'实证的'东西，即基于可被原初地加以把握的东西的话，那么我们就是真正的实证主义者。"①这种看法显然赋予前理论的直接性以优先的地位，而实证主义则被引为这一趋向的同道。较之上述进路，工夫与本体的关联，则意味着确认以本体为形式的知识、德性对工夫过程的渗入，这种渗入使工夫不同于前概念、前理论的活动形态，并构成了工夫的独特进路。前概念、前理论的预设侧重于把概念和理性知识从工夫中剔除出去，但事实上工夫总是包含着某种"知"，在这一意义上，侧重工夫意味着扬弃以上观念。

在形而上的层面，前概念、前理论的视域思维趋向显然需要加以转换。为什么应当改变上述前概念、前理论的观念？其中的重要缘由，在于这种观念所认同和推崇的，实质上是本然的存在：它把未经人作用的存在形态看作是最完美、最真实的形态，未能注意本然和现实之间的区分。如所周知，本然的存在尚未进入人的知行过程，如洪荒之世中的对象或射电望远镜之外的河外

---

① 胡塞尔：《纯粹现象学通论》，李幼蒸译，商务印书馆，1992，第79页。

星系，便在实质上尚外在于人，对人来说它们并没有呈现实际的意义。现实的世界乃是人参与建构的，所谓"赞天地之化育"，便表明了这一点。在人作用于对象、化本然的存在为现实世界的过程中，对象也逐渐进入人的知、行领域，并对人呈现多方面的意义。然而，在前概念、前理论的视野中，本然存在与现实世界的区分，却未能得到具体的展现。从认识论上说，这种前概念、前理论的观念对"行"包含"知"、"知"渗于"行"这样的过程，也缺乏充分的关注。与之相对，现代哲学中的一些学派和人物，已开始对经验与理性的关系作出更为深入的考察，以匹兹堡学派而言，从塞拉斯到布莱顿、麦克道威尔，都把概念对于经验的渗入提到了非常重要的地位，这多少有见于认识过程的现实情况；较之前概念、前理论、前语言的视域，这些看法显然更合乎致知工夫的实际形态。

按其本义，工夫确乎不同于前概念、前理论、前语言的本然之"在"。作为广义的"做事"过程，工夫离不开真理性的认识：真理性的认识和工夫展开的过程无法截然相分。事实上，肯定"工夫"，便蕴含着对认知的某种承诺。从赖尔开始，人们习惯于区分knowing that（知道什么）和knowing how（知道如何），在工夫的展开过程中，这两者具有内在的相关性。然而，如果由此具体地考察《儒家功夫哲学论》，便可注意到，作者在这方面可能还存在着某种彷徨性。一方面，作者认为，必须肯定正确操作也同样涉及真理性认识，并明确反对"拒斥理论之知的"极端反理智主义[1]，这无疑有见于工夫中包含着论知，其中的工夫不仅仅涉及致知过程，而且与人的更广意义上的行为

---

① 参见倪培民：《儒家功夫哲学论》，商务印书馆，2022，第66页。

相关。另一方面，作者又对"真理认知"提出了批评，并赞同王树人先生提出的"象思维"，这种看法将"概念思维"与"象思维"区分开来，认为概念思维诉诸主客二元的对象化思维模式，象思维则以"物我两忘"为取向。在作者看来，象思维未经概念抽象，因而"更加接近直接呈现于我们的事物原貌"①。这一看法多少包含着对前概念、前理论思维的某种推崇，其中的取向需要再思考。从理论上看，以上理解显然不合乎经验渗入了概念的事实；从实践的层面着眼，则似乎容易使工夫疏离于人的认知，从而使之流于自发和盲目。

值得注意的是，作者特别对功力、功法与工夫之间的关系作了较多的考察。关注功法和功力，可能与作者擅长书法相关联，而功法和功力本身也构成了作者特别欣赏的概念。在讨论工夫时，作者同时对功效、功法、功力谈了很多。按其本来形态，功法、功力一方面以本体为根据，另一方面又体现于"做事"的过程中；也就是说，功法、功力既包含广义的认知内容，也具有实践的面向，表现为实施和完成某种行为的内在能力。作为与行动相关的本体或根据，广义之知常常以规范性的认识为形式，这种规范性的认识可能不一定以明晰的语言来表示，而更多地取得所谓"默会"的形式。然而，以上认识即使以非明晰的形式呈现，也包含命题性知识②，西方现代哲学习惯于把规范性的认识和knowing that截然区分，但是，knowing that与knowing how本身具有相关性，而与如何做相关的knowing how则已渗入了命题性知识，这一事实也表明，工夫和知识是无法截然相分的。

---

① 参见倪培民：《儒家功夫哲学论》，商务印书馆，2022，第108页。
② 参见杨国荣：《人类认识：广义的理解与具体的形态》，《学术月刊》2020第3期。

从工夫和认识的关系看，作者似乎比较推崇师徒化的个人践行和单纯的个性化教导，认为这种方式可以"通过个人践行和体验"而获得了悟[①]，然而，以上进路也往往容易导向神秘化的归宿。比较而言，基于广义之知则不仅使工夫不同于盲目、自发的过程，而且理性知识的渗入，可使工夫避免限定于传统意义上师徒式个人化实践或单纯的个性化教导。在这一意义上，包含知识内容（以广义之知为本体），确实赋予工夫的过程以比较自觉的理性形式。与此相关的问题是：功法在基于工夫的同时，其内在机制或独特形态是不是可以科学化、理性化？一旦理性化之后，功法还剩下什么？如果我们可以用理性的方式表示功法，这种功法将呈现什么形态？倪培民教授在书中也提到追随大师或模仿大师的行为，然而，按其本来形态，这种行为似乎主要与前现代的存在方式相关。在现在这样的信息时代，人类活动更多地呈现理性的机制，前现代意义上的模仿，则往往不免流于神秘性：师徒之间以示范和模仿为形式的传授，每每具有不可言传的特点；他们之间的关联，以及与之相关的功法、功力，常常只能意会，无法以明晰的方式加以传递，其中多少呈现某种神秘色彩，在现代的理性化背景之下，这种内含神秘性的方式是否具有普遍意义并需要延续？

另一个需要关注的问题涉及功法和"术"。从实际的作用看，功法以及"术"都与治理过程相关。作者以"艺术人生"为儒学的最高目标，"艺术人生"在某种意义上包含着儒学与技艺的关联。功力、功效、功法所侧重的首先是"技"和"术"，从肯定工夫与功效的联系出发，倪培民教授强调，工夫的视角是一

---

① 参见倪培民：《儒家功夫哲学论》，商务印书馆，2022，第114页。

种"艺术视角"。尽管作者同时肯定,与工夫相关的"术"不同于方术或技术,而是"艺术"①,然而,顾名思义,"艺术"依然未脱离"术"。如所周知,哲学以智慧之思为指向,具有不同于经验知识的特点;相形之下,"术"属于具体的经验知识,二者包含不同内涵。以军事决策和政治决策而言,战争艺术和战略智慧便处于相异层面。一个军事家如果能够出神入化地指挥一场战役并且获得胜利,便可以说他已经在一定程度上掌握了高超的军事艺术,历史上军事名家都是如此。然而,只有能够把握全局、引领世界潮流的政治家,才能说他拥有了政治决策的智慧或政治智慧。这种智慧的特点之一,在于包含着对形而上之道的把握,从而已超越了战争艺术或政治艺术所涉及的"术"。从更普遍的层面看,此处也展现了"道"的智慧和特定之"术"的差异。如倪培民教授已注意到的,对世界的关注无法离开对"道"的关切,然而,过于强调"术",包括生活艺术、功法、功力等等,也可能导致由"道"走向"术"。

在更深沉的意义上,这里同时关乎哲学究竟是什么或应该如何理解哲学的问题。以philosophy为形态,哲学与智慧难以分离,其中涉及知识与智慧的关系。然而,怎样把握哲学的智慧,依然是一个需要思考的问题。马克斯威尔在《从知识到智慧》(*From knowledge to wisdom*)②一书中,也以知识与智慧的关系为论题,不过,在该书中,作者主要将智慧(wisdom)与行动和生活联系起来,认为:哲学智慧"优先考虑我们的生活和生活中的问题,以及人的现实行动","对哲学的智慧而言,理性

---

① 参见倪培民:《儒家功夫哲学论》,商务印书馆,2022,第38页。

② Nicholas Maxwell,*From knowledge to wisdom*(Oxford:Basil Blackwell,1984).

探索的基本任务是帮助我们发展明智的生活方式（wise way of living）"①。这里所说的"生活方式"与"生活艺术"处于同一序列，与之相应，以生活或生活方式为哲学智慧的内容，似乎意味着将哲学视为"生活艺术"，"生活艺术"所关注的是哲学与生活之"术"的关系，这一视域多少限定了哲学作为智慧的意义。这样，尽管《从知识到智慧》一书似乎以"智慧"为指向，但其视域事实上仍主要限定于"知识"的层面。从某种意义上看，"功夫哲学"与以上观点展现了类似的进路，其共同的特点在于其中包含着突出形而下之"术"而忽略形而上之"道"，或至少呈现认同后一趋向的可能。

概要而言，如何既扬弃工夫的神秘化，又避免哲学的进路由"道"而"术"，可能是讨论工夫哲学需要关注的问题，究极来说，这又与如何理解哲学、把握哲学之为哲学的规定相关。以儒家的工夫而言，其实际的指向是成己与成物，它们与"赞天地之化育"相联系，蕴含着内在的哲学关切。从更广的意义上说，哲学的根本旨趣在于智慧的探索，在中国哲学中，这一探索具体表现为"道"的追求。以智慧之思为进路，西方的philosophy，中国的性道之学，展现了相近的特点。这种智慧追求或"道"的追求都不同于"术"的关切，从根本上说，哲学之为哲学，应当从"道"、智慧的角度去理解，而不宜限定于"术"的视域。

三

前理论的观念与功力、功法的关注作为理解工夫的不同维

---

① Nicholas Maxwell，*From knowledge to wisdom*（Oxford：Basil Blackwell，1984），pp. 65–66.

度，主要蕴含了认识论的意义。就伦理学而言，工夫的讨论首先引向理欲之辩。根据倪培民教授的看法，工夫涉及修炼和修行之域，其中关乎如何面对人欲的问题。按其本义，人欲涉及不同方面，应当关注的是对其如何调节，而非简单地否定。然而，历史地看，在理学那里，与"存天理"相关的"灭人欲"却成为一种单向的道德的要求，这一取向至少在逻辑上可能导致过分地贬抑感性欲求。《儒家功夫哲学论》把工夫理解为修心功法，其中也注意到了工夫在调节人欲中的意义，不过，作者似乎较多地侧重于上承理学的思路，而忽视了这种调节可能具有的消极面。从理学的视域看，通过工夫的调节以走向寡欲或无欲，最终可以达到完美的人生境界，这也构成了通常所说的宗教意义上的修行内容。理学以"灭人欲"为内容的修行，其目标在于无欲、寡欲，确乎近于宗教层面的修行。然而，过度地抑制人的欲望，常常容易导致忽视人的感性需要。事实上，欲求（包括感性的欲求）并不仅仅呈现消极的意义。如黑格尔指出的，即使是道德上的恶，在历史上也曾产生过积极的作用，欲求尽管在可能包含负面作用这一点上呈现某种否定性趋向，但在现实社会的发展中，它同样可以成为推动社会前进的动力。以现代社会而言，人们追求方便、舒适、高效的存在方式，希望日用常行更便捷一些，这种欲望和意向体现了存在的需求，这种需求又进一步促进了现代物流、支付方式、网络运行的发展。可以看到，欲求不仅仅是消极或负面的因素，应当如实地把握其多方面的意义。当工夫指向修心之时，同样需要形成具体而非单一的视域。

工夫包含多重面向。从否定方面来说，它不同于随意、自发的行为；从正面或积极的维度看，它总是伴随着某种努力，需要有意为之、勤勉而行。在这一意义上，工夫有别于不思不勉、自然中道的为学、为人过程。具体而言，在道德领域，工夫意味着认真勉力，包含着人的自觉努力，然而，对儒学来说，道德的最高境界则是不思不勉、自然中道，与勉力而行呈现不同趋向。在谈到遵循规则时，维特根斯坦曾指出："遵循规则是一种实践。""我盲目地（blindly）遵循规则。"①维特根斯坦关于遵循规则的思想，有着众多的解释，这里不拟细究其含义，主要关注其理解的"遵循规则"的方式：所谓"盲目"的可能释义之一，是自然而然。按维特根斯坦之见，作为展开于共同体的过程，遵循规则的特点是不假思为、自然而然，在自然而然这一点上，它与儒学所理解的完美道德境界呈现某种相关性。当然，儒家视域中的不思不勉、自然中道，又有其特定的道德内涵，张载的如下看法，从一个方面暗示了这一点："勉盖未能安也，思盖未能有也。"②在张载看来，当人还需要勉强努力之时，其行为便既尚未达到自如自由的化境，也没有真正使德性成为人实际拥有的内在意识。尽管倪培民教授试图将工夫与道德区分开来，肯定"功夫和道德属于不同的范畴"③，但其著作总体上讨论的是"儒家功夫哲学"，而在儒家的视域中，工夫与为善、为人的过程显然难以分离，就此而言，如何超越单纯地有意为之、勉力而行，达到不思不勉、自然中道的道德境界，这一问题显然是无法回避的。从总体上看，工夫侧重于努力地去做，尽管达到以上道德境界离不开工夫，但仅仅执着于工夫，显然难以臻于这一道德之境。如何随着工夫的展开，逐渐化道德意识为人的内在定式，

---

① Ludwig Wittgenstein, *Philosophical Investigation*（Oxford：Basil Blackwell, 1968）, pp. 202–219.

② 张载：《张载集》，中华书局，1978，第28页。

③ 参见倪培民：《儒家功夫哲学论》，商务印书馆，2022，第370页。

使之如张载所说既"安"于人，又实"有"诸己，这无疑是需要关注的问题。

　　前面提到，工夫与本体相关，本体和工夫的关系则有广义和狭义的区分。从狭义上看，如前所述，人的作用或践行包含内在根据，这种根据即表现为本体；工夫本身则主要展开为外在的活动过程。就广义而言，工夫的展开受到普遍法则的制约，从本体与工夫之辩看，这种普遍的法则可以视为工夫形而上的根据，它以"道"或"理"为形态。与之相关，本体的最一般的形态可以视为"道"。作为形而上层面的行为出发点，"道"同时构成了工夫展开的普遍根据。当然，与前面提及的狭义上的本体与工夫之辩相关，工夫的展开又包含多方面的具体本体，包括行为者已经具有的知识、德性等等，这些具体的根据与工夫展开的特定情境相关，作为其表现形式的本体也呈现多样的内涵而不同于形而上的本体。以此为前提，在考察本体与工夫的关系时，需要区分其具体的形态与形而上的形态，避免将作为工夫展开之内在根据的本体，简单地归结为超越的形而上本体。自实证主义兴起之后，拒斥形而上成为一种普遍的意向，以此为思想的背景，往往容易将工夫依托的具体本体视为抽象、思辨的精神形态而加以否定，这种无条件地消解本体的趋向，需要特别警惕。历史地看，禅宗趋向于"以作用为性"，主张担水砍柴无非妙道，其中便多少展现了消解本体的理论进路，后来的理学也注意到这一点。禅宗的以上看法既否定了工夫的意义，也表现出将普遍的本体虚无化的进路。确实，在禅宗那里，拒斥形而上层面的本体，似乎成为否定现实工夫的前提。以上事实提示我们，对表现为普遍之道或普遍法则的形而上本体与工夫展开过程中的具体本体（现实的德性、知识），需要给予双重关注。同时，应区分作为真实的普遍之道的形而上本体与前述抽象预设的形而上的先验"本体"，在拒斥抽象、思辨的形而上的本体的同时，既不能否定以普遍之道的形式呈现的形上本体的规范意义，也不宜忽视以多样精神系统为形式的特定本体对实践的指导作用。

就形而上的视域而言，与工夫相关的本体与人的存在密切相关。以存在的价值意义为关注之点，人的尊严、人的价值，也从一个方面体现了人之为人的本质规定。从哲学层面说，这种规定不能还原为自然意义上的基因组织或者其他生物学的属性：人之为人的本质规定本质上是一种具有社会意义的存在形态。一些自然主义者对人的理解，似乎以还原到自然形态为取向，这显然有其理论偏向。就人之为人的品格而言，自然的赋予只是提供某种"可能"，这种"可能"需要通过人自身在社会领域的作用过程而化为现实的社会规定。决定人之为人的本质规定的这种社会品格，并不是天赋的现成或既有规定，它与人自己做事、处事的方式，以及多方面的活动过程紧密相关。以婴儿而言，作为"人之初"，婴儿尽管没有现实的创造能力，但是潜在地包含着创造趋向，这种趋向使之区别于人之外的其他存在形态，而随着其成长，婴儿确实可以逐渐通过做各种事而获得人之为人的现实品格。人在社会中的创造活动，具体地表现为一个工夫的展开过程，就此而言，以工夫为作用、做事的方式，人也参与了自身成就（获得人之品格）的过程。事实上，工夫的展开和人的成就是不可分的。与之相对，如果用非人的方式对他人，便意味着使自己失去做人的资格，亦即不再表现为真正意义上的人。历史上，西汉的吕后曾残忍地将戚夫人的四肢砍断、双目挖去、舌头切除，折磨成所谓"人彘"，这种惨绝人寰的待人方式既使戚夫人备受折磨，也使吕后本身自绝于人类：其"做事"方式已类似丛林中的动物，而有别于社会意义上的人类践行。历史上与之类似的行为方式，都呈现相近的性质：这类活动已很难归入以成己与成物为指向的"工夫"。

近代以来，西方的天赋人权论肯定每个人都生而拥有至上的所谓人权，这种观念无疑有助于确认人的价值、肯定人的尊严并避免以非人道的方式对待人，但是忽视了人需要自我成就，并通过自己的所作所为来获得尊严并赢得尊重。从逻辑上看，这种天赋人权论往往把人之为人的本质规定看作天赋或现成的品格，其形成和获得无须基于人自身的"工夫"过程，这显然背离了社会的现实形态。如前所述，人的存在规定和社会品格乃是通过人自身的作用而形成的，人成为人离不开自身做事的工夫。王夫之曾指出："天命之谓性，命日受则性日生矣。"[1]简言之，"性日生日成"。这一看法也可从以上层面加以理解："性"在此表现为人之为人的本质规定，这种规定最初只是以可能的形态呈现，在知行工夫的发展中，可能不断化为现实的品格，而人的成就则随之实现。在此，工夫与人自身成就的关系也得到了切实展现。在更为深沉的层面上，其中所彰显的，是工夫的本体论意义。

（本文基于作者在2023年2月11日举行的"从功夫论到功夫哲学——暨《儒家功夫哲学论》国际学术讨论会"上的演讲，原载《船山学刊》2023年第4期）

---

[1] 王夫之：《尚书引义·太甲二》，载《船山全书》第二册，岳麓书社，1996，第301页。

中国哲学中的心、情、性

　　心、情、性是中国哲学中的重要范畴。从先秦开始，中国哲学对心、情、性的讨论便绵绵不绝。这些范畴既与现代意义上的理性、情意等相涉，又包含更为丰富的含义。心、情、性不仅被赋予不同内涵，而且其间呈现多样的关系，这种多样关系从另一个方面为中国哲学提供了独特的形态，并使之获得深沉意义。

一

　　在心、情、性之中，首先需要关注的是"心"。宽泛而言，"心"之所指，主要是综合性的意识或心理现象，包括知、情、意、想象、直觉、体验、感受等等。在心与物之辩中，与"物"相对的"心"，便指广义的意识或心理现象。这一意义上的"心"既是认识层面的对象，又是形而上之域的存在。孟子曾指出："尽其心者，知其性也。知其性，则知天矣。"[①]其中的"心"，便不仅关乎认识上的反省意识，而且具有形而上的超越意向。

---

　　①《孟子·尽心上》。

除了以意识现象为形态，"心"常常被理解为与耳目之官相对的思维器官，所谓"心之官则思"[①]，便表明了这一点。这里的"思"，主要指理性之思。在肯定"心之官则思"的同时，孟子又强调"思则得之，不思则不得也"[②]。此所谓"得之"，也就是对"性"与天道以及对象内在规定的把握。在相近的意义上，荀子也曾自设如下问答："人何以知道？曰：心。"[③]以"心"知"道"与以"心""得之"内涵一致，其实际指向是形而上层面的世界原理与经验对象的所以然之故。如上所言，这一视域中的"心"不同于耳目之官，耳目之官主要与感性直观相关，其结果（对耳目之实的感知）也许可以归入作为意识或心理现象的广义之"心"，却不同于表现为理性之思或知"道"之心。对后一意义上的"心"的关注，使中国哲学史上的一些哲学家区别于突出耳目之官的经验主义者。

如前文提及的，广义之"心"兼及形而上的意义，这种形而上的意义不仅关乎本体论上的存在，而且与价值领域及精神之境相关，在张载的"大其心"之说中，便可比较具体地注意到这一点："大其心则能体天下之物，物有未体，则心为有外。世人之心，止于闻见之狭。圣人尽性，不以见闻梏其心，其视天下无一物非我，孟子谓尽心则知性知天以此。天大无外，故有外之心不足以合天心。"[④]对"心"的以上界说，当然仍有认识论层面的内涵，这一意义上的"心"近于理性之思，其特点在于可以超越感性闻见的限制，引向更广的对象。然而，"大其心"的内在之意

---

① 《孟子·告子上》。

② 《孟子·告子上》。

③ 《荀子·解蔽》。

④ 张载：《张载集》，中华书局，1978年，第24页。

又不限于此：它同时指向价值领域。在后一层面，它意味着通过精神的扩展，引向"万物与我为一"的价值之境。与之相关，中国哲学中的"心"不仅关乎宽泛意义上的意识和心理、认识上的理性之思、本体论上的超越存在，而且涉及价值论上的精神境界。

相对于"心"，中国哲学中的"情"包含更为复杂的含义。先秦时期，"情"便呈现情实与情感两重意义。庄子在谈到道时，曾指出："夫道，有情有信，无为无形。"①这里的"情"便指存在的形态，"有情有信"强调的是道的真实性。同样，孟子在谈到物的差异性时，也肯定："物之不齐，物之情也。"②这里的"情"，也指情实，其意在于强调事物之间的区别，是其真实的形态。除了"物"（对象）的情实，"情"另一含义，是"人"之情感，《礼记·礼运》对此有一个概要的界定："何谓人情？喜、怒、哀、惧、爱、恶、欲，七者弗学而能。"心、情、性论域中的"情"，涉及的便是与之相关的情感。

人之情意义上的"情"既不同于有意为之的结果，也非通过努力而达到，而是表现为自然而然的过程。《礼记·礼运》中所说的"弗学而能"已表明了这一点。《文心雕龙》对此作了更具体的阐释："人禀七情，应物斯感，感物吟志，莫非自然。"③这里虽然首先考察诗的品格，肯定其具有内在之情与外在之物彼此交融的特点，但也指出了情感发生的自然性质；所谓"情以物兴"，"物以情观"④，亦表明了这一点。韩愈进一步将情与性联

---

①《庄子·大宗师》。
②《孟子·滕文公上》。
③《文心雕龙·明诗》。
④《文心雕龙·诠赋》。

系起来，强调了"情"的自生、自然之维："性也者，与生俱生也；情也者，接于物而生也。"①依此，则"情"形成于人与物的互动过程，自然而然。

作为自然而生的意识趋向，"情"并非仅仅形之于外，而是具有内在性的特点。中国哲学对"恭"与"敬"作了区分，认为"恭在貌，敬在心"②。恭主要侧重行为方式，敬则关乎人的态度，后者才属内在意识层面的情感。钱大昕对此作了更为具体的解说："恭敬、辞让，本非两事。舍让而言敬，则空虚无所著，虽日言敬，而去礼愈远矣。"③情感既是人的意识的自然流露，也是内在之情的真切表达，它不同于外在的姿态，也有别于行为过程中的做做样子，"恭"与"敬"的区分，从一个方面展现了这一点："恭"仅仅表现为顺从的样貌，不一定具有内在真情；"敬"则是一种发自内心的情感，其中包含敬重等内在意识。孔子在谈到孝时，曾指出："今之孝者，是谓能养。至于犬马，皆能有养。不敬，何以别乎？"④这里的"养"，是物质层面的赡养，如果仅仅注重这一层面，缺乏内在的关切，则并未达到真正之孝；"敬"则表现为内在的敬重之情，它构成了孝的实质规定。"养"与"敬"之别，从一个方面体现了"情"的内在特点。

从意识的层面看，"情"与感性的欲求有着更为切近的关系。荀子曾比较明确地指出这一点："夫人之情，目欲綦色，耳欲綦声，口欲綦味，鼻欲綦臭，心欲綦佚，此五綦者，人情之所

① 韩愈：《原性》，载《韩昌黎文集校注》，上海古籍出版社，2014，第22页。

② 郑玄：《礼记·少仪注》。

③ 钱大昕：《十驾斋养新录》卷十八，上海书店出版社，2011，第350页。

④《论语·为政》。

必不免也。"①"食欲有刍豢，衣欲有文绣，行欲有舆马，又欲夫余财蓄积之富也；然而穷年累世不知不足，是人之情也。"②饥而欲食、渴而欲饮，热衷于物质层面的生活享受，都属人之常情，自然而然。这既体现了"情"的自然特点，也展示了"情"的感性之维，后者使"情"呈现非理性的特点。

　　然而，"情"虽不同于理性趋向，但与"理"相关。朱熹在解释孟子思想时，曾指出："恻隐、羞恶、辞让、是非，情也。仁、义、礼、智，性也。"③这里所说的恻隐、羞恶、辞让、是非，即四端之心，在朱熹看来，它们都属"情"。恻隐、羞恶，分别与同情心、羞耻感相关；辞让一方面涉及理性的自觉，另一方面内含谦卑之情；是非则不仅涉及真假，而且关乎善恶，后者与道德情感相联系。"情"的以上方面，分别对应于仁、义、礼、智，后者又以"理"为内容："仁是爱之理，义是宜之理，礼是恭敬、辞逊之理，知是分别是非之理也。"④从逻辑上看，恻隐、羞恶、辞让、是非之情与仁、义、礼、智之性相关，后者又展开为"理"的不同方面，从而，"情"既展现为感性的欲求，又并非与理性完全无涉。从现实的形态看，"情"固然主要体现了感性之维，但无论是恻隐、羞耻之情，还是辞让、是非之心，都在不同层面渗入了理性的规定。在此意义上，情与理并非截然相对。

　　与心、情相关的是"性"。事实上，情的讨论，已与性相

---

①《荀子·王霸》。

②《荀子·荣辱》。

③ 朱熹：《孟子集注》卷三，载朱杰人等主编《朱子全书》第六册，上海古籍出版社、安徽教育出版社，2010，第289页。

④ 朱熹：《朱子语类》卷二十，载朱杰人等主编《朱子全书》第十四册，上海古籍出版社、安徽教育出版社，2010，第693页。

关。从原初的意义看，"性"往往指本然的规定，所谓"不事而自然谓之性"①便表明了这一点。这一视域中的"性"尚未与人的活动或人之所为（事）发生任何关联，"情"作为自发的趋向，则被认为源于这一意义上的"性"："情生于性。"②在以上层面，情与性呈现初始的关联，王夫之由此肯定："情者，性之端也。循情而可以定性。"③此所谓"情者性之端"与"情生于性"顺序相异〔在"情为性之端"中，出发点（"端"）为"情"；肯定"情生于性"，则意味着以"性"为"源"或"端"〕，但所指相通，故两者可互换，它从本原的形态肯定了情与性的联系。

当然，从更为实质的内涵看，"性"同时涉及意识、心理、精神之中的理性品格，当朱熹指出"仁、义、礼、智"之性分别与理相关之时，已经肯定了性的理性内容。在谈到性的总体特征时，朱熹更为明确地指出了这一点："性只是理。"④"性者，人所受之天理。"⑤"性便是心之所有之理。""性即理也。在心唤做性，在事唤做理。"⑥如此等等。这一意义上的"性"以理为其内涵，一方面，它表明理性之思以普遍之理为依据；另一方面，性作为与理为一者，又构成了理的内化形态。

性即理，主要体现了性在意识层面的理性内涵，但性在广义

① 《荀子·正名》。

② 荆门市博物馆：《性自命出》，《郭店楚墓竹简》，第179页。

③ 王夫之：《诗广传·齐风》，载《船山全书》第三册，岳麓书社，1996，第353页。

④ 朱熹：《朱子语类》卷五，载朱杰人等主编《朱子全书》第十四册，上海古籍出版社、安徽教育出版社，2010，第218页。

⑤ 朱熹：《论语集注》卷三，载朱杰人等主编《朱子全书》第六册，上海古籍出版社、安徽教育出版社，2010，第103页。

⑥ 朱熹：《朱子语类》卷五，载朱杰人等主编《朱子全书》第十四册，上海古籍出版社、安徽教育出版社，2010，第223页、216页。

上又不限于心理、意识之域，而是涉及存在规定。荀子在比较人与其他存在的不同特点时，曾指出："水火有气而无生，草木有生而无知，禽兽有知而无义，人有气、有生、有知，亦且有义，故最为天下贵也。"①这里的"义"被视为人区别于禽兽的根本之点，而"义"在广义上又涵盖仁、礼、智等方面，与之相关的"性"，则构成了人之为人的本质。类似的看法也见于孟子。在孟子看来，"人之所以异于禽兽者几希"②。"几希"所体现的，是人禽之别的主要差异。按朱熹的说法，"虽曰少异，然人物之所以分，实在于此"③。使人与物（禽兽）区分开来的根本之点，就是孟子一再强调的本善之性。这一意义上的"性"，已超出了心理、意识的范围，表现为形而上层面的存在规定。事实上，"性"本身属本质系列的范畴，所谓人性，也就是人不同于其他存在的本质规定，这种规定，具有本体论的意义。

　　以本质层面的规定为内涵，"性"同时蕴含当然："性是合当底。"④如上所言，"性"以"理"为内容，作为"性"的形上根据，"理"本来包含当然之则，朱熹曾概要地对"理"的相关内涵作了如下界说："至于天下之物，则必各有所以然之故，与其所当然之则，所谓理也。"⑤这里的"所当然"便关乎"理"的当然义。以"理"为源，"性"也与当然相关。人作为社会的存

①《荀子·王制》。

②《孟子·离娄下》。

③ 朱熹：《四书章句集注·孟子·离娄下》，载朱杰人等主编《朱子全书》第六册，上海古籍出版社、安徽教育出版社，2010，第358页。

④ 朱熹：《朱子语类》卷五，载朱杰人等主编《朱子全书》第十四册，上海古籍出版社、安徽教育出版社，2010，第216页。

⑤ 朱熹：《大学或问》，载朱杰人等主编《朱子全书》第六册，上海古籍出版社、安徽教育出版社，2010，第512页。

在，需要承担不同的社会责任和义务，这种责任和义务，以"当然"为其形态，从"父父子子"的伦理义务，到"君君臣臣"的政治责任，传统思想中的"父子之亲"和"君臣之义"作为与人相关的"当然"，涉及社会生活的各个方面。对中国哲学而言，这种"当然"或伦理、政治责任，同时由人之"性"所规定。

就心、情、性的关系而言，心与性融合，引申为志。对中国哲学来说，"心"本身具有自主性："心者，形之君也，而神明之主也，出令而无所受令。自禁也，自使也。自夺也，自取也，自行也，自止也。"①"出令而无所受令"体现了意识的自我决定特点，这一意义的"心"既体现了心的自律，也以内含于心的"性"为依据，由此，可以进一步引向区别于个体之义的"志"。在张载那里，便不难看到这一理解："儒者穷理，故率性可以谓之道。""盖志意两言，则志公而意私尔。"②"志"与穷理过程相关，故具有普遍、公共的性质，"意"则表现为个体的心理趋向。作为心性的体现，"志"呈现正面的意义。与张载有所不同，朱熹尽管也提及志为心之帅③，但在总体上对"志"与"意"不作区分，并在由"情"引向"意"的同时，进一步将"志"与"意"都归为"情"："情又是意底骨子，志与意都属情。"④从理论上看，"志""意""情"的如上交融固然肯定了意识现象的相关性，但又容易模糊理性与非理性的界限。从后一方面看，相较于张载区分"志"与"意"，朱熹的以上理解似乎存

---

①《荀子·解蔽》。

② 张载：《张载集》，中华书局，1978，第31、32页。

③ 朱熹：《朱子语类》卷十二，载朱杰人等主编《朱子全书》第十四册，上海古籍出版社、安徽教育出版社，2010，第358页。

④ 朱熹：《朱子语类》卷五，载朱杰人等主编《朱子全书》第十四册，上海古籍出版社、安徽教育出版社，2010，第232页。

在理论上的不足。后来的王夫之则上承张载，对"志"与"意"
的关系作了较为切实的阐释："意之所发，或善或恶，因一时之
感动而成乎私；志则未有事而豫定者也。意发必见诸事，则非政
刑所能正之；豫养于先，使其志驯习乎正，悦而安焉，则志定而
意虽不纯，亦自觉而思改矣。"①个体意向随物而动，容易流于
负面之"私"，"志"则体现了正当的价值方向。相对于朱熹的解
说，以上看法无疑更多地回归了中国哲学对"志""意"关系的
合理理解。

　　可以看到，心、情、性作为中国哲学的重要范畴，关乎多
重方面，其意义不仅涉及意识之域，而且与本体论、价值论、认
识论相联系，从而呈现宽泛层面的哲学意义。以观念性的存在为
基本的形态，"心"在其中具有更为重要的地位，其内涵则包含
某种复杂性。一方面，"心"与作为普遍本质的"性"相对，首
先呈现为个体意识。这一视域中的心性之辩，相应地展现为个体
意识与普遍本质的关系。后来理学中的道心与人心之辩，也以
此为指向：道心作为理的内化，其实质内涵即表现为"性"；然
而，在形式上，道心与人心同为"心"，就这一意义而言，心性
关系又被置于"心"的层面，而普遍本质（性或道心）对个体意
识的主宰，则成为意识之域的问题。人的意识与人的本质的以上
关联，既体现了内向的进路，并可能悬置人与人的交往和人与
物的互动，又不同于超验的趋向。早期儒学正是由此提出尽心
知性，肯定人心之中即蕴含普遍本质，故尽人之心即可尽性（深
入人的本质），并进一步把握形上之天（知天），前文引述的孟

---

① 王夫之：《张子正蒙注·中正》，载《船山全书》第十二册，岳麓书社，
1996，第189页。

子之语，便喻指此。①从形而上的层面看，这一思路区别于从超验之"在"到人的存在，而是从人的存在引向超越的存在。另一方面，"心"又不仅仅限定于个体之域。张载曾指出："合性与知觉，有心之名。"②这里的"知觉"以广义的意识活动为内容，作为"性"与知觉的统一，"心"已超越单纯的个体意识，展现了某种综合的品格。在下面将讨论的"心统性情"说中，这一点得到了更为具体的展现。

二

作为与人相关的存在规定，心、情、性之间本身呈现何种关系？中国哲学以"心统性情"为理解以上关系的基本观念。"心统性情"最早由张载提出："心统性情者也。有形则有体，有性则有情。发于性则见于情，发于情则见于色，以类而应也。"③以后的中国哲学家，大致接受了这一看法。朱熹便认为："心者，性情之主也。"④"性以理言，情乃发用处，心即管摄性情者也。"⑤"性情皆出于心，故心能统之。"⑥如此等等。"心统性情"中的"统"，既指包含、涵摄，也有支配、主宰、统摄之

① 参见《孟子·尽心上》："尽其心者，知其性也。知其性，则知天矣。"
② 张载：《张载集》，中华书局，1978，第9页。
③ 张载：《张载集》，中华书局，1978，第374页。
④ 朱熹：《元亨利贞说》，《晦庵先生朱文公文集》卷六十七，载朱杰人等主编《朱子全书》第二十三册，上海古籍出版社、安徽教育出版社，2010，第3254页。
⑤ 朱熹：《朱子语类》卷五，载朱杰人等主编《朱子全书》第十四册，上海古籍出版社、安徽教育出版社，2010，第230页。
⑥ 朱熹：《朱子语类》卷九十八，载朱杰人等主编《朱子全书》第十七册，上海古籍出版社、安徽教育出版社，2010，第3304页。

意，所谓"心，主宰之谓也"①，便表明了这一点。

从认识论的角度看，"心统性情"中的"心"近于康德哲学中的"我思"或"统觉"，具有综合、统一的作用。"情"与"性"分别涉及感性规定与理性品格，二者在人的意识结构中并非互不相关。按其内容，"心"泛指人的精神、意识，在此意义上，"心统性情"意味着理性与情感均属人的意识或精神，二者在不同层面上受到意识结构的制约。就中国哲学的理解而言，"性"与"情"常常被理解为已发与未发，"情"作为呈现于外（已发）的意识，具有多样的形态，既涉及人的不同情感，也关乎人的感性欲求。"性"则既可以取得理性之思的形态，也可表现为人之为人的内在规定。以上层面的情与性尽管有已发与未发、体与用等区分，但都内在于同一主体（人）之中，表现为人在观念形态上的相关规定，所谓"心统性情"，即表明了这一存在结构：此处之"心"，着重从观念形态上指出了这些规定的统一基础。这一意义上的"心统性情"，体现了对精神世界统一性的肯定：仅仅讲"性"为未发，"情"为已发，"性"与"情"便难以摆脱彼此分离的形态，以"心"统"性""情"，则在肯定"心"的统摄性的同时，将"性"与"情"视为同一精神世界的相关方面。这一看法与现代的现象学有所不同，在现象学系统中，舍勒是对情感较为关注的哲学家，在情感之中，舍勒又常常赋予"爱"以比较重要的地位，按其理解，爱具有"激发认识与意愿"的作用，"是精神和理性之母"②。这一看法的要义在于情感支配理性，它与后面将论及的休谟的看法有相通之处。"情"

---

① 朱熹：《朱子语类》卷五，载朱杰人等主编《朱子全书》第十四册，上海古籍出版社、安徽教育出版社，2010，第229页。

② 舍勒：《爱的秩序》，生活·读书·新知三联书店，1995年，第47页。

在精神世界中的主导性，则使精神世界呈现不同于中国哲学所理解的形态。事实上，舍勒也比较明确地肯定了这一点，按其理解，"对人而言，所谓事物的'本质'的'核心'始终在他的情性赖以维系之处。凡是远离人的情性的东西，人始终觉得'似是而非'和'不在其位'"①。以"性情"而非广义之"心"为核心，精神世界似乎难以达到真正的统一。

"心统性情"同时涉及价值系统，与之相关的"统"，则具有统摄、主导之意。朱熹在谈到这一点时，特别指出："统，如统兵之统，言有以主之也。"②情既是价值本体的呈露（恻隐、羞恶、辞让、是非，分别构成了仁、义、礼、智之端），也是内在意识在现实世界中的多样展现（喜、怒、哀、惧、爱、恶、欲表现为情感的不同形态）；性作为本质层面的规定，决定着意识活动的价值方向；具有主导或统摄意义的"心"，则同时以根据、本体为其内涵。"心"的主导（"心统性情"）不仅在价值层面引导着"性""情"的发展，而且具有成就人性的作用。胡宏曾指出："心也者，知天地，宰万物，以成性者也。"③从心与物的关系看，心可以把握对象，宰制万物；就心与人自身的关系而言，心又能够基于意识能力，通过以心成性的过程为形成人的本质提供前提。可以看到，"心统性情"既在功能之维表现为意识活动对人的性、情的制约和统摄，也关乎价值意义上成己与成人。王夫之认为，"'心统性情'，统字只作兼字看"④，无疑亦

051

① 舍勒：《爱的秩序》，生活·读书·新知三联书店，1995年，第48页。
② 朱熹：《朱子语类》卷九十八，载朱杰人等主编《朱子全书》第十七册，上海古籍出版社、安徽教育出版社，2010，第3304页。
③ 胡宏：《胡宏集》，中华书局，1987，第328页。
④ 王夫之：《读四书大全说》卷八，载《船山全书》第六册，岳麓书社，1996，第945页。

注意到了"心统性情"的以上两个方面。

心与情、性的以上关系，同时涉及一体化与对象化的区分。在情感中，情感主体、过程、对象往往融为一体；无论是宗教情感，还是伦理情感，都关乎情感主体与对象的交融，从宗教情感中对超验存在的皈依，到伦理情感中以万物为一体的形式普遍地关切世界，都涉及情感与对象的互融。在认知中，认知对象（所知）与认知主体（能知）则更多地呈现彼此区分的形态。情感的流露与体悟，不同于对这种情感的理性的反思：只有在反思的形态下，情感的表达与情感的对象才区分开来。以广义的理性意识和情意等为内涵，"心"在整合"情""性"（"心统性情"）之时，一方面确认了人的内在意识之间以及意识与对象之间的交融和互动，另一方面又蕴含着对"情""性"或广义意识与对象区分的肯定。

引申而言，"心统性情"中的"心"可侧重于意识中的意志之维，表示人的意志力量。前述荀子强调心"出令而无所受令"，"心"的这一品格即主要突出了意识中的意志之维。在此视域中，"心统性情"意味着理性与情感均受到意志的制约。当然，"自禁""自使""自夺""自取""自行""自止"之"心"又与"情""性"相关，作为具有价值意义的意识，"心"的以上内涵近于康德的善良意志，其具体内容涉及实践理性。道德实践的过程中，意志的决断对于行为的选择和决定，具有不可忽视的意义，与之相关的"心统性情"，也内含着实践的品格。

以"心"沟通"性"与"情"，其前提是肯定"性"与"情"的相关性。历史地看，《礼记·乐记》已肯定了"情"与"性"的不可相分："是故，先王本之情性，稽之度数，制之礼义，合生气之和，道五常之行，使之阳而不散，阴而不密，刚气不怒，柔气不慑。四畅交于中而发作于外，皆安其位而不相夺也。然后立之学等，广其节奏，省其文采，以绳德厚。律小大之称，比终始之序，以象事行，使亲疏、贵贱、长幼、男女之理皆形见于乐，故曰：乐观其深矣。"这里通过讨论乐的形成过程，肯定了"性"与"情"的关联：所谓"本之情性"，即从发生的本源上，确认了乐的生成以"性"与"情"的统一为前提。就内容而言，乐既从一个方面构成了人之情的表达方式，也体现了人之性（人不同于其他存在的本质规定），在此意义上，乐确乎离不开"性"与"情"的统一。

《礼记》的以上看法，也为中国哲学中的其他哲学家所承继，王充便是其中之一。当然，较之《礼记》，王充从更为普遍的层面上肯定了"性"与"情"的不可分："情性者，人治之本，礼乐所由生也。故原情性之极，礼为之防，乐为之节。性有卑谦辞让，故制礼以适其宜；情有好恶喜怒哀乐，故作乐以通其敬。礼所以制，乐所为作者，情与性也。"①这里所说的"治"，是指社会的治理，对王充而言，社会的治理，乃是以人之"情"与"性"为本，与之相关的礼乐，也由此生成。值得注意的是，《礼记》所关注的"乐"，在此进一步引向"礼"，后者关乎更广的社会之序与规范系统。社会关系的调节（卑谦辞让），基于人之"性"，"礼"的形成（制礼），也以此为出发点。同样，好、恶、喜、怒、哀、乐本来呈现为自发形态的情，将它们引向具有价值意义的"敬"，离不开"乐"的陶冶。礼乐与性情的以上关联，使"性"与"情"的统一获得了更为深沉的价值意义。

"性"与"情"的相通，也体现于人与人之间的日常互动。

---

① 王充：《论衡校释》上，中华书局，2018，第114-115页。

徐干在谈到君子的交往过程时，曾指出："故君子之与人言也，使辞足以达其知虑之所至，事足以合其性情之所安，弗过其任而强牵制也。"①这里的交往虽然以语言为中介，但也涉及生活过程的不同方面。以语言（辞）表达人的所思所虑，需要达到言辞与知虑的一致；更广意义上的做事过程，则应合乎人之"性"与"情"。过度（"过其任"）与强制（"强牵制"），都违逆了人之性与情，以此为形式，既难以形成人与人之间的和谐关系，也无法趋向社会行为的有序化。徐干的以上看法，肯定了"合其性情之所安"在建构合理的社会交往关系中的作用。

当然，对主流的中国哲学而言，"心"之能够统"性""情"，其前提是"心"本身与"性"无法相分。王夫之已指出这一点："此人心者，既非非心，则非非性。故天下之言性者，亦人心为之宗。"②所谓既"非非心"，也"非非性"，其实际的内涵即心性不二。"心"与"性"这种联系所指向的，是对理性之思作用的确认。在谈到心之官与耳目之官的关系时，王夫之指出："盖心之官为思，而其变动之几，则以为耳目口体任知觉之用。故心守其本位以尽其官，则唯以其思与性相应。"③这里的"知觉"，主要指感性层面的意识，"思"则是与之分别的理性活动，其实质体现于对本质层面规定的把握，故与"性"一致（"相应"）。心之思与"性"的以上关联，可以视为张载关于"合性与知觉，有心之名"观念的展开。对"心"的这一理解，张载与朱熹有所不同。就"心"而言，尽管朱熹也肯定"心、

054

---

① 徐干：《中论解诂》，中华书局，2014，第93页。
② 王夫之：《尚书引义》，载《船山全书》第二册，岳麓书社，1996，第259页。
③ 王夫之：《读四书大全说》，载《船山全书》第六册，岳麓书社，1996，第1106页。

性本不可分"①，并以"性"为内在于"心"之理，但又趋向于以知或知觉言"心"，强调"所谓知，便是心了"②。由此，朱熹进一步对张载提出了批评和质疑，认为："横渠之言大率有未莹处。有心则自有知觉，又何合性与知觉之有？"③从逻辑上说，将"性"与"知觉"加以分离，以"知"或"知觉"规定"心"，容易偏离"心性本不可分"的论点，并把"心"还原为感性的层面，这无疑为理解朱熹本身所赞同的"心统性情"带来了某种理论困难。相形之下，张载与王夫之视域中的"心"则蕴含着对理性与情意统一性的肯定，后者同时使"心统性情"所具有的综合、统摄义获得了内在的理论依据。

从比较的角度看，中国哲学所肯定的"心统性情"与休谟的哲学观念，存在较为明显的差异。对休谟来说，情感具有价值意义，理性则主要关乎真伪："理性的作用在于发现真或伪"④，与价值意义上的善恶无关。"道德宁可以说是被人感觉到的，而不是被人判断出来的；不过这个感觉或情绪往往是那样柔弱和温和，以致我们容易把它和观念相混。"⑤在休谟看来，相对于情感而言，理性缺乏主动性："理性是完全没有主动力的，永远不能阻止或产生任何行为或感情。"⑥"人类在其情绪和意见方面很少受理性的支配。"⑦从中国哲学的角度看，以上观念的内在取向

055

① 朱熹：《朱子语类》卷六十，载朱杰人等主编《朱子全书》第十六册，上海古籍出版社、安徽教育出版社，2010，第1931页。

② 同上书，第1933页。

③ 同上书，第1944页。

④ 休谟：《人性论》下册，商务印书馆，1983，第498页。

⑤ 同上书，第510页。

⑥ 同上书，第497–498页。

⑦ 同上书，第409页。

在于突出"情"而贬抑"性",就哲学的层面而言,这种思想进路,表现出比较明显的经验主义趋向。

相对于休谟的哲学取向,康德哲学呈现不同的特点。康德区分感性、知性、理性,这一视域中的理性同时具有形而上的超越意义,知性则近于现在认识论所说的狭义理性。在认识论和伦理学上,康德所注重的都是广义的理性(包括知性与超验的理性),这里特别值得注意的是康德在认识论与伦理学上的分别。在认识论上,康德肯定普遍必然的知识的形成既需要先验的知性范畴(狭义的理性),也需要经验的直观,也就是说,在肯定知性(理性)的同时,康德并没有完全否定经验活动及其结果。然而,在伦理学上,康德则主要强调了实践理性的作用,以合乎普遍的理性规范为道德行为正当唯一的根据,强调"仅仅根据这样的准则行动,这种准则同时可以成为普遍的法则(universal law)"[1],对经验领域的情感,则基本上作为偏向(inclination)加以拒斥。康德所承认的"唯一情感",是对道德法则的敬重心[2],这种以道德法则为对象的"敬重",实质上仍是理性的意识,它并没有离开康德以理性法则为实践理性的至上形态这一哲学立场。就此而言,在道德哲学中,康德所坚持的,主要是广义的理性主义原则。

对情感与理性的以上不同侧重,在中国现代哲学中也得到某种折射。如所周知,"情"与"性"的问题依然为中国现代哲学所关注,李泽厚的"情本体"说与新儒家的心性论的相关讨论,

---

[1] Immanuel Kant, *Grounding for the Metaphysics of Morals*(Indianapolis: Hackett Publishing Company, Inc., 1993), p. 30.

[2] 康德:《实践理性批判》,邓晓芒译,杨祖陶校,人民出版社,2003,第101、110页。

便表明了这一点。作为现代新儒家的代表人物，牟宗三在较早的时期即表现出以性为本体的哲学趋向。就"性"与"情"的关系而言，"性"更多地与普遍的理性相关，在这一方面，其哲学进路与晚明的刘宗周有相近之处。刘宗周既受到王阳明心学的影响，又表现出回归性体的趋向。[①]与之相近，牟宗三的心性哲学在上承心学的同时，又一再强调性体的主导性，认为"体万物而谓之性，性即是体"，"性为超越的绝对"[②]。比较而言，李泽厚提出"情本体"，至少在形式上将"情"置于更为重要的地位。当然，在李泽厚那里，"性"与"情"呈现颇为繁复的关系，在肯定"情"的同时，李泽厚并未完全否定理性的作用，他一再强调情中有理，理非离情，也体现了以上立场。与之相关，李泽厚常常徘徊于理和情之间：对理性，往往欲拒又迎；对情感，则常常欲迎还拒。从实质的方面看，"性"与"情"是人的存在的相关方面，难以截然相分。无论是将人的内在意识还原为"情"，抑或将其仅仅归属于"性"，都将偏离人的具体存在。牟宗三之执着于"性体"，李泽厚之游移于"情""理"之间而强调"情本体"，都在不同意义上表现出疏离人的现实存在的趋向。

057

从以上前提考察"心统性情"的观念，无疑可以进一步看到其理论意义。基于人的综合意识（"心"）而融合"情"与"性"，"心统性情"既肯定了表现为"情"的存在规定，又确认了人的理性本质，从而对经验主义与理性主义作了双重超越。就中国现代哲学的演进而言，以"心统性情"为理论出发

---

① 参见杨国荣：《心学之思：王阳明哲学的阐释》，生活·读书·新知三联书店，1997年，第十章。

② 牟宗三：《心体与性体》上，上海古籍出版社，1999，第483页。《心体与性体》中，上海古籍出版社，1999，第381页。

点，"情本体"与"性本体"之间对峙的扬弃，也在理论层面获得了某种历史前提。

三

在中国哲学中，心性问题的讨论，同时与穷理尽性相联系。《易传》已提出"穷理尽性以至于命"^①的观念，尔后的中国哲学进一步将"穷理"过程与致知工夫联系起来。朱熹便指出："大要在致知，致知在穷理，理穷自然知至。要验学问工夫，只看所知至与不至。"^②从理论的层面看，理构成了性的内涵，性内在于人之心；情则在欲求等层面与理相对，从而，心、性、情在不同意义上与理都无法相分；穷理、尽性与致知的以上关联，使心、性、情的讨论，同时引向人的工夫过程。

就心、性、情本身而言，"心统性情"侧重于三者在精神结构层面的关联，在中国哲学看来，心性本身并非仅仅停留于静态之中，而是始终处于生成过程。《易传》已指出："一阴一阳之谓道，继之者善也，成之者性也"^③，其中的关切之点即成性。尽管中国哲学中的一些人物以先天性为人性的出发点，从而，成性过程包含着某种复性（回归本然之性）的趋向，但即使以复性为指向，其实现也离不开自我成就的过程。在"成之者性也"之说中，德性的完成或提升固然以本然之性为内在根据，但这种本然之性本身并不构成变化、成就的动力，与之相应，"成"并不是"性"自身的活动，而是以"性"为根据而展开的过程，所谓

① 《周易·说卦》。
② 朱熹：《朱子语类》卷五，载朱杰人等主编《朱子全书》第十四册，上海古籍出版社、安徽教育出版社，2010，第228页。
③ 《周易·系辞上》。

"习成而性与成也"①，这里的"习"即习行活动，这种活动过程在中国哲学中往往取得广义工夫的形式。朱熹曾以"仁"为例，指出了工夫的不可或缺性："且如'仁'之一字，上蔡只说知仁，孔子便说为仁。是要做工夫去为仁，岂可道知得便休。"②这里的"仁"以"恻隐之心，仁之端也"为实质内容，从而既关乎情，也涉及性；仁之离不开工夫，则从一个方面肯定了心性与工夫的相关性。

从中国哲学的角度看，工夫的展开过程，又与"命"相关。事实上，《易传》所提出的"穷理尽性以至于命"，已经把穷理工夫与"命"联系起来。朱熹更具体地肯定了二者的关联，并对消极地顺从天命的趋向提出了批评："'不能自强，则听天所命；修德行仁，则天命在我'。今之为国者，论为治则曰，不消做十分底事，只随风俗做便得。不必须欲如尧、舜、三代，只恁地做，天下也治。为学者则曰，做人也不须做到孔、孟十分事，且做得一二分也得。尽是这样苟且见识，所谓'听天所命'者也。"③历史地看，中国哲学所说的"命"，大致包含以下含义：其一，天之所命，所谓"天命之谓性"，便表明了这一点，这里的"天之所命"，可以视为形而上层面的超验赋予。其二，"命"表现为一种必然的趋向，孔子曾指出："道之将行也与，命也；道之将废也与，命也。"④这里的"命"，便指必然性趋向。其三，命运又具有不确定性，中国传

059

---

① 王夫之：《尚书引义·太甲二》，载《船山全书》第二册，岳麓书社，1996，第299页。

② 朱熹：《朱子语类》卷五，载朱杰人等主编《朱子全书》第十四册，上海古籍出版社、安徽教育出版社，2010，第228页。

③ 朱熹：《朱子语类》卷五十六，载朱杰人等主编《朱子全书》第十五册，上海古籍出版社、安徽教育出版社，2010，第1815页。

④《论语·宪问》。

统哲学家如荀子讲"节遇谓之命"①，王充也肯定"逢遭于外"的所谓"遭命"②，等等，都关乎"命"或命运中的偶然性。总体而言，一方面，"命"非人所能左右：以上三重意义上的"命"，都不是人所能支配的；另一方面，"命"又与人的活动相关。

与以上内涵相联系，"命"无法疏离于人的存在：物或对象中的普遍规定，主要以道、理、法则等为表现形式，其特点表现为外在于人；"命"则即使表现为必然趋向，也与人的活动不可分离。可以说，唯有人（作为个体的人或作为社会的人），才有"命"或命运的问题。人的存在，具体展开为人做事的活动过程，做事过程则以工夫为其实际内容。朱熹所说"为治"和"为学"作为人做事的过程，表现为治理社会和学术研究的不同活动，对中国哲学而言，这种活动与人自身的作用无法相分，其结果也离不开人的作用的充分发挥。如果不能做得"十分底事"，仅仅限于"一二分"，则无法达到理想的目标。而不能做得"十分底事"，则意味着"听天由命"或离人言"命"，亦即单纯地顺乎外在之"命"，而在实质上放弃人的真正作用。

就"命"的基本含义而言，其三重内涵（天之所命、外在必然、偶然节遇）固然非人所能左右，但并非与人的作用完全无涉。天之所命，提供了行为的根据，这种根据诚然非来自人的作用，却构成人的作用的前提。成性首先展开为人的活动，但其出发点，则是既成之性（天之所命或天之所赋的本然之性）。程颐认为："性之本谓之命。"③王夫之进一步指出："夫天之生物，其化不息。初生之顷，非无所命也。何以知其有所命？无所命，

①《荀子·正名》。
②王充：《论衡·命义篇》。
③程颢、程颐：《二程集》第一册，中华书局，1981，第318页。

则仁、义、礼、智无其根也。"[1]依此，天之所命便可视为成就人性的根据（"本""根"）。作为外在的必然，"命"对人的活动无疑构成了某种限制，但在把握这种必然之后，人仍可以有所作用，荀子所提出的"制天命而用之"[2]，便确认了这一点。以"节遇"为形式，"命"展现了人的存在中偶然的一面，但在中国哲学看来，这种偶然性主要与"在外者"相关，除了这一方面，还有"在我者"，孟子已指出这一点："求则得之，舍则失之，是求有益于得也，求在我者也。求之有道，得之有命，是求无益于得也，求在外者也。"[3]与之相近，荀子在肯定"制天命而用之"的同时，也在心性层面区分了"在己者"和"在天者"[4]。"在我者"或"在己者"主要关乎德性的涵养、提升，"在外者"或"在天者"则涉及物质境遇。人的内在品格、理性能力、价值取向等方面属"在我者"或"在己者"，在这方面，人自身具有决定的能力；物质境遇更多地表现为"在外者"或"在天者"，其好坏取决于作为"节遇"的"命"，无法由自我主导。朱熹之反对"听天由命"，主要是就"在我者"或"在己者"而言，前面朱熹所说的"为治"和"为学"，在广义上也属这一方面，它们的价值指向，是"成性"。

在耳目四肢所涉及的感性欲求与仁、义、礼、智的分别中，"性"与"命"的关系得到了更具体的展示。孟子曾指出："口之于味也，目之于色也，耳之于声也，鼻之于臭也，四肢之于安佚也，性也。有命焉，君子不谓性也。仁之于父子也，义之于君

---

① 王夫之：《尚书引义·太甲二》，载《船山全书》第二册，岳麓书社，1996，第299-300页。

②《荀子·天论》。

③《孟子·尽心上》。

④《荀子·天论》。

臣也，礼之于宾主也，知之于贤者也，圣人之于天道也，命也。有性焉，君子不谓命也。"①"口之于味"意义上的"性"，指感性的趋向。在中国哲学看来，感性欲求主要与命（不受人支配的外在力量）相关，而与人的本质（性）无关，故"不谓性"（人的本质）；"仁之于父子""义之于君臣"意义上的"命"，本来是作为社会责任或义务的"当然"，但在中国哲学中，这种当然之"命"往往被赋予必然的性质，所谓"孝悌者天之所以命我，而不能不然之事也"②，便明确地表现出化当然为必然的趋向：孝悌本来属"当然"（应该如此），却同时被视为必然（"不能不然"）。作为"必然"，它同时与人的本质（性）相关，而不能简单归之为"在外者"或不受人自身支配的外在力量（"不谓命"）。这一意义上的"命"，常常被理解为"由我"而"不由他"："至'义之于君臣，仁之于父子'，所谓'命也，有性焉，君子不谓命也'。这个却须由我，不由他了。"③总体上，"性"有感性与理性之分：味、声、色等欲求既与人的自然之情相关，也在感性层面体现了人的本然之"性"，"仁之于父子""义之于君臣"的社会责任则在理性之维展现为人之性；"命"有"在外者"与"在我者"之分，二者一方面都与人的存在相关，另一方面又以不同的方式制约着人的践行。

在中国哲学的历史脉络中，体现感性欲求的"命"，常被视为"在外者"或"在天者"，与之相关的"命"非人所能左右；表现为理性要求的"命"，则往往被理解为"在我者"或"在

①《孟子·尽心下》。

② 朱熹：《论语或问》，载朱杰人等主编《朱子全书》第六册，上海古籍出版社、安徽教育出版社，2010，第613页。

③ 朱熹：《朱子语类》卷九十八，载朱杰人等主编《朱子全书》第十七册，上海古籍出版社、安徽教育出版社，2010，第3308页。

己者",所谓"天命在我""由我不由他",主要便涉及后一方面。不过,就更广的视域而言,与感性需要、理性意向相关的"命",同时指向宽泛之域中的变革自然,所谓"制天命而用之",即与之相涉。这里同时可以注意到荀子对"命"理解的二重性:在心性层面,荀子区分"在己者"与"在天者";在更广的天人关系上,荀子又肯定人可以基于对必然法则的理解作用于自然。后一意义上人对"命"的作用,以化"天之天"为"人之天"为内容①。"天之天"即本然的自然,"人之天"则是打上人的印记的对象,将"天之天"化为"人之天"的意义在于以人的知、行活动作用于自然,通过自然对象的变革或本然存在的转换以合乎人的多方面需要。当然,在心、性、情的论域中,主流的中国哲学趋向主要体现于区分"在我者""在己者"与"在外者""在天者"这一衍化进路。

"性"与"命"的以上关联,在《周易》关于"乾道变化,各正性命"②的表述中,也得到了肯定。性命之学关乎人性和命运,对中国哲学而言,人性既包含相近的可能,也具有可塑性,孔子"性相近也,习相远也"③之说,已对此作了确认。同样,与人相关的"命"不仅有必然的一面,也关乎偶然性。所谓"各正性命",同时包含以上诸种含义。"乾道"以普遍之道为题中之义,在普遍之道的变迁中("乾道变化"),人的活动既受制于必然性,又本于道而有所作为,所谓"分于道谓之命,形于一谓之性"④,由此各安其位、各正性命。王夫之曾说:"一禀受于天地之

① 王夫之:《诗广传·大雅》,载《船山全书》第三册,岳麓书社,1996,第463页。

②《周易·乾·彖》。

③《论语·阳货》。

④《大戴礼记·本命》。

施生，则又可不谓之命哉？天命之谓性，命日受则性日生矣。"①
就本然的层面而言，天之所命构成了人性的最初出发点，作为普
遍的本质，"性"具有非人所能决定的一面，"天命之谓性"，也肯
定了这一点；这一既成之性规定了人的发展可能、发展根据。但
人性的现实内容，则是在后天的习行工夫中逐渐形成、发展的，
性日生日成，便确认了人性同时经历发展过程，其实际的内容表
现为可能的实现以及与之相关的人的存在规定的逐渐丰富。在人
的存在过程中，"性"的既成性（非经过人的选择而形成）与性日
生日成（可能在知行工夫的发展中不断实现）并行而不悖。

　　不难注意到，"心""性"与"命"的相关性，乃是基于人的
存在及其作为；"心统性情"则以成性为指向，这一过程既关乎
"命"，又以人自身的作用为前提，所谓"由我"而"不由他"所
强调的，便是这一点。在中国哲学中，"命"通过"天之所赋"而
展现为心体与性体的根据，这种根据又进一步为心体和性体的发
展提供了内在可能；以必然趋向与偶然节遇为实际内涵的"命"，
则作为成心和成性工夫的条件而制约着这一过程。由此，"命"与
心体、性体的关系获得了二重维度：一方面，它作为本体和根据
而构成了成性和成心过程的出发点；另一方面，它又在必然和偶
然两个方面表现为成性和成心过程展开的条件。旨在成心与成性
的"由我"之行或人的作为，具体即以人的工夫为实际内容，而
统摄"性"与"情"的心体，最终则源于人自身的这种工夫："心
无本体，工夫所至，即其本体。"②尽管一些哲学家将心体与先天
赋予联系起来，但如上所述，心体的这种先天性又不同于现实的

────────────

① 王夫之：《尚书引义·太甲二》，载《船山全书》第二册，岳麓书社，
1996，第301页。
② 黄宗羲：《明儒学案·自序》，载《黄宗羲全集》第七册，浙江古籍出版
社，1992，第3页。

精神形态，而是具有内在根据或可能的意义。对中国哲学而言，即使承诺心体的先天性，这种先天心体也只是构成了工夫的出发点，仅仅停留在这种形态，则"虽曰知之，犹不知也"①。对心体意义的真正理解，离不开工夫的展开，所谓"做得工夫的，方识本体"②。这一思路的逻辑发展，便是确认：从终极的层面看，心体本身形成或完成于人的工夫过程，"心无本体，工夫所至，即其本体"即以此为实质的内涵。如果说，"天命之谓性"或天之所赋以形而上的形式预设了人性和人心的先天性，那么，工夫所至即"心"本体的命题主要通过肯定基于"命"的后天工夫，对人性和人心的这种先天性作了某种扬弃。中国哲学中的心、性、情与性命之学的关系，在此得到了更广层面的展现。

要而言之，中国哲学中的心、情、性既包含多重内涵，又涉及不同维度。从内在的结构看，心、情、性融合于心，所谓"心统性情"，便侧重于三者的内在关联；就心、情、性本身的起源与衍化而言，其变迁又关乎性命之学。对中国哲学来说，心、情、性的发生和成就，基于不同形态的根据和条件，如果说，"天命之谓性"以天之所命的形上形式规定了意识的内在可能，那么，兼含必然与偶然的"命"，则构成了成性或成心（意识和精神形态的发展）工夫展开的多样条件。以"命"为根据和条件的工夫过程，最终指向统摄情与性之心体的完成。

（原载《南国学术》2023年第1期）

065

---

① 王守仁：《大学问》，载《王阳明全集》中，上海古籍出版社，2018，第1070页。

② 王守仁：《传习录拾遗》，载《王阳明全集》下，上海古籍出版社，2018，第1287页。

理学的伦理思想略论

理学作为一代哲学思潮，不仅包含宇宙论、本体论、认识论等问题，而且与伦理学相关。从哲学研究的角度来说，无论关注其中哪一个方面，都宜从问题出发，避免以罗列特定的差异、共同之点作为切入点。这种考察进路的前提是，尽管哲学的表达方式、概念系统常常有所不同，但其内在的问题具有相通性。正是哲学问题所内含的这种相通性，使之在切入相关问题的方式、进路上，具有某种普遍的向度。从伦理学的角度分析理学时，也需要以问题普遍性和相通性为依据。

一

考察理学的伦理思想，首先涉及德性伦理、规范伦理与理学的关系。就前二者与理学的相关性而言，重要的不是生硬地肯定宋明理学是德性伦理或规范伦理，而是需要关注：相对于德性伦理和规范伦理以及其中蕴含的问题，宋明理学可以在解决问题方面提供什么样的独特思想资源。也就是说，不能泛泛地将其纳入一般所认同或认可的某种伦理学系统，而是应着重考察理学对处理伦理领域中相关的问题提出了什么独特的解决思路和资源。

从中国哲学的研究来说，以往的考察常常比较习惯于作简单的定性。在相当长的时期中，中国哲学的分析以"两军对战"为模式，唯物与唯心、形而上学与辩证法的对峙，即其一般形式。哲学研究常常趋向于对唯物或唯心、形而上学或辩证法的定性，似乎把某种哲学系统确定为唯物或唯心、形而上学或辩证法，便万事大吉了，这是以定性为指向的研究方式的基本特点。就更为深沉的层面看，在哲学研究中，真正重要的使命在于对相关哲学问题作具体分析，具体而言，需要考察某一种哲学系统内含何种意义、面临什么样的理论困境，其可能的出路在什么地方，其所见所蔽又体现于何处，等等。如此，才能较为切实地把握相关的哲学对象。

在伦理学上，通常对德性伦理和规范伦理加以区分，将二者视为彼此对立的伦理观念。然而，从理论的层面来说，如我较早的时候所指出的，德性与规范都是伦理学中所要面对的对象，对于同一伦理行为或道德实践来说，德性和规范都不可或缺[①]。德性具有综合性，不仅包含个体的情、意，而且渗入了普遍的理性，这种理论内涵与伦理规范的要求具有一致性。规范尽管与德性相对，但只有在内化为个体的道德意识之后，才能实际地制约其行为，规范所融入的这种内在道德意识，同时具有德性的意义。从以上方面看，德性与规范无疑以相互统一为其现实的形态。

德性伦理所追问的主要是"成就什么"，其旨趣在于通过成就完美的人格，来担保行为的完善。规范伦理涉及的关键问题是

---

① 参见杨国荣：《伦理与存在——道德哲学研究》，上海人民出版社，2002，第5章。

"做什么"，其取向主要是从具体行为入手，用普遍的规范来制约、引导人们所展开的行为，以此担保行为的道德性质。与之相联系，"成就什么"主要涉及德性伦理，而"做什么"则更多地与道德实践相关。然而，从现实的道德实践来说，"成就什么"与"做什么"这两者很难相分。从这一方面来说，德性和伦理都构成了必要的环节，当然，哲学史上一些哲学家比较注重德性伦理，一些哲家注重规范伦理或道义论，等等，这些不同进路都表现为一种理论偏向，其特点在于仅仅抓住了伦理学或者道德世界中某一个方面。事实上，现实的道德行为过程的展开既需要普遍的规范，也离不开人的德性，前者关乎"做什么"，后者涉及"成就什么"。

从中国哲学来说，如果比较具体地分析一下儒家伦理，就可以注意到，德性和规范在早期儒学中便相互关联。早期儒学提出礼与仁之间的统一，孔子重仁，周公重礼，在尔后的历史发展中，与周孔之道的倡导相应，仁与礼的相互关联在儒学衍化中一再获得确认。比较而言，两者之中，仁更多地侧重于内在德性和精神世界的完善，礼则主要提供一套规范系统；仁礼并重，在起源上规定了儒家伦理难以截然将两者分离，而在实质上以注重德性和规范的统一为取向。

以理学而言，其称谓之一是所谓"新儒学"（Neo-Confucianism），这一名称也显现了理学与传统儒学的关联。作为儒学的新形态，理学一方面承继了仁和礼相统一所隐含的德性和规范互不分离的进路；另一方面又提出了新的概念。从道德哲学的角度来看，作为新儒学，理学中值得关注的概念主要有三个。一是理，其内涵当然可以从本体论、形而上学的层面加以考察，但从伦理学上说，它更多地涉及普遍的规范；一是性，其内容可以理解为理或普遍规范的内化；一是心，它在理学系统中更多地与个体相关，与之相应，心也比较容易引向个体的品格、德性：注重心，常常与关注品格、德性相联系。概要而言，理学中这三个重要概念，即理、性、心，分别涉及普遍规范、普遍规范的内化、个体意识以及与之相关的品格和德性。

从理学系统来看，以上三者在逻辑上处于相互统一的形态中，不能说理学家们仅仅关注理，也不能说他们仅仅关注性或心，在理学家那里，理、性、心这三者都成为价值关切的题中之义，不同的理学家尽管理论立场、侧重之点有所分别，但在总体上都注意到三者的关联。就德性伦理和规范伦理的关系而言，其中也涉及德性与规范的统一：表现为普遍规范的理，以及作为理的内化的性，更多地与规范伦理相关，心作为引向品格的内在意识，则首先与德性相联系，这样，以上三者的统一实际上从一个方面，展示了理学在总体上注重德性和伦理的统一。可以看到，在这一方面，理学并没有离开传统儒家伦理统一德性与规范这一构架。在这一意义上，显然无法把宋明理学仅仅归入德性伦理中：事实上，理学中同样包含很多属于通常所说的规范伦理的内容，将理学仅仅归入德性伦理，容易忽略其多面性以及丰富内涵。

当然，从理学本身来说，尽管不同的哲学家在总体上都注意到这两者统一，但是侧重之点各有不同。程朱这一系的理学更多地关注普遍天理，就伦理学的角度而言，普遍天理可以视为一般规范的形而上化，其中包含着某种超验的原则，突出天理，往往容易强化伦理学中的规范性。比较而言，心学这一系的哲学家相对来说比较多地强调作为内在道德意识的良知，在这一伦理进路中，德性容易被给予某种优先地位。总体上，肯定理、性、心的统一与对此有所侧重可以并行不悖，理学的衍化便体现了这一点：一方面，理学承继了传统儒学仁和礼的统一所内含的伦理和规范统一的进路；另一方面，不同哲学家又有所侧重，在理论上展现了心学、理学等的不同特点。

　　这里可以顺便提及角色伦理，其内涵与这里讨论的问题有相关性。承担某种角色，总是需要具有相应的德性或品格，不管在社会关系中处于何种角色，总是应具有这种角色所需要的品格，这种品格或德性同时制约着相关角色的多样行动。传统社会中有父父子子、君君臣臣等不同社会角色，处于相关角色，便需要具有该角色所应具备的内在品格，同时，要使相关角色发挥应有作用，便必须使这种内在德性得到充分体现。质言之，上述角色中所包含的德性制约着相关角色的行动，同时，角色功能的发挥，离不开普遍的规范。不管是传统意义上家庭伦理中的父父子子，还是政治社会领域中的君君臣臣，社会中的各种角色要真正承担得比较好，便离不开普遍规范的制约，理所规定的君臣大义、亲亲之义等等规范，在角色作用的发挥中，具有重要的意义。当然，总体上，角色伦理很难成为一种独立的伦理类型，角色固然兼及德性与规范，但它更多地具有社会学上的功能性特点，也就是说，其社会学意义超越了伦理的意义。

二

　　德性伦理和规范伦理的讨论，同时涉及不同的伦理关切。德性伦理、规范伦理或义务论，都关乎目的问题。道德意义上的所谓目的，指向的是"为什么要有道德"或"为什么要做道德之事"。对德性伦理来说，道德行为的目的，主要是成就德性，做一个有德性的人。对于规范伦理来说，做道德伦理之事，则是普遍规范所要求和规定的：你不能不这样做。从目的来说，德性伦理和规范伦理或义务论有不同的特点。德性伦理以达到完美的德性为道德行为的目的，规范伦理则以履行道德规范作为道德最终的指向。

从另一个角度来说，德性伦理和规范伦理同时涉及道德行为、道德实践如何可能的问题。"如何可能"不同于"为何如此"，前者关乎道德行为的根据和条件，后者涉及道德目的。事实上，自康德以来，正如认识论的研究不断关注普遍必然的知识如何可能的问题一样，伦理学一直在讨论道德行为如何可能这样的问题。按德性伦理的看法，正是内在德性推动了道德主体去选择好的道德行为、完成道德行为，也就是说，道德行为的展开、完美道德行为的成就，以道德主体具有内在德性为前提。以上观念可以视为德性伦理对"道德行为如何可能"这一问题的理解，而德性则被视为道德行为所以可能的根据。对于规范伦理来说，道德原则构成了道德主体选择道德行为的依据：如果道德原则要求主体这样做，他就应当按照道德原则的要求去做。在这里，道德行为的选择与道德原则的要求具有一致性，而遵循道德原则或道德规范则构成了道德行为可能的条件。可以注意到，在理解道德行为之所以发生的根据这一问题上，德性伦理与规范伦理存在着内在差异。

就儒家伦理而言，对何以要选择道德行为、何以有道德这一问题的思考，首先关乎群己之辩。早期儒家已提出"修己安人"或"修己以安百姓"，而"安人""安百姓"同时构成了道德行为的目的。《大学》所提出的修身、齐家、治国、平天下，在道德目的问题上（何以有道德）展现了类似的取向。这种观点不同于自我中心：尽管其出发点是自我（己），但最后指向的是自我之外的他人或社会。与之相关的"己欲立而立人，己欲达而达人"，同样以关切他人在道德上的完善为指向。就此而言，德性伦理显然不能被归结为所谓自我中心：尽管德性伦理以成就德性为道德目标，但并不是仅仅关心自己，前述"修己安人"，以及"己欲立而立人，己欲达而达人"，都以关心他人在道德上的完善为最终目标，而并不单纯将关注之点限定于自身的完善。在这一方面，宋明理学并没有离开儒学的伦理传统。

关于道德行为如何可能这一问题，理学中的不同的哲学家存在不同看法。程朱一系比较注重普遍天理对行为的规范，如上所述，程朱理学以天理为第一原理，道德上的知善知恶首先与普遍天理的把握和理解相关。然而，对心学而言，仅仅强调以天理来规范行为是不够的。作为心学的集大成者，王阳明已注意到，在"知善知恶"（对道德规范的理解和把握）与"行善去恶"（道德实践过程）之间存在一种逻辑的距离。他一再要求沟通这两者，其中体现了理学内部在理解道德行为如何可能这一问题上的不同进路。理学家固然都注重规范、注重德性，但其具体的选择、理论侧重又有所不同。相对于程朱系对天理（普遍规范）的注重，心学这一进路比较多地关注普遍规范和内在德性之间的沟通。对于心学来说，程朱一系的理学没有注意到前述"知善知恶"与"行善去恶"之间的逻辑距离，更未能从理论上致力于克服这种鸿沟，而道德行为的实际展开，则以通过个体的道德涵养消解以上距离为前提。如所周知，朱熹强调格一草一木，以此为把握万物中普遍内含的天理之进路。王阳明则对此提出如下批评："先儒解格物为格天下之物，天下之物如何格得？且谓一草一木亦皆有理，今如何去格？纵格得草木来，如何反来诚得自家意？"①所谓诚自家意，也就是成就德性，与之相对的格天下之物，则更多地表现为成就知识。按王阳明的理解，知识的积累并不能担保德性的完成，即使把握了万物之理，也并不意味着真正达到了内在的德性。因此，重要的不是如何穷尽天下之理，而是如何由成就知识到成就德性，王阳明心学便试图以良知来沟通"知善知恶"与"行善去恶"。不难看到，同样讲规范、重德性，心学与理学呈现重要差异。

三

在理学之中，德性和规范的关注与肯定万物一体相关联。无论是德性伦理，抑或规范伦理，最后都引向人类的关切：德性的完美和行为之善都体现于此，而"万物一体说"则体现了这种普遍的价值关切。二程已提出"仁者以万物为一体之说"，王阳明对此作了更具体的阐释："大人者，以天地万物为一体者也，其视天下犹一家，中国犹一人焉。若夫间形骸而分尔我者，小人矣。大人之能以天地万物为一体也，非意之也，其心之仁本若是，其与天地万物而为一也。"②这里所说的天下一家、无分尔我，与张载在《西铭》中提出的民胞物与（民吾同胞，物吾与也）大体一致，其要义在于以仁道的原则处理人与人之间的关系。王阳明以此作为天人合一、万物一体的具体内容，意味着将物我两忘、万物一体之境主要理解为一种道德境界。这种境界说既体现了人文关怀与仁道原则相统一的儒学传统，也蕴含着对德

---

① 王守仁：《传习录下》，载《王阳明全集》，上海古籍出版社，1992，第119页。

② 王守仁：《大学问》，载《王阳明全集》，上海古籍出版社。1992，第968页。

性与道德规范的双重肯定。

以上的"万物一体说"，与传统意义上的反人类中心主义之间呈现颇为复杂的关系。就天人关系而言，反人类中心主义以承认天与人之间的差异为前提，但其价值指向是超越这种差异。万物一体则似乎认为人和万物本来就没有什么区分，一些学者认为这一意义上，"万物一体说""既不可能是人类中心主义的，也不可能是自然中心主义的，因为这两者都假定了人与自然的分离；而在以万物为一体的仁者眼里，人与自然已成为一体"①。这一看法或可再思考。从现实的形态看，不能把万物一体仅仅理解为天人之间的原初统一，仿佛两者本来就没有区分。在一些理学家那里，也许包含人与这万物之间本来没有差别的思想，但这种观念今天恰恰需要进一步作反思。这里涉及广义上天和人之间的统一问题，简要而言，天和人的统一大致包含两个层面，一是未经分化的原始合一，一是经过分化之后重建的统一。如果万物一体仅仅指天人之间的原始统一，则这种看法可能会导致对过程论的消解：以最初那种人我为一、天人不分的存在状况为理想之境，则人与自然关系的进一步发展便失去了意义。一些具有浪漫主义倾向的哲学家往往讴歌那种原始的天人合一，而未能区分天人之间原始的合一与经过分化之后重建的统一。这种思维取向仅仅看到近代以来对自然的过度征服如何导致天人失衡、生态破坏，却没有注意到，单向地支配自然固然存在诸多问题，但若完全停留于原初的未分状态，亦难以在更高的发展层面上重建统一。理解和应对天人关系，需要思考如何确立人与自然之间的动态平衡。无

---

① 黄勇：《美德伦理学：从宋明儒的观点看》，商务印书馆，2022，第51页。

条件地肯定理学的"万物一体说"蕴含的确认原始统一的趋向，往往会导致忽视从动态的层面理解天与人或人与自然的关系。

这里，同时需要区分人类中心和以人观之。批评人类中心者，往往强调所谓近代以来的天人分化和对立如何导致各种负面现象。事实上，对于人类中心应作分别，需要区分狭隘的人类中心和广义的人类中心。狭隘的人类中心是以某一时代或一定时期的人类利益为出发点，不顾人类世代在总体上的生存过程，这种狭隘的观念，无疑需要超越。但是广义的人类中心意味着以人观之，这则是无法超越的：人不能拔着自己的头发离开地球，同样，人也总是从自身存在出发考察世界。从这一意义上说，以人类的视域理解天人关系，与人的存在息息相关，不能在拒斥以人类为中心的前提下，否定一切以人观之。以上看法的前提，是本然的存在和现实世界的区分。本然存在还没有进入人的知行之域，也没有与人发生实质的联系，人出现之前的洪荒之世，便属于这一类本然世界。现实世界则已进入人的知行领域，其形成与人的作用无法相分。人类生活于其间的这个世界，即是具有现实性的世界，它的生成和存在，基于人的知行活动，后者始终离不开以人观之。

从伦理学的角度看，理学提出的"万物一体说"内含更广的意义。按其实质内容，"万物一体说"包含两个方面，其一关乎人与人之间的关系，其二则与人和物的关系相联系。从处理人与人之间的关系来说，"万物一体说"的核心观念之一是强调仁道高于权利，这里涉及普遍的仁道和个体的权利之间的关系。万物一体所肯定的是仁道高于权利的原则，它要求根据个体各自发展的需要，给予其相应的社会资源。相对于传统的正义理论以确认个体权利为原则，"万物一体说"所蕴含的以上观念，显然为从更深广的层面理解正义理论提供了理论前提，其伦理指向，则是正义原则及其内涵的扩展。

要而言之，在伦理学上，理学涉及多重方面。就伦理形态而言，既不宜将理学无条件地归入规范伦理之列，也不能把理学简单地等同于德性伦理，从总体上看，正如伦理实践本身表现为德性与规范的统一，理学也包含德性伦理与规范伦理的多重规定。伦理学既需要回答为什么要有道德的问题，也需要考虑道德实践如何可能的问题，理学在伦理学上的思考，兼及以上两个方面。道德的关切同时指向广义的天人关系，理学的"万物一体说"所指向的，即是这一问题，其中既内含消解人类中心的取向，也涉及以人观之及其意义；而在更广的视域中，"万物一体说"又展现了价值的关切，这种价值关切构成了重新理解正义等伦理与政治问题的理论出发点。

（本文系作者于2022年7月30日在复旦大学哲学学院主办的"宋明儒何以使美德伦理学成为可能"学术会议上的发言，原载《道德与文明》2023年第1期）

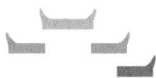

天人之辩的多重意蕴

——基于《荀子·天论》的考察

一

《荀子·天论》之中的"天"泛指人之外的自然。在该篇中，荀子开宗明义指出："天行有常，不为尧存，不为桀亡。"①"常"表现为稳定的法则，作为自然的"天"，其运行有自身内在法则，这种法则不以人的意志为转移。后面从正反两个方面对"不为尧存，不为桀亡"作了进一步的论证。尧是传说的圣人，桀则是暴君，天行之常不因尧、桀而改变的事实表明，自然法则的存在与否，并不取决于人间的君主的差异（圣或暴）。与之相联系，自然在空间、气候方面的形态，也非为人的意愿所左右："天不为人之恶寒也辍冬，地不为人之恶辽远也辍广，君子不为小人匈匈也辍行。天有常道矣，地有常数矣，君子有常体矣。君子道其常而小人计其功。"气候上的冷暖、空间上的远近，都属自然的品格，其存在、变迁并不受制于人的意志：天不会因为人厌恶寒冷而取消冬天，地不因为人不喜遥远而不再辽阔。同样，人所在的社会领域，总是会有小人的喧嚣活动，这可

---

① 《荀子·天论》。以下凡引该篇，不再另行注明。

以视为社会领域的"自然现象"，但君子却不因小人的喧嚣而不再出行和交往。社会的变迁固然不同于自然，但其中某些现象的变化又与自然的变迁有共同之点，表现在不以自身之外的因素决定自身。"天有常道""地有常数"中的"常"，与"天行有常"之"常"一致，"道"则与"数"相通，所谓"常道""常数"，都指不为人的意志所转移的自然的法则。

引申而言，道本身可以区分为当然和必然两个方面，天和地作为自然对象，主要侧重于必然；君子小人则属社会领域的存在，与之相关的是当然；自然有必然的法则，社会有当然之则。在社会领域中，君子所遵循的是社会领域中普遍恒常的规范，小人则总是按某种行为能否满足自己的私欲来作出取舍。从人的行为来看，人既应当在自然领域中遵循必然的法则，也需要在社会领域合乎当然之则。也就是说，人的活动不外乎循其必然与依其当然。与之相对，小人则仅仅关注个体化的利益，其行为缺乏普遍规范的约束。君子小人之分同时具有道德意味：君子按照普遍的法则和规则来行事，而小人则斤斤计较个人的私利，无视普遍法则和规则，两者在道德境界上有高下之分。此外，天人关系既有自然的一面，也有社会的维度。从自然这一面来说，天有常道或必然法则；从社会的维度来看，君子道其常，注重普遍的规范。

自然常道体现于外部对象的演化过程，便以"天"的自然变迁为形态："列星随旋，日月递炤，四时代御，阴阳大化，风雨博施，万物各得其和以生，各得其养以成，不见其事而见其功，夫是之谓神。皆知其所以成，莫知其无形，夫是之谓天。唯圣人为不求知天。"从天上星辰的运转、日月的交替照耀，到四季的更替、阴阳之气的相互作用，再到风雨的普遍施加，万物的生长与日月、四时、风雨的转换无法分离，日月、四时、风雨构成了自然变迁的背景，所谓"万物各得其和以生，各得其养以成"便表明了这一点。万物的生长需要自然条件，但是其具体生成机制并不形之于外，后面"不见其事而见其功，夫是之谓神"，即着重指出了这一点。不见其事、不显现于外的自然过程，也可以称之为"神"，这里的"神"主要指没有形迹、变化莫测的过程。

人们可以知道这一变化过程所形成的结果，却很少了解其具体机制并非显现于外，即"皆知其所以成，莫知其无形"。自然对象变化万千的机制体现的是天功，天并非人认知的对象，"唯圣人为不求知天"。这里提到了"不求知天"，其含义与后面提到的同一表述有不同的侧重。宽泛而言，此处所谓"不求知天"，意味着否定天的目的性规定。在荀子看来，天的变迁是不为而成，不求而得，完全自然而然，没有外力的推动。作为没有意图、目的参与的自然的过程，人无法对其加以追溯和了解。需要指出的是，这里的不求知天不同于不能知天。不能知天容易趋向于怀疑论，不求知天则旨在超越对天的目的论想象和解释，更多地体现了理性主义的立场。当然，不求知天这一主张与当时的历史条件也存在某种理论关联，其中包含对生物学、物理学意义上的自然变迁机制也不求了解，这一趋向多少表现出对研究和追问自然之理的忽略。

以上主要就自然对象而论天，无论天上的星空，抑或地上的万物，都各有自身的规定并受制于必然的法则。从自然与人的关联看，人固然可以用不同方式向自然表达自身意愿，自然本身却依然以自身法则运行："雩而雨，何也？曰：无何也，犹不雩而雨也。日月食而救之，天旱而雩，卜筮然后决大事，非以为得求也，以文之也。故君子以为文，而百姓以为神，以为文则吉，以为神则凶也。""雩"是古代求雨的仪式，如果在举行这样的仪式之后，天真的下雨了，这一现象是否表明求雨的仪式与下雨的现象之间存在因果关联？荀子对此提出了否定的看法。所谓"无何"，就是不承认以上两者之间存在任何联系，其着重之点在于自然而然：下雨是一种自然的现象，并不是因为举行了求雨仪式才发生。在这里，荀子否定了神秘力量导致降雨的观点，强调不存在超验的原因。同样，日食、月食也是自然而然的过程，但百姓不明白这一点，在发生日食、月食的时候试图去拯救。事实上，将日、月从被吞食状态（即日食、月食）中救出，久旱不雨而举行求雨的仪式，以及在面临重大选择时通过占卜来决定等，都只具有文饰的作用。所谓"君子以为文"中的"文"，即表示这种形式化的文饰，并不侧重于其实质的决定作用。与之相对，一般的百姓却把以上文饰理解为真实的决定力量，认为它可以左右事物的变迁，所谓"百姓以为神"。后者在荀子看来是有害的，"以为神则凶也"，这里体现的是理性主义的观念。"文"在文明衍化中本来与"野"相对（表现为文明化的过程），"神"则主要是超自然的信仰。在此，"文野之辨"转换为"文神之别"，"文野之辨"体现的是文明和非文明的差异，"文神之别"的背后则是理性和盲从的区分。

　　天地的变化既有其恒，也有其异，即使其异，也是自然过程，无须畏惧："星队（坠）、木鸣，国人皆恐。曰：是何也？曰：无何也。是天地之变，阴阳之化，物之罕至者也，怪之可也，而畏之非也。夫日月之有蚀，风雨之不时，怪星之党见，是无世而不常有之。上明而政平，则是虽并世起，无伤也，上暗而政险，则是虽无一至者，无益也。夫星之队（坠）、木之鸣，是天地之变，阴阳之化，物之罕至者也。怪之可也，而畏之非也。"这里提到了不同常态的变异现象，如流星坠地，树木有声，看到此类异象，普通人不解其发生之因，便会感到恐慌，"是何也"便表现为对原因的困惑，其背后是对超自然现象缘由的疑问。荀子的回答简明扼要，"无何也"，即没有什么神秘原因，这一看法的要义在于对超验原因的否定。一般而言，凡物都有发生的原因，其变迁也并非无源可溯。然而，超自然的原因却处于通常的因果系列之外，对这种原因的追问常常会引向神秘的结论；拒绝追问超自然的原因，则意味着避免神秘主义的趋向。后来清代的熊伯龙在编著无神论著作时，以《无何集》为题，其中"无何"两字，即取自荀子所说的"无何也"。这一思想史现象从侧面体现了"无何"的反神秘主义性质。按照荀子的理解，流星坠落这类现象是自然的变迁，只是较为少见而已，所谓"物之罕至者也"，其中并没有什么神秘的力量在起作用。与之相联系，荀子对"怪之"和"畏之"作了区分。"怪"是对不常见现象的惊异感，"畏"则是由此引起的恐惧，后者表现为对神秘力量的敬畏。引申而言，人间社会的祸和福、吉和凶有其自身的原因，与自然现象的变化并没有直接关联。这种看法同样体现了"无何"的观念，可以视为前述理性主义立场的具体化。

二

自然的变迁与社会治乱的区别，体现了天与人的分离，荀子对此作了总体上的概括："故明于天人之分，则可谓至人矣。"如上所言，天地的演化是无目的参与的过程，与之相对，社会的运行，则与人自身的作用无法分离。

人的作用首先体现于社会生活中的肯定意义（吉）与否定性结果（凶）："应之以治则吉，应之以乱则凶。强本而节用，则天不能贫，养备而动时，则天不能病；修道而不贰，则天不能祸。故水旱不能使之饥，寒暑不能使之疾，袄怪不能使之凶。本荒而用侈，则天不能使之富；养略而动罕，则天不能使之全；倍道而妄行，则天不能使之吉。故水旱未至而饥，寒暑未薄而疾，袄怪未至而凶。受时与治世同，而殃祸与治世异，不可以怨天，其道然也。"这里涉及自然（天）与人的关系。当人以比较合理的方式作用于自然（亦即所谓"应之以治"）时，便可形成有益于人的正面结果（吉）；相反，如果以不合理的方式作用于自然，所谓"应之以乱"，则会对人产生有害的后果（凶）。合理的方式（应之以治），首先体现于"强本而节用"，"强本"即注重农耕，"节用"以开源节流为指向。如果以农耕为本，同时节制自己的欲望，则自然难以使之处于贫困之境。"强本而节用"不仅仅与个体相关："本"乃是从社会层面来说，属社会领域的经济活动。引申而言，从个体角度来说，如果注意养生、饮食起居得当，根据各种时节安排自身的活动，以不同方式应对严寒与酷暑，那就可以保持健康状态，不易得病。从更一般的意义上说，如果不背离前面所说的恒常之道，则即使发生干旱或洪涝灾害，也不会使人处于饥饿状态。要而言之，从正面看，按照自然的法则积极作用于自然，便会产生积极的结果，反之，违背自然之道，则将导致消极有害的结果。

人所处的境况常常并不相同，有时对其存在较为有利，有时则相反，在不同的时代中，这种差异会形成相异的结果。身处治世，即使面临各种不利境遇，导致的灾祸也可能比较少；乱世之中，情况则不同。这里说的治世或乱世与人自身的活动过程、应对方式有着直接的关系，其发生并不源于自然。无论是尧舜之世还是桀纣时代，自然环境本身没有根本的不同，区别在于人们应对自然的方式，从而，不能把有害的境遇都归咎于自然。对荀子来说，自然有自身的法则，这种法则不以人的意志为转移，人间的各种祸福，主要取决于人是否按照自然法则去做，和自然本身没有直接关联，即使遇到不顺，也"不可以怨天"。所谓"明于天人之分"，意味着把握这一意义上的天人关系。

天按照自然的法则而运行，其变迁与人的活动没有直接的关联。从人本身来说，人间的福祸吉凶，同样主要取决于人自身的作为是否合乎自然法则，而非缘于自然的变迁。在中国哲学中，以上视域中的"明于天人之分"，构成了天人之辩的重要方面。就更广的角度而言，天人关系既有相合之维，也有相分的一面。荀子已明确地指出了这一点，后面提到的"制天命而用之"，其前提即"明于天人之分"。

从"明于天人之分"的角度看，首先需要注重天与人的不同特点，如前面所提到的，这种不同主要与目的性是否参与相关："不为而成，不求而得，夫是之谓天职。如是者，虽深，其人不加虑焉；虽大，不加能焉；虽精，不加察焉。夫是之谓不与天争职。"天的基本之点是无目的，自然而然，没有主观意图的参与，所谓"不为""不求"即相对有目的、有意图的作用过程而言。但是，就天人之间的互动而言，其中又包含着人的参与："天有其时，地有其财，人有其治，夫是之谓能参。"这里的"时"，指时间的变换、四季的轮转；"财"，则是农耕时代所注重的财富，在农业为本的背景下，土地是财富之源；"治"，即治理。在荀子那里，天人相分与天人互动本身具有关联性。天时地利，主要是外在条件，人的治理，则指人自身的主观作用。从哲学的层面看，这里需要区分本然世界和现实世界，本然世界与人没有任何关联，人类出现以前的洪荒世界，其形成和存在便与人没有任何关联。现实世界却处处被打上了人的印记。以"明于天人之分"为前提，荀子着重强调自然的过程没有人的参与：自然的过程即无目的无意图的过程。与之相对，现实世界的生成则离不开人治的作用过程，所谓"能参"，便肯定了这一点。紧接以上思路，荀子指出："舍其所以参，而愿其所参，则惑矣。"也就是说，如果放弃了人与外在条件的相互作用，仅仅被动地依赖于外在条件，其结果将是一事无成。荀子将忽视人自身的参与称为"惑"，亦即未能正确地把握天和人之间的关系。可以看到，在天人关系的理解方面，荀子既肯定天有自身的法则，人应该遵循自然的法则，又强调人需要发挥自身能动性，并积极作用于自然。

以"明于天人之分"为视域，荀子对社会治乱与自然变迁的关系作了进一步的分梳："治乱天邪？曰：日月、星辰、瑞历，是禹、桀之所同也，禹以治，桀以乱，治乱非天也。时邪？曰：繁启蕃长于春夏，畜积收藏于秋冬，是又禹、桀之所同也，禹以治，桀以乱，治乱非时也。地邪？曰：得地则生，失地则死，是又禹、桀之所同也，禹以治，桀以乱，治乱非地也。"治乱作为社会的不同现象，是不是由社会之外的自然所决定的？荀子在此以具体事例作了回应：在禹和桀的时代，日月星辰天象基本相同，没有太大差异，但是禹为君则天下大治，桀主政却天下大乱，这一事实表明，治乱与天象变化没有直接关联。从时、地与治、乱之间的关系看，也不存在因果关联。在禹、桀之世，春夏秋冬之"时"（四季）的变化以及植物的生长没有根本的不同，但治乱情况差异甚大，这表明自然四时的更替和治乱也没有什么对应性联系。同样，人依赖土地而生存，在失去天地则无法生存这一点上，禹之世与桀之世没有差异，但禹之时为治世而桀为君则天下大乱，这表明，治乱与土地之于人的意义并无实质性关联。总之，治乱作为社会领域中的形态，主要是由社会领域中的人自身的作为所决定的，这可以视为"明于天人之分"说的进一步展开。

具体而言，人的活动对社会的治乱作用体现于何处？荀子首先从"人祅"这一具有否定意义的方面作了考察："物之已至者，人祅则可畏也。楛耕伤稼，耘耨失薉，政险失民，田薉稼恶，籴贵民饥，道路有死人，夫是之谓人祅。政令不明，举错不时，本事不理，夫是之谓人祅。礼义不修，内外无别，男女淫乱，则父子相疑，上下乖离，寇难并至，夫是之谓人祅。祅是生于乱，三者错，无安国。其说甚尔，其菑甚惨。勉力不时，则牛马相生，六畜作祅，可怪也，而不可畏也。""人祅"本指社会领域的反常现象，类似自然界中的怪异变化。但自然之变是自然而然的，人祅则由人自身的作为而产生，其行为结果具有可畏的性质。在以上的引述中，荀子从不同方面对人祅作了分析。在农耕方面，人祅表现为不及时耕耘，损伤庄稼，影响收成；就社会治理而言，其政缺乏亲民的举措，从而丧失人心。质言之，在与农事相关的活动中，人祅的特点在于完全无视自然之道，举措不当，导致田地荒芜，粮食昂贵，途有饿死之人。在社会治理方面，人祅表现为政策法令不清，社会活动的安排不按照农时需要，不重农耕之本，以致牲畜繁衍错乱。在人伦关系以及日用常行中，人祅则趋向于忽视礼义，以致内外无别，社会风气不良，外患内乱不止。可以注意到，这里既涉及人作用于自然的过程，也关乎社会领域中的治理活动以及人与人之间的交往关系，人祅表现为因人的不当行为而导致的各种灾祸。

对人祅的以上批评，主要在于指出社会问题产生的根源在于人自身，而不能将其归于自然的变迁或其他某种超验的力量。在荀子看来，社会治理应当以礼义为依据："若夫君臣之义，父子之亲，夫妇之别，则日切瑳而不舍也。"君臣、父子、夫妇，是社会领域中最基本的人伦关系，分别涉及政治、家庭生活中的不同承担者，礼义则既是社会的政治伦理体制，也是约束人们行为的普遍规范。远离人祅，走向社会的合理秩序，需要通过人自身的努力，确立礼义的主导地位。

三

天人之分不仅体现于社会治理过程，而且涉及人对世界的认识。在社会治理活动中，问题关乎自然的运行与社会的行为之间的关系："明于天人之分"意味着社会的治乱取决于人自身的作用，与自然的变迁没有关联。在认识世界的过程中，首先面临的是能知与所知的关系。

荀子对能知与所知关系的考察，同样以天人关系的辨析为背景："天职既立，天功既成，形具而神生。好恶、喜怒、哀乐臧焉，夫是之谓天情。耳目鼻口形能，各有接而不相能也，夫是之谓天官。心居中虚以治五官，夫是之谓天君。财非其类，以养其类，夫是之谓天养。顺其类者谓之福，逆其类者谓之祸，夫是之谓天政。""天职"与前面提到的自然变迁具有一致性，自然变迁所形成的结果，则表现为"天功"，以此为前提，荀子进一步引向人自身的天。广而言之，中国哲学所说的天包括两个方面：一是对象意义上的天，前面说的日月星辰等等，都属于这一意义上的对象；一是人自身的自然之维，包括感官、天性等自然规定，"形具而神生"中的"形"，即与此相关。"形具而神生"表明，只有人的形体形成之后，精神、意识活动才会产生。这里涉及的是"形""神"关系，其要义在于肯定精神、意识无法离开作为"形"的感性之身。后面提到的好恶、喜怒、哀乐，属精神层面的自然趋向，荀子称之为"天情"，意即自然之情。需要注意的是，先秦时代所说的"情"既指情实，亦即真实的存在，也指情感。这里所说的"天情"与好恶、喜怒、哀乐等相关，主要指情感。相对于理性、意志，情感更多地表现出自然而然的特点，所谓"天情"，也表明了这一点。然而，"情"又不同于纯粹自然意义上的规定而表现为一种社会化和文明化的存在。从现实形态来说，人的情感往往隐含了社会化的影响。孟子提到的恻隐之心，主要表现为同情之心，同情之心同样具有社会、文化的内涵，这种情感受到礼义的教化影响，与人和人之间交往过程的影响无法分开。荀子所说的"天情"主要侧重于情的自然之维，这是顺着对象意义上的自然之天说的。从"形""神"关系角度看，"形具而神生"肯定意识现象无法脱离人的具体形体，但把情感主要理解为自然之情，似乎未能注意情感的社会、文化内涵。

"耳目鼻口形"关乎人的感官，感官各有具体职能，耳可以听，眼可以看，鼻有嗅觉可分辨气味，等等，这些功能都互相区分，不能彼此取代。这里同时指出了人的感官机能的各自界限：不同的功能意味着不同的界限，其间不能随意逾越。以上主要关乎"天官"（感官）。从"天君"（心之官）这一层面看，问题更多地涉及理性之思。"耳目口鼻"属于感性的机能，"心"则被视为理性的机能，前者各自分散在身体的各个方面，后者则处于中心的位置。从机能上说，"天君"支配"天官"，即理性支配感性，这一看法构成了荀子的基本观点。事实上，"天君"与"天官"，包含君臣关系的隐喻，体现理性之思的主导性和支配性。

以"天君"对"天官"的主导为前提，人可以支配并作用于自身之外的其他对象，以此满足人自身的各种需要。利用外在对象满足人类的需要，隐含了两个方面的含义。首先，从最本源的意义上说，人的生命的存在及其延续，需要人之"身"以外的物质条件。其次，自然不会自发地满足人，外部物质条件之化为人赖以生存的资源，并不是自然而然实现的，它离不开人自身的作用过程。后面提到的"顺其类"，首先表现为满足人的自身需要，要做到这一点，人的行为便需要合乎人之外的自然法则，而其结果则是给人带来各种正面利益。反之，则可能引发各种祸害灾难。以上既满足人的需要，又遵循对象的法则的行为过程，构成了"天政"的内容。

这里重要的是对"天官"和"天君"的考察，它从能知与所知的关系方面入手，涉及人和自然之间的关系或天人关系。"天君"不能离开"天官"而作用，"天官"同样需要"天君"的引导，两者不存在先后之分。从逻辑上说，首先需要由"天官"提供经验材料，然后以"天君"进行理性的分辨，就此而言，也可以说"天官"作用在前，"天君"制约在后，从这方面看，"天官"不可或缺。但是，另一方面，就现实的过程而言，在"天官"作用于对象的过程中，"天君"的制约也渗入其间。感官的作用并不单纯涉及感性活动，经验之中包含着理性。感官如果没有理性的制约、引导和进一步的分梳，便无法提供关于对象的认识，就此而言，"天君"又呈现某种主导性。对"天官"和"天君"关系的如上讨论，涉及认识论上感性和理性的关系，在心之官与耳目之官前冠以"天"，体现了荀子认识论思想的形成以天人之辩为背景，而确认两者的关联，则意味着肯定感性与理性的相关性。

前面论及，在天人关系上，荀子强调应当尊重并合乎自然法则。作为这一观点的引申，荀子肯定应以同样的方式对待"天官"与"天君"，不能悖逆："暗其天君，乱其天官，弃其天养，逆其天政，背其天情，以丧天功，夫是之谓大凶。圣人清其天君，正其天官，备其天养，顺其天政，养其天情，以全其天功。如是，则知其所为，知其所不为矣，则天地官而万物役矣。其行曲治，其养曲适，其生不伤，夫是之谓知天。"前文区分了"天情""天官""天君"，都冠以"天"之名，这一意义上的"天"即自然。这里首先从否定的方面，对未能以合乎自然的方式对待以上方面的哲学立场作了考察。所谓"暗其天君"，主要指对人的理性机能没有给予充分的关注，未能发挥理性之思的作用。"乱其天官"则意味着无法有效充分地发挥感官的作用，亦即未能以感性方式恰当地把握对象，以获得关于对象的正确认识材料。"弃其天养"中的"养"包含合乎人的合理需要之意，在荀子看来，这一过程并非自发完成，而是基于人和天之间的相互作用。"弃其天养"表明未能展开人和天之间的互动，以此来满足人的合理需要。前面提到，"天政"即通过对"非其类"（人之外的对象）的作用来实现人自身的利益，"逆其天政"则是未能处理好和"非其类"的关系，从而没有能够通过人自身和自然之间的合理互动来实现人的需要。"背其天情"即完全违逆人的自然情感，以致无法取得人所期待的成效。以上主要从否定方面，指出了未能合理应对天人关系，将导致消极的社会后果（凶），而讨论的出发点，则是认识论意义上"天官"与"天君"之辩，这一进路肯定了认识论上的天人关系与实践活动中的天人关系（实际地作用于自然）之间的关联。

与"暗其天君""乱其天官"等相对，合理的方式是在端正内在意识的基础上为理性能力提供前提（"清其天君"），恰当发挥感官的作用（"正其天官"），通过合理利用外在对象以满足人的需要（"备其天养"），让人的作用合乎于自然的法则（"顺其天政"），并进一步涵养、陶冶人的自然情感（"养其天情"），由此取得应有的成效（"全其天功"）。这是从正面来说，其要义首先是提升人的理性能力，同时注重发挥感官的作用，进而通过"养其天情"更好地发挥自然情感的作用，为天和人之间的互动建构比较好的背景，以达到既合乎人的意愿，又与自然一致的成效（"天功"）。这里既提到了以"天官"（感性）、"天君"（理性）为基本条件，也肯定了合乎自然的法则的重要性，合乎自然法则意味着避免以人的意图去干预自然本身的运行过程。在荀子看来，唯有如此，才能使天地万物都得到支配，人的合理需要获得满足。合乎自然的法则以正确地理解和把握这种法则为前提，后者体现了"天官"（感性）、"天君"（理性）的认识论意义。

　　"其行曲治，其养曲适"中的"曲"含有各个方面之意，一旦人的行为方方面面都合乎自然法则，表现得比较完善，则其各种需要能够得到满足，人的生命也可以保持健全状态，不受伤害，荀子称这一过程为"知天"。这里需要对"知天"与"不求知天"作一分析：前面提及，荀子曾主张"不求知天"，这里又肯定了"知天"，二者似乎互相冲突。然而，进一步的分析表明，以上表述实际上各有所指，其侧重并不相同。前文的"不求知天"主要是指不把对象的运行看作有目的或意图渗入的过程，不试图以神秘的想象去把握对象自身的内在机制。此处之"知天"，则指了解和认识自然的法则，并在这一前提之下作用于自然。对荀子来说，以上视域中的"不求知天"与"知天"，可以并行而不悖，前者意味着超越目的论的神秘立场，后者则突出了"天官""天君"所隐喻的认识过程在理解天人关系中的意义。

从认识论上说，以上所说的"清其天君"，与荀子在《解蔽》篇中提及的"虚壹而静"具有相关性。"虚壹而静"主要是从观念层面上说的，即要求摒除已有的各种观念和成见，以保持心灵的虚静状态，其中也包含确立"天官"与"天君"的合理关系以适当发挥其作用之意。"天官""天君"分别与感性和理性活动相关，具有认识论的功能，尽管荀子在这里没有从观念层面谈"虚"，但也包含这方面的含义："清其天君"意味着消除偏见，保持内在之心（"天君"）的空灵状态。从这一方面看，《天论》所表达的观念与《解蔽》的认识论主张具有一致性。

四

天人相分和天人互动，是《天论》的两个主题，"天官"与"天君"隐喻的认识过程，并没有离开这一主导观念。把握了自然之道，便可以了解何者可为，何者不可为："故大巧在所不为，大智在所不虑。所志于天者，已其见象之可以期者矣；所志于地者，已其见宜之可以息者矣；所志于四时者，已其见数之可以事者矣；所志于阴阳者，已其见知之可以治者矣。官人守天而自为守道也。"自然有其本身的变迁过程，人无法对此加以干预，真正有能力者（"大巧"）明白这一点，不会去有意干预自然本身的变迁过程，所谓"在所不为"便表明了这一点；"大智"即智慧之士，其特点在于不试图认识无法知道的对象，这与前面所谓"不求知天"具有一致性，两者皆可视为"明于天人之分"这一观点的展开。后面所言，侧重于人和自然之间的认识关联，以及基于对自然的认识的人可能具有的作用。"所志于天"的"志"，意谓"记"与"识"，它与广义上的"知"相通，表现为对天（自然）的某种把握，这种把握本身又以天所显现的可知性为前提。根据自然所显现的方面来把握其规定，进而利用这种认识来行事，这是人作用于天的基本方式。了解了春夏秋冬四时的交替，便可根据这种变迁，展开人的相关活动。阴阳属自然过程中形而上的规定，可以通过把握具体的事实和现象，对其进一步加以探索。引申而言，各行各业的人可根据自然和社会中的各种法则，在相关领域从事多样的活动。在此，从天人相分的前提出发，荀子对天人关系作了概要的阐述，一方面，从认识论的角度看，自然有自身运行法则，人不能超越一定的时间条件来理解自然过程；另一方面，从实践方面来看，人可以通过把握自然的法则而进一步作用于自然，以此满足自身的需要。

　　肯定自然法则，并不意味着否定世界之中蕴含的偶然性。事实上，不管是自然的变迁，还是社会的衍化，其中都包含着不同意义的偶然性，这种偶然性，荀子称之为"节然"："楚王后车千乘，非知也；君子啜菽饮水，非愚也。是节然也。若夫心意修，德行厚，知虑明，生于今而志乎古，则是其在我者也。故君子敬其在己者，而不慕其在天者；小人错其在己者，而慕其在天者。君子敬其在己者而不慕其在天者，是以日进也；小人错其在己者而慕其在天者，是以日退也。故君子之所以日进与小人之所以日退，一也。君子小人之所以相县者在此耳。"个体存在于世，其命运、境遇存在种种差异，这种差异并非命定，而是具有偶然性。以楚王而言，出行千乘，排场很大，但此境遇并不是因为楚王本身具有智慧；同样，君子粗茶淡饭，生活简陋，这样的境遇并不是因为君子特别愚蠢；这种不同结果的形成缘于偶然因素，此即所谓"节然也"。从社会层面来说，社会治乱由人不由天，既不能归咎于必然，也不能认定为偶然，而主要取决于人自身的作为。从个体命运来说，情况则较为复杂。一方面，其遭遇非个人的努力所能决定，君子和楚王的境遇，便表明了这一点：楚王尽管不一定十分智慧，但可以享受荣华富贵；君子虽然并不愚蠢，但可能生活得很落魄，这里包含某种外在偶然性，属于所谓"在天者"。另一方面，以上涉及的主要是物质境遇，在物质境遇之外，人还具有可以自主决定的方面，此即荀子所言"德行厚""知虑明""志乎古"："德行"侧重于道德品格的涵养，"知虑"与理性思维相关，"志乎古"则表现为对理想社会形态的追求。以上三者分别关乎德性、能力和价值取向，这些方面是个体可以自我决定的，属"在己者"。在这里，荀子区分了"在己者"和"在天者"，"在己者"主要指个人品格、理性能力和价值取向，"在天者"则与物质境遇相关；前者由自我决定，后者则取决于外在力量。

从儒学的衍化看，在荀子之前，孟子已区分"在我者"与"在外者"："求则得之，舍则失之，是求有益于得也，求在我者也。求之有道，得之有命，是求无益于得也，求在外者也。"[1]这里所说的"在我者"和"在外者"与荀子说的"在己者"和"在天者"有相通之处。"在我者"与德性的涵养、提升相关，"在外者"则关乎物质境遇。人的内在品格、理性能力、价值取向是"在我者"，可以由人自身追求和决定。物质境遇却无法由自我主导：生存处境作为社会现象，广义上与人的活动相关，社会的治乱变迁、社会环境等生存背景，都是人活动的结果；个人

①《孟子·尽心上》。

的努力能否导致境遇上的改善、提升，却不完全取决于其自身。知识才能的修为，是个人可以掌控的，即使无人赏识也依然可以做得很好；但是能否为社会所承认，获得与其能力、德性相匹配的社会地位，则无法由个人所决定。在此，天人之辩和力命之辩相互交错，"在己者"（"在我者"）与"在天者"（"在外者"）一方面涉及天人之际，另一方面也关乎人的努力和外在必然之间的关系。求内在于我者，可通过自我本身的努力而实现；求在外者，其后果则难以由个人作用左右。在天人之辩和力命之辩的以上关联中，同时涉及了君子和小人的不同人格，小人的特点在于"错其在己者，而慕其在天者"，即对于可以由自己决定的德性的涵养、理性能力的提升、价值取向的确定等方面不加理会，仅仅关注不能完全由自身决定的"在天"之物质境遇；君子则正好相反，注重能够通过自身努力所决定的方面，对自身无法决定的生存处境则不加关注，由此，两者在人格上的进退也截然不同。

　　从个体命运到社会演进，荀子首先将"礼义"提到突出地位："在天者莫明于日月，在地者莫明于水火，在物者莫明于珠玉，在人者莫明于礼义。故日月不高，则光明不赫；水火不积，则晖润不博；珠玉不睹乎外，则王公不以为宝；礼义不加于国家，则功名不白。故人之命在天，国之命在礼。君人者，隆礼尊贤而王。"以上论述对天人关系进行了进一步的阐发。从自然现象（"天"）看，日月、水火显示了不同意义上的"明"，在日常的物品中，珠玉则是相对其他对象而言最为光亮的存在，这些事物从广义上看属于人之外的自然对象（珠玉虽可能经过人的加工，但其原初质地属自然）。就社会领域而言，礼义是最为重要的规定，其意义则需要通过运用于具体的政治实践来展现。"人之命在天"中的"命"既指人的生命存在，也涉及人的命运，前者可归入自然层面的规定。前面已论及，"天"在广义上包括外部对象和人自身的存在：从人的生命存在到人的天性，都属广义之"天"，其中，人的生命长短涉及自然的因素。"国之命在礼"则表明，社会意义上的国家命运主要取决于是否按照礼义的原则去治理。治国的基本原则是隆礼尊贤，即推崇礼义、尊重贤能，如果以礼义为主导，即可以王天下。荀子在政治上一方面突出制度层面的礼，并以礼义为基本原则，另一方面又注重政治实践主体的品格，"隆礼"与"尊贤"，分别体现了以上两者。从天人之辩的角度看，荀子既要求"明于天人之分"，肯定天有自身的法则，这种法则不以人的意志而转移；又确认社会的变迁由人自身的活动决定，并由此讨论社会领域如何治理的问题，与之相关的是以礼义为政治领域的主导原则。

社会领域以礼为原则，与更广意义上的合乎普遍之道，具有一致性："百王之无变，足以为道贯。一废一起，应之以贯，理贯不乱。不知贯，不知应变。贯之大体未尝亡也。乱生其差，治尽其详。故道之所善，中则可从，畸则不可为，匿则大惑。水行者表深，表不明则陷。治民者表道，表不明则乱。礼者，表也。非礼，昏世也；昏世，大乱也。故道无不明，外内异表，隐显有常，民陷乃去。""道"作为存在的最高原理，可以进一步展开为天道和人道，这里从社会治理谈"道"，主要侧重于人道，其具体的指向是人存在于其中的社会领域。历史地看，以往众多的君主前后相承，构成了社会的历史变迁，这一变迁过程又受到普遍之道的制约。社会的衍化固然有兴亡之别，但其中都包含一以贯之的道。以普遍之道回溯以往的历史变迁过程，就能够清楚地梳理出治乱线索，展现其中的内在秩序，而不至于杂乱地罗列。不能把握并合乎道，往往会导致社会的无序化。以日常生活而言，涉水的时候需要看深浅的标志，标志不明显，就容易被淹没其中。同样，社会的治理过程也需要准则，如果准则不清楚，就会导致纷乱。社会领域的基本准则和规范，即是礼。这里，荀子除了再次将礼提到突出地位之外，还特别强调了礼的清晰明确，从现代角度看，也就是肯定社会领域的治理原则应该公开透明。在荀子看来，唯有如此，民众才能知道什么可为，什么不可为，从而不至于陷入背离礼义的境地。

从社会领域的治理回到天（自然）与人（社会）的关系，关乎不同的立场和态度，荀子对此作了总体上的考察："大天而思之，孰与物畜而制之？从天而颂之，孰与制天命而用之？望时而待之，孰与应时而使之？因物而多之，孰与骋能而化之？思物而物之，孰与理物而勿失之也？愿于物之所以生，孰与有物之所以成？故错人而思天，则失万物之情。" 这里所说的"大天而思之""从天而颂之"，体现了对天的推崇和仰慕，但其中较多地体现了观念层面的认识和观照（"思""颂"），在荀子看来，更合理的态度是在把握自然之道的前提之下，进一步作用于自然：所谓"制天命而用之"，就是将"天"作为对象加以支配。与之相联系，荀子对外在静观和积极变革作了区分。消极等待季节变化，不同于根据四时转换积极加以应对；让事物凭借自己的规定而增加（自生自灭），不同于发挥人的作用去改变事物；仅仅停留于让事物生长的意愿，不同于通过人的实际作用促进事物的发展。以上体现的是观念层面的愿想与人的实际作为之间的分别，涉及广义上的知行之辩，在"故错人而思天，则失万物之情"这一总结性的结论中，上述讨论的认识论意义得到了进一步的彰显：离开了人自身的作用而停留于静观（静思），则无法真实地把握对象的内在规定。引申而言，自然不会自发地满足人的需要，未能把握事物的真实状态，便难以成功地作用于自然，并使之为人所用。这里的前提是把握自然之道，以合乎自然法则的方式作用于自然。在此，天人之辩与知行之辩彼此交融，认识上真实地把握自然与实践中有效地作用于自然相互关联。

从先秦思想的衍化看，诸子对待天人关系持有不同立场。庄子主张以顺命的方式对待天和天命："知其不可奈何而安之若命，德之至也。"①其中包含无为的要求。孟子则强调："君子行法，以俟命而已矣。"②这里的"俟"，即等待。对孟子而言，不仅社会领域中应以"俟"的方式行事，而且对待个体的生命存在，也需如此："夭寿不贰，修身以俟之，所以立命也。"③无论是庄子，抑或孟子，都没有把人的作用放在重要地位。比较而言，荀子更多地强调"制天命而用之"，亦即要求在把握自然法则的基础上作用于自然本身。这种看法既不同于仅仅依据人的主观意愿而完全无视自然法则，也有别于消极静观、无所作为，在天人关系上体现了较为健全的观念。

天人之辩与知行之辩的交错，以认识论视域的渗入为前提，如前所述，对"天君"与"天官"等关系的分梳，已表明了这一点。从认识论的角度看，天人关系的合理解决，离不开对"道"的全面把握。正是基于以上观念，荀子在《天论》的结尾处，作了如下论述："万物为道一偏，一物为万物一偏，愚者为一物一偏，而自以为知道，无知也。慎子有见于后，无见于先；老子有见于诎，无见于信；墨子有见于齐，无见于畸；宋子有见于少，

①《庄子·人间世》。
②《孟子·尽心下》。
③《孟子·尽心上》。

无见于多。有后而无先，则群众无门；有诎而无信，则贵贱不分；有齐而无畸，则政令不施；有少而无多，则群众不化。"就"道"和万物之间的关系而言，"道"作为总的原理，涵盖、统摄万物，相对于"道"，万物仅仅体现了"道"的某一规定；从特定之物和万物之间的关系来说，万物又是整体，一物则是个别的具体对象，属万物的一个方面。认识上具有片面性的人仅仅把握住了具体事物的一个方面，却以为把握了"道"，从而表现为实际的无知。以肯定"道"的全面性为出发点，荀子对先秦诸子百家作了分析评判，认为其共同特点在于仅仅抓住了"道"的某一方面而不及其余。以慎到而言，作为诸子的代表人物之一，其思想倾向有多面性。首先是道家的影响，所谓"有见于后，无见于先"，便与注重谦退的道家思想具有相通性；但慎到同时是法家的早期代表人物，从法家的角度来看，"有见于后，无见于先"意味着仅仅要求人们顺从法律规范，未能依据法律规范来展开创造性的活动。老子侧重于无为意义上的委曲求全（所谓"诎"），未能在有为意义上积极进取（"信"借为"伸"）。墨子主张兼爱，倾向于无差别地对待他人（"齐"），由此可能导致忽略等级秩序上的差异（"畸"），并引向社会的无序化。宋钘作为黄老道家的代表人物，以寡欲为要求，忽略了多方面欲求的积极意义。要而言之，诸子各自存在认识的偏向，其特点在于仅仅注意到某一规定而无见于其他方面，在《解蔽》和《非十二子》中，荀子对当时诸子百家也作过类似批评，并着重指出其在把握"道"方面的片面性。

从具体内容来看，对诸子的评价，主要从一个方面体现了荀子对"道"的理解。由此出发，荀子进一步阐述了对如何治国的看法，并具体分析了诸子所呈现的片面性在治国过程中可能引发的问题。慎到"有见于后，无见于先"，结果是无法给民众提供价值意义上的导向，使民众难以作出合理选择（"群众无门"）。老子"有见于诎，无见于信"，缺乏积极有为的实践精神；从社会治理方面来看，如果社会成员都以委曲求全不积极进取的人生态度生存，则无论贵贱，人人躺平（"贵贱不分"）。墨子"有见于齐，无见于畸"，只看到齐一，不重视差异，其后果将是社会领域多样的政令难以推行（"政令不施"）。宋钘"有见于少，无见于多"，忽略了人性中多方面的欲望追求，最后可能导致基于人性而因势利导的礼义教化失去前提（"群众不化"）。从社会治理与天人之辩的关系看，变革自然（天），离不开人的作用，人对自然（天）的有效作用，则以社会自身的治理为前提：人道与天道无法相分。进而言之，人道与天道都是统一之"道"的展开，从而，无论是自然（天）的变革，还是社会的治理，都以对"道"的全面、正确把握为基本前提。

（原载《船山学刊》2022年第5期）

中国哲学中的王阳明心学

　　王阳明是中国具有创造性的哲学家之一，其理论的创造意义则需要放在中国哲学发展的背景中来具体了解。一般而言，对中国哲学史上的各种学派、人物、问题，一方面需要注重把握其独特品格，另一方面则应揭示其作为哲学系统所隐含的普遍意义。对王阳明哲学的考察，也是如此。具体而言，王阳明的心学涉及多重方面，其关注的问题包括"心"与"物"、"心"与"理"、"心"与"事"，以及"良知"和"致良知"、"本体"与"工夫"等。无论从整个中国哲学还是单从理学来看，王阳明心学对以上问题的考察都呈现独特的形态，但其中又蕴含普遍的哲学意义。

一、意之所在便是物

　　心与物的关系在中国哲学中源远而流长，然而，王阳明对心物关系的讨论，有其独特的进路。他曾提出一个著名的命题："意之所在便是物。"[①]这里的"物"可以理解为存在的具体形

---

　　① 王守仁:《传习录上》，载《王阳明全集》，上海古籍出版社，1992，第6页。

态，"意"则与广义之"心"相通。作为"意"之所在的"物"，与一般意义上的本然对象有所不同，属于已被人之"意"所作用的对象，或者说，是已经进入意识之中的存在。"意之所在便是物"并不是指以人的意识或心体在时空中构造一个世界，而是通过心体的外化活动（心的意向性活动）来赋予相关对象以意义，并由此构成一个意义世界。这种意义世界不同于意识之外的本然存在，作为进入人的意识的对象，对于人或主体来说它表现为具有现实感或现实意义的存在。本然的对象虽然也存在，但对于尚未意识到它的人而言，这种本然之物往往缺乏现实性。

王阳明的以上看法，当时即使其学生也未曾理解。他曾与门人共游南镇，其间，一位弟子指着山中的花发问：这些花在深山中自开自落，与人的心体有什么关系？针对这一质疑，王阳明作了如下回复：你未看此花的时候，此花与汝心同归于沉寂。你看此花之时，则此花颜色一时明白起来。由此可见，这花并不在你的心之外。由此可以注意到花的两种形态：其一还未进入人的意识之中，仍处于本然状态，其二则已进入人的意识中。前者作为本然对象，虽然无法否认其存在，但与人没有关联；后者则与人形成了关系，表现为进入人的意识的存在（具有审美意义的存在），这种有意义的存在，离不开心体的作用。在此，王阳明将本然意义上的存在与意义形态上的存在区分开来。作为本然形态的物理存在，对象并不与心体直接产生关联。也就是说，本然形态上的对象可以在心体之外存在；作为对人有审美意义的存在，只有进入心体、与人的心体产生相互作用之后才呈现出来。当王阳明说"知此花不在你的心外"①之时，他显然更多地是从意义

①	王守仁：《传习录下》，载《王阳明全集》，上海古籍出版社，1992，第107页。

关系上说，而不是在本然的时空关系上讲。

意义关系上的存在，并不局限于审美意义上的对象，在广义上，它还包括天地万物以及人的存在，王阳明对此作了如下论说："我的灵明，便是天地鬼神的主宰。天没有我的灵明，谁去仰他高？地没有我的灵明，谁去俯他深？鬼神没有我的灵明，谁去辩他吉凶灾祥？天地鬼神万物离却我的灵明，便没有天地鬼神万物了。"①这里的"灵明"是指人的意识活动，所谓没有"我"的"灵明"便无天地万物，并不是说作为外部物理对象的存在完全取决于"我"的意识活动，而是指天地万物从本然或自在的存在进入意识，成为有意义的对象，这一过程离不开人的意识活动。

社会领域的存在也是如此。对于缺乏伦理、缺乏政治意识的人来说，伦理关系中或政治关系中的对象，如传统伦理中的"亲子"、政治关系中的"君臣"等，与一般的山川草木等外部对象并没有什么区别，它们既没有获得伦理意义上的品格，也没有获得政治意义上的规定。只有对于真正懂得伦理、政治中的"亲子"之情、"君臣"之义的主体，以上对象才呈现为伦理、政治关系中的对象，亦即获得伦理关系上的"亲子"或政治关系中的"君臣"等意义。这样，对象之获得社会层面的伦理意义、政治意义，同样离不开相关主体的伦理意识和政治意识，对缺乏以上意识的人而言，伦理对象和政治对象只是一般意义上的自然对象，而不具有社会品格或社会意义。

王阳明对"心物"关系的理解，并不是侧重于从思辨的角度去构造一个外部对象。相对于此前的理学，这一思路呈现出独特之处。从理学的衍化来看，关于"心"和"物"的关系或形而

---

① 王守仁：《传习录下》，载《王阳明全集》，上海古籍出版社，1992，第124页。

上层面对存在的考察来说，大概可区分为以张载为代表的基于"气"的理解和以程朱为代表的基于"理"的理解。基于"气"的理解，意味着把整个世界还原为作为物理对象的"气"，这一看法无疑肯定了本然世界的存在，所谓"太虚即气"，由"气"构成的对象便呈现为本然的对象，但这主要表现为人之外的自在对象，而不同于王阳明所理解的已经进入意义关系中的存在。与之相对的是程朱的看法，其侧重之点在于从"理气"关系理解世界的构成。对程朱关于"理气"关系的考察，以往已经有较为细致的探讨。以朱熹而言，一方面，他从经验层面上肯定"理气不可分"，认为从具体对象上来说，"理气"都不可或缺；另一方面，他又从本体论、形而上的层面追溯存在本源，将世界还原为"理"："且如万一山河大地都陷了，毕竟理却只在这里。"①这种理解侧重于先设定超验本体（"理"），而后考察"理"与"气"、质料与形式之间的关联，由此解释世界的构成。这样的理解过程往往带有思辨构造的意味：以"理"为本，主要涉及对人之外的本然对象的考察。相对于通过"理气"关系的辨析来理解世界而言，王阳明从"心物"关系上考察世界，着眼的并不是本然世界如何，也非以思辨的方式去构造一个超然于人的世界，而是考察对人呈现不同意义的世界，亦即关注于意义世界的建构。这一形而上的进路构成了王阳明对世界理解的重要特点；较之离人而谈存在的思辨进路，它在某种意义上可以看作是理学形而上学的转向。

---

① 朱熹：《朱子语类》卷一，载朱杰人等主编《朱子全书》第十四册，上海古籍出版社、安徽教育出版社，2010，第116页。

二、心即理

王阳明的心学趋向于基于心体而构建意义世界,"心"本身在理学视域中又涉及"理",由此,"心"与"理"的关系便无法回避。王阳明用"心即理"的命题对"心"和"理"的关系作了概括。在王阳明看来,与"理"相对应的"心",着重于个体层面的规定,而与"心"相对应的"理",则侧重于个体之外的"天道"和"人道"。"天道"是自然规律,"人道"是社会规范。不管是"天道"意义上的"理"还是"人道"意义上的"理",都具有超越个体的普遍品格。在此意义上,"理"与"心"之辩便表现为外在法则、规范与个体内在意识之间的关联。

一方面,王阳明注意到"理"作为普遍法则、规范,总是具有超越个体的这一面。这种规范、法则是形而上层面的存在原理,相对于个体而言,具有外在和抽象的特点。另一方面,他也有见于个体意识本身要经历一个不断提升、衍化、发展的过程,这一过程又与理性的普遍规范相联系:个体自觉意识形态的形成与普遍理性的引导难以分离。在这一过程中,心的灵明觉智逐渐由潜在的可能形态转化为现实形态,并开始获得具体的现实内容。就个体而言,当他还未经历社会化过程时,往往还只是前社会的对象,其意欲、情感、要求与本能无法区分开来。如果个体还停留在这种缺乏普遍规范引导的状态,他的内在意识即个体之心便缺乏自觉、普遍的内容。从哲学史上看,道家把社会的理性规范看成是对个体的束缚,要求"绝圣弃智",亦即拒斥这种理性规范。这种看法如果推向极端,往往容易把个体引向本然意义上的自在对象。王阳明提出的"心即理"这一命题,重点在于肯定以存在法则、社会规范等形式展现的普遍之"理"应当内化于个体之"心"。通过"心"和"理"的这种融合，一方面，普遍的"理"（存在法则、社会规范）不再表现为独立于个体的外部存在，另一方面，个体意识也开始扬弃了本然或自发的形态，获得了普遍的自觉形态。在这里，"心"与"理"的统一，便具体表现为理性的普遍性与意识的个体性之间的融合。

王阳明以"心即理"这一命题讲"心"与"理"之间的融合，无疑具有思辨的性质。但通过思辨的形式，也可以注意到其中包含值得关注的见解。从具体的内涵来说，他首先肯定作为普遍道德规范的天理与个体意识之间的合一，这一看法有见于普遍的道德原则只有内化为个体的情感、信念和意愿，才能有效影响个体的行动。正是通过普遍的社会道德规范、要求与个体道德情感、信念之间的融合，道德才能获得内在力量。如果把道德规范仅仅看成是与个体意愿相悖的强制性要求，便往往会使之成为没有生命力的抽象教条。心体在普遍化之后，常常会导向形式化：普遍化意味着超越特定的内容，由此也容易趋向于形式化。以"理"和"心"的合一为内容，王阳明所说的心体渗入了人的价值追求，包含了人的情意内涵，从而有别于纯粹的理性形式。

仅仅具有理性形式的外在规范可以为行为提供内在的行为导向，但往往难以化为内在的动力。换言之，它也许可以构成形式因，但不一定成为动力因。在王阳明那里，"心即理"的命题并非仅仅侧重于静态的逻辑形式，而是同时包含引向道德实践的内在意识。"理"与"心"之间的这种统一，也使"心"具有了向道德实践过渡的品格。另一方面，在考察个体意识时，如果完全忽略其中包含的普遍理性而仅仅注重个体性的情意这一面，也可能导致非理性的倾向。情意固然可以成为行为的动力因，但其中常包含非理性的倾向，单纯关注于此，容易导致行为的盲目性和社会的无序化。王阳明肯定二者的融合，要求通过内在之心的外化，使事事物物"皆得其理"，最后使整个社会趋向秩序化。这种看法，把"心"的外化与社会的秩序化、理性化联系起来，从而与离"理"而言"心"可能导致的非理性化倾向保持了某种距离。

可以看到，王阳明以"心即理"作为理解心体的基本命题包含多方面的含义。在"心即理"的视域下，一方面，普遍之"理"构成了个体意识的题中应有之义，这一进路不同于离"理"而言"心"；另一方面，普遍之"理"又内化于个体之"心"，由此避免了离"心"而谈"理"。在此情形之下，个体之中的理性方面和非理性方面都得到了适当的定位。就理学的衍化而言，程朱一系主要突出了"理"的普遍性，从逻辑上说，这容易导向离"心"而言"理"；陆九渊的心学则突出了个体的"心"，所谓"吾心即是宇宙，宇宙即是吾心"也表明了这一点：吾心即自我之心，将其等同于宇宙，无疑使之得到了过度强化，这一趋向近于离"理"而言"心"。从"心"与"理"的关系来说，以上两种倾向至少在逻辑上隐含了各自的偏向。王阳明通过"心即理"这一命题将"心"与"理"加以沟通，对以上二重倾向作了双重扬弃，在哲学史层面上显然有其理论意义。

三、以事明道，以事成己

在王阳明哲学中，"心"不仅仅与"物"相关，也不单纯涉及"理"，而且与"事"联系在一起。从总体上看，"事"这一概念在王阳明哲学中占有重要位置。

首先，王阳明乃是从"事"出发，进而了解"物"。在肯定

"意之所在便是物"的同时，王阳明又强调"物即事也"①，亦即以"事"释"物"。这一理解最早源于郑玄，在注《礼记·大学》时，郑玄已开始以"事"来释"物"，后来朱熹基本上沿袭了这一思路。儒学以"事"释"物"的传统与道家强调"物"与"事"的区分形成了某种对照。具体而言，王阳明将"事亲""事君"视为"物"的形态，"事亲""事君"便可视为"事"的展开过程，其具体内容表现为道德、政治实践。广而言之，这里的"事"就是"人之所作"或人所展开的活动。"物即事"表明，离开了人做事的过程，便没有"物"，或者说，"物"便没有意义。从"事"出发去理解"物"，把"物"放在"事"展开过程之中加以考察，这是王阳明理解"物"的重要特点。王阳明在解释"格物"时，也以这一角度为出发点。他把"格物"的"格"理解为"正"，把"物"理解为"事"，"格物"亦即做"正事"。这与朱熹所讲的静态的"格物"显然不同。"格物"所讲的"正事"，就是指在做事过程中作用于"物"，或在"物"之上加上人自身的印记。

同样，对"道"的理解不能离开"事"。王阳明早就提出"五经皆史"的观点，这一观点也基于"事"："以事言谓之史，以道言谓之经。事即道，道即事，《春秋》亦经，五经亦史。《易》是包牺氏之史，《书》是尧、舜以下史，《礼》《乐》是三代史，其事同，其道同，安有所谓异？"②所谓"以事言谓之史"，就是肯定"史"就是"事"的展开，或者说，人做事的

---

① 王守仁：《传习录中》，载《王阳明全集》，上海古籍出版社，1992，第47页。

② 王守仁：《传习录上》，载《王阳明全集》，上海古籍出版社，1992，第10页。

过程前后相继便构成了历史。后面进一步指出"以道言谓之经"，"事即道，道即事"，亦即将"道"与"事"加以沟通，这里的着眼之点在于从"事"出发去理解"道"。在王阳明看来，"道"并不是抽象、思辨的原理，而是内在于、体现在人做事的过程之中。这种观点合乎传统儒学"日用即道"的观念，其要义是把"道"看作体现在日用常行中的原理。王阳明的以上看法进一步从哲学上作了概括，以"道即事"这一命题，确认"道"即体现于人做事过程之中。宽泛而言，"事"具有更广的概括性，涵盖了人类所做的一切活动，而"道"就被视为体现于人类所做的这一切活动过程之中。在相近的意义上，王阳明的学生王艮提出了"即事是道"①的命题。后来浙东学派代表人物章学诚，对这一观点也作了进一步的发挥，提出"六经皆史"，特别强调"道"与"事"、"道"与"气"之间的关联问题，其思路也是从"事"出发去理解"道"，由此扬弃"道"所具有的形而上的思辨意味。在王阳明看来，离开了人的所作和人所展开的实际活动，"道"只是抽象的对象，前面以"事"释"物"与这里基于"事"理解"道"，在逻辑上前后呼应。

从其人生历程看，王阳明不同于书斋型的哲学家；王阳明的心学，也有别于学院性的思辨哲学。心学的形成一开始便与多方面的实践活动难以分离。在王阳明那里，"思"与"事"无法相分。"思"表现为心学沉思的过程，而这样的沉思过程始终没有离开"事"。从早年开始一直到中年、晚年，王阳明正是在参与各类"事"的过程中逐渐凝结成心学的基本观点。肯定"道"与

① 王艮：《王心斋全集》，江苏教育出版社，2001，第13页。又见黄宗羲：《明儒学案》卷三十二，载《黄宗羲全集》第七册，浙江古籍出版社，2005，第835页。

"事"之间的关联，在一定意义上体现了王阳明对其人生过程的反思和总结。

由肯定"道"与"事"的关联，王阳明进一步强调"以事成人"。前面所述"道"与"事"、"道"与"物"之间的关系，主要侧重于形而上的角度。与儒学的其他取向相近，心学最终的落脚点是成己与成人，如何成就人构成了其关注的重心。成就人的过程，则同样离不开"事"。如所周知，王阳明与他的门人曾有过如下对话。门人问："静时亦觉意思好，才遇事便不同，如何？"先生（王阳明）曰："是徒知静养而不用克己工夫也。如此临事，便要倾倒。人须在事上磨，方立得住；方能静亦定、动亦定。"[①]对王阳明而言，人的成就一刻也离不开"事"，唯有在"事"中磨炼，才能真正成就人。孟子曾有"必有事焉"之说，王阳明对此非常欣赏，并一再引述。在他看来，"格物无间动静，静亦物也。孟子谓'必有事焉'，是动静皆有事。"[②]无论动或静，都离不开"事"。人的为学过程，终身与"事"相伴："在凡人为学，终身只为这一事，自少至老，自朝至暮，不论有事无事，只是做得这一件，所谓'必有事焉'者也。"[③]为学工夫，必须全部放在"事"之上，也就是说，"其工夫全在必有事焉上用"[④]。在孟子那里，与"必有事焉"相关的是"勿助勿忘"，亦即既不应忘却做事，也不要拔苗助长，但两者之间，重点始终放在"必有事焉"。与之相承，王阳明也一再肯定："意未有悬空

109

① 王守仁：《传习录上》，载《王阳明全集》，上海古籍出版社，1992，第12页。

② 同上书，第25页。

③ 王守仁：《传习录中》，载《王阳明全集》，上海古籍出版社，1992，第59页。

④ 同上书，第83页。

的，必着事物。故欲诚意，则随意所在某事而格之，去其人欲而归于天理，则良知之在此事者无蔽而得致矣。此便是诚意的功夫。"① "意"可以视为"心"的体现，作为"心"的表现形式，其内容乃是在具体事物展开之中体现出来，事物的展开，又与人做事的过程无法相分，"随意所在某事而格之"，便是以格物为形式的做事过程。由此，王阳明反复强调："人须在事上磨练做功夫乃有益，若只好静，遇事便乱，终无长进。"②要而言之，按王阳明的理解，人的成就离不开做事过程；人需要通过"事"来成就自己。

因"事"而成人，同时表现为广义之"学"。历史地看，儒家很早就注重于"学"，"学以成人"构成了其前后相承的观念。《论语》的第一篇是《学而》，作为先秦儒学殿军的荀子也以《劝学》为《荀子》的第一篇。"何为学？"这是历来儒家考察的重要问题，而肯定"学"与"事"的关联，则构成了其重要的思想趋向。王阳明上承了这一传统，并更明确地把"学"与"事"联系在一起。关于"学"，他有一个类似定义的界说："是故以求能其事而言谓之学。"③依此，则"学"便以把握、提升人做事的能力为指向，与"能其事"相联系的这种"学"不同于追求空洞的理论或思辨的观念。不仅"学"的目标与"事"相关，而且"学"的过程始终伴随着"事"："君子之学，何尝离去事为而废论说？但其从事于事为论说者，要皆知行合一之功，正所

<hr>

① 王守仁：《传习录下》，《王阳明全集》，上海古籍出版社，1992年，第91页。

② 同上书，第92页。

③ 王守仁：《传习录中》，《王阳明全集》，上海古籍出版社，1992年，第46页。

以致其本心之良知，而非若世之徒事口耳谈说以为知者，分知行为两事，而果有节目先后之可言也？"①"论说"侧重于观念层面的思辨、推论，"事为"则是做事的过程，在广义之"学"的过程中，"论说"、理论的思考固然不可或缺，但"事为"表现为更本源的方面，进行思维、"论说"，都需要基于"事为"。

在宋明理学中，"学"往往被归入格物致知之域。在释"物"为"事"的前提下，王阳明对格物致知作了自己的阐发："我解格作正字义，物作事字义。""故致知者，意诚之本也。然亦不是悬空的致知，致知在实事上格。如意在于为善，便就这件事上去为；意在于去恶，便就这件事上去不为。"②与"物"即"事"相应，"致知"或"学"的过程即展开于做事过程中。从"学以成人"的儒学传统看，"学"本身意味着通过德性的涵养以诚其意，对王阳明而言，这一意义上的"学"始终不能离开"事"之为，"学"即展开于人做事的过程。

概要而言，王阳明以"心"立说，这一意义上的"心"又关联着"事"的展开过程。"事"在心学中的地位和意义，大致可概括为两个方面：其一，"事"构成了理解"物"、理解"道"、理解"学"的根据或前提，人应在"事"的基础上来把握"物"与"道"，扬弃其中的抽象的规定；其二，"事"以成就人为指向，并在成就人的过程中呈现本源的意义：对王阳明而言，德性的完善、人格的提升无法通过思辨的言说、空洞的口耳之学来实现，而只能基于做事的过程。这样，王阳明心学虽然以"心"为

111

---

① 王守仁：《传习录中》，载《王阳明全集》，上海古籍出版社，1992，第52页。

② 王守仁：《传习录下》，载《王阳明全集》，上海古籍出版社，1992，第119页。

体，但"心"并非仅仅囿于个体的内在意识，而是与实际的做事过程息息相关。质言之，"事"在人的存在过程中具有本源的意义。

四、作为德性的良知

如所周知，怎样在日用常行中"为善去恶"，是整个理学所关心的问题。"为善去恶"以分辨"善恶"为前提，"善恶"的辨析又表现为"知善知恶"的过程，后者属广义之"知"。在这一意义上，道德行为和道德认识乃是相互关联的：道德行为（"为善去恶"）在逻辑上以道德认识（"知善知恶"）为前提。自孔子和孟子开始，早期的儒家已致力于区分自发之行和自觉之行。自觉的行为建立在对相关原则和规范的理解之上，后来以程朱为代表的理学对此给予了更多的关注，由肯定"知善知恶"与"为善去恶"之间的关系，程朱强调了"知当然"（把握"普遍规范"）对"行当然"（遵循"当然之则"）在逻辑上的前提性。程朱一再强调以"穷天下之理"为出发点，通过格"一草一木"来达到理性的自觉。以此为入手工夫，"知"在整个过程中便呈现出某种优先性。这里似乎包含如下信念：通过探索"当然之理"，便可以从逻辑上引向"为善去恶"的道德实践。王阳明并不否认"知当然"对"行当然"所具有的意义，但是对他来说"知"与"行"在道德关系中具有更为复杂的内容。在谈到"知恶"与"止恶"关系时，王阳明便指出：一个人在做某种不道德的事时，他的内在良知并非对此一无所知，只是他不能致其良知，以致最后不免归于小人之列。这里所说的"致"，有推行之意。当人为恶时，其道德意识未尝不处于明觉状态，换言之，他并非完全不知什么是善，什么是恶，然而，这种善恶之知，并没有自然地使之导向为善去恶。在这里，道德知识（知善）与

112

道德行为（行善）之间显然存在着某种距离，而如何为善去恶的问题则具体地转换为如何从认识过程中的知善知恶到实践过程中的为善止恶。

　　"知善知恶"属于广义的理性认识过程，主要面对的是"是什么"的问题，即什么是善，什么是恶，包括对"善恶"的分辨、对道德规范的理解、对人所处伦理关系的把握等等。这样的认识虽然不同于一般意义上的事实（实然）认知，但仍以既成的现实（道德领域中的已有规范、准则、人伦关系等）为对象，从而与广义上的认识具有相通之处。与之相对，道德行为首先涉及的是"做什么"的问题。从逻辑上看，"是什么"的问题并不蕴含"做什么"的问题，休谟对此曾作了论述：从"是什么"并不能推论出"应当做什么"。如何沟通认识论意义上的"知"和实践关系中的"行"？这是道德哲学需要考虑的问题。王阳明认为"知善知恶"并不必然导向"行善去恶"，实际上也注意到了"知实然"与"行当然"之间的逻辑距离。如何由"知善"到"行善"呢？王阳明将该问题进一步引向了"格外在之物"与"诚自家之意"的关系。后者具有返身的指向："诚意"主要面向自我本身。可以看到，程朱以"穷理"（把握天下之理）为入手处，是将道德知识作为道德行为的前提，王阳明则赋予返身意义上的"诚自家之意"以更为优先的地位。在解释"格物之知"时，王阳明便对程朱提出了批评："先儒解格物为格天下之物，天下之物如何格得？且谓一草一木亦皆有理，今如何去格？纵格得草木来，如何反来诚得自家意？"①朱熹常常把"格物"理解为"格外在之物"，亦即对象性的认知或理解。而在王阳明看

113

---

① 王守仁：《传习录下》，载《王阳明全集》，上海古籍出版社，1992，第119页。

来，天下之物无穷无尽，如何能全部把握？即使能格天下之物，又怎样使自身之意变得真诚？所谓"诚自家之意"，也就是成就德性，而与之相对的"格天下之物"则是成就知识。这样，"诚意"与"格物"在一定程度上就呈现为成就德性与成就知识的区分：成就德性主要是履行当然之则，成就知识则以把握事实作为目标。根据王阳明的理解，成就德性与成就知识属不同的序列：知识的建构并不能担保德性的完成。在此，问题的关键不在于如何穷尽天下之物，而是如何由成就知识转换为成就德性。

实现从成就知识到成就德性的转换，其前提是"化知识为德性"。对王阳明来说，通过身体运行的道德实践，包括前面提及的"如何做事"的过程，可以使知识层面的理性成为自我的真实存在，达到儒家所强调的"实有诸己"，所谓良知，也就是"实有诸己"的德性。这种表现为本真自我的良知已超越了"知善知恶"的理性分辨，与人的整个存在融为一体。按王阳明的理解，德性与外在概念性知识的区分主要在于，概念性的知识可以具有普遍性品格，但不一定限定于某一个体之中，而德性则总是与一定个体融合为一，后者不仅包含对"当然"的明觉，而且呈现为本体论意义上的存在品格和存在规定。在德性这一层面，问题不再限于"知善知恶"的分辨，而且蕴含更深沉的"当然"要求，知善，则好之如好好色，知恶，则恶之如恶恶臭，行善止恶皆自不容已。所以如此，是因为知恶与恶恶"皆是发于真心"。在真实的德性中，知善与行善已成为同一自我的相关方面。

在王阳明看来，真实的德性既是连接"道德知识"与"道德实践"的内在本体，又规定着"知"和"行"的性质以及"知"和"行"的方向。知识本身在价值上具有中性的特点，既可助人行善，也可使人行恶。如果没有内在的德性本体，则知识越多，便越有可能增加行恶的能力。也就是说，知识论领域的"知"，不一定能够担保行为之善。相对于单纯的知识，德性已超越了价值中立的特点，具有行善的内在定向。这种行善定向同时作为稳定的精神结构，引向与人同在的主体的人格，进一步决定着"知"和"行"的具体方向。

按王阳明的理解，个体的所作所为是不是具有"善"的品格，取决于是否出于真实的德性。以"孝"而言，一个人的行为是不是可以看作"孝"，并不在于形式上如何做，而在于这种行为是不是以真切的德性为出发点："若无真切之心，虽日日定省问安，也只与扮戏相似，却不是孝。此便见心之真切，才为天理。"①也就是说，离开了真正的德性，即使天天请安，也如同做戏，很难将其视作真正意义上的"孝"，因为这种行为并非出于内在的德性。

在王阳明那里，作为内在德性，良知同时取得了自家准则的形式："尔那一点良知，是尔自家底准则。尔意念着处，他是便知是，非便知非，更瞒他一些不得。尔只不要欺他，实实落落依着他做去，善便存，恶便去。"②道德准则主要关乎价值意义上的是非评价标准。这种普遍的原则虽离不开认知，但也不限于一般意义上的认知，而是包含着个体的权衡、选择，其中内含着个体价值取向。价值评价不仅以"知善知恶"为内容，而且进一步为行为提供了导向。王阳明把"良知"看作为人的内在准则，同时从另一侧面肯定了德性对行为的引导。从价值层面来看，评价不

---

① 王守仁：《传习录拾遗》，载《王阳明全集》，上海古籍出版社，1992，第1174–1175页。

② 王守仁：《传习录下》，载《王阳明全集》，上海古籍出版社，1992，第92页。

仅与理性的分辨联系在一起，而且包含情感之维。正是情感所隐含的规定，为行为提供了内在动力：个体具有的"好善恶恶"之情，往往引发实际的行为。除了情感之外，德性还包含着"志"的规定。王阳明十分重视"志"的作用："志不立，天下无可成之事，虽百工技艺，未有不本于志者。"[①] "志"具有专一、恒定的品格，从而区别于一般偶然的意识。与"道"一致的理性主要是告诉人什么是善、什么是恶，"志"的定向则进一步要求人们择善而弃恶。通过如上选择，"志"构成了从"知善"到"行善"的内在动力。

要而言之，在王阳明那里，化知识为德性首先意味着良知在个体意识中的主导作用。良知作为自我的德性，包含着理性的规范，展开为"好善恶恶"的情感认同，又以恒定之"志"为内容，作为综合性的意识，它制约着行为的选择和贯彻。以良知为具体形态的德性与自我存在相关，从而呈现为本体论意义上的内在品格。无论是西方文化史上的"virtue"（德性），还是中国早期文化中的"德"，都不仅仅是伦理学上的概念，而且是本体论上的概念，这也从历史层面体现了它的形而上意义。同时，德性又构成了行为的内在动因，从知善到行善的转换，即以德性为内在的依据，"为善去恶"的道德实践，体现的主要是基于内在德性的自律过程。从伦理学的角度来看，王阳明的良知说的重要意义之一，便在于为解决"善如何可能"提供了独特进路。

五、"本体"与"工夫"之辩

"本体"与"工夫"是王阳明心学中的重要论题。前述"心

---

① 王守仁：《教条示龙场诸生》，载《王阳明全集》，上海古籍出版社，1992，第974页。

即理"中的"心体""良知",与"本体"具有相通性,相对而言,"致良知"则与后天的"工夫"相一致。"良知"和"致良知"之辩,在某种意义上表现为"本体"与"工夫"之间的关系。从总体上看,王阳明肯定"本体"和"工夫"之间的统一,所谓"功夫不离本体,本体原无内外"①,便在总体上对"本体"和"工夫"的关系作了如此概括。

在王阳明的心学中,"本体"有独特含义,与西方哲学中的substance(实体)并不相同。心学视域中的"本体",主要指意识领域中的本然之体,引申为综合性的精神形态或意识结构。作为精神形态或意识结构的这一"本体",又在功能和结构上构成了"工夫"展开的内在根据。与之相对的所谓"工夫",主要展开为以知、行为具体内容的互动过程。表现为"良知"的"本体"首先取得先天之知的形式:王阳明似乎试图用先天性来担保良知的普遍必然性,以此区别于后天的经验。对王阳明而言,经验意识往往与特殊、偶然、个别的因素相联系,"本体"则有别于这种偶然意识。从人的内在规定来说,凡人都有先天的良知,即使发生妄念,良知依然存在:"良知者,心之本体,即前所谓恒照者也。心之本体,无起无不起,虽妄念之发,而良知未尝不在,但人不知存,则有时而或放耳。"②"良知"构成了人之为人的先天条件:只有具备了先天良知,才能使人成为人。然而,逻辑上的先天性并不意味着现实性。从个体来看,"良知"虽然天赋于人,但在具体的致知"工夫"展开过程之前,这种"良知"

117

---

① 王守仁:《传习录下》,载《王阳明全集》,上海古籍出版社,1992,第92页。

② 王守仁:《传习录中》,载《王阳明全集》,上海古籍出版社,1992,第61–62页。

并不一定为个体所自觉意识。由此，王阳明将先天具有的"良知"和自觉意识到的"良知"区分开来："良知"尽管在逻辑上是先天的，但是它的内容只有通过后天的"工夫"才能为人所自觉意识；也就是说，只有在"工夫"的展开过程中，作为先天"良知"的"本体"才会获得现实的品格。

"本体"和"工夫"的内在关系，在王阳明与学生的对话中得到了具体阐释："有心俱是实，无心俱是幻；无心俱是实，有心俱是幻。"①"有心俱是实，无心俱是幻"，是从"本体"上说"工夫"；"无心俱是实，有心俱是幻"，则是从"工夫"上说"本体"。可以说，这是王阳明关于"本体"的晚年定论。从逻辑上看，"本体"是"工夫"的先天根据，"工夫"的展开离不开这种先天的"本体"；"工夫"以"本体"为其出发点，并在自身具体展开过程中始终以"本体"为引导。"有心俱是实，无心俱是幻"肯定了"本体"的实在性，它所体现的从"本体"说"工夫"，强调的便是"本体"对于"工夫"的规范、引导意义。另一方面，"本体"本身在"工夫"具体展开之前，往往还处于可能的形态，表现为某种逻辑上的设定，只有基于切实的"工夫"展开过程，"本体"才能获得现实品格和具体内容。从"工夫"上说"本体"，便肯定了不能把"本体"看成是完成了的存在，所谓"无心俱是实，有心俱是幻"，便确认了"工夫"展开之前"本体"呈现的可能性质。初看，似乎这是两个自相矛盾的概念，但事实上两者恰恰突出了"本体"和"工夫"的不同方面。"有心俱是实，无心俱是幻"所肯定的是"本体"在先，与"无心俱是实，有心俱是幻"所确认的"本体"唯有基于"工夫"才

---

① 王守仁：《传习录下》，载《王阳明全集》，上海古籍出版社，1992，第124页。

能获得现实性品格，呈现统一的形态。

从外在形式看，"本体"似乎玄之又玄，但其实际内容无非是意识的综合结构，而不是独立于"工夫"过程的超验实体。这种"本体"不同于终极意义上的形而上本源，而是形成并体现于现实的意识活动之中，只有在"工夫"的展开过程中，"本体"才能获得现实内容、具有现实品格。离开了以上具体的展开过程，"本体"就容易流于思辨的虚构。在精神"本体"的理解上，王阳明似乎表现出两重性：从总的趋向来看，王阳明并没放弃对"本体"的先验设定，所谓从"本体"上说"工夫"，便体现了对"本体"的先天预设；同时，王阳明肯定了"本体"的现实性品格离不开"工夫"，所谓从"工夫"说"本体"，便体现了这一思路。唯有将从"本体"上说"工夫"与从"工夫"上说"本体"结合起来，才能展现二者关系的全部内容。要而言之，王阳明对"本体"作了先天的预设，从而没有超出思辨哲学的视域，但又对"本体"所呈现的现实形态作了肯定。设定先天"本体"，主要基于"工夫"的展开离不开内在根据；肯定"本体"的现实形态，则肯定了"本体"对"工夫"的制约，确认"本体"需要通过"工夫"的展开过程而获得其现实的内容和现实品格。

不难注意到，一方面，"工夫"的作用表现为对先天"本体"的自觉把握："工夫"所指向的对象，是先天的存在形态，"工夫"的过程主要表现为赋予这种先天"本体"以现实品格，其出发点是先天"本体"，这一看法无疑带有先验的趋向。另一方面，对"工夫"的肯定尽管没有完全超越先天"本体"的预设，但又为这种超越提供了历史前提：从"工夫"上说"本体"这一思路如果贯彻到底，便会引向后来黄宗羲所说的"心无本体，工夫所至，即其本体"①，亦即肯定"工夫"对"本体"的本源意义。当然，黄宗羲的这一说法已扬弃了王阳明对先天"本体"的预设，但其形成并非偶然，事实上，它可以视为王阳明从"工夫"上说"本体"这种进路的延续。总之，"本体"与"工夫"不可分离，两者统一的最终体现，是"本体"源于"工夫"。

从哲学史的角度考察，王阳明对"本体"和"工夫"的如上讨论有其不可忽视的意义。以"本体"而言，尽管他所说的"本体"还带有思辨和先验的性质，但其肯定"本体"的存在仍值得关注。在王阳明看来，"本体"是知行、实践过程展开的根据，否定这种内在根据，知行过程便会走向抽象化或自发形态。与之相对，在哲学史上，常常可以看到对"本体"的消解，这意味着对知行过程内在依据的漠视。禅宗在这方面具有典型意义，他们往往将各种偶然举止、行为都看作普遍之"道"，所谓"行住坐卧，无非是道"②。这里的"道"可以视为存在的根据，在中国哲学中，"道"与"本体"是处于同一序列的概念，将行住坐卧这种偶然行为都视为"道"，意味着将"本体"还原为各种偶然的现象，由此消解作为稳定的统一意识结构的"本体"。多少是注意到了这一点，朱熹一再对禅宗以"作用为性"作出了批评。从西方哲学史看，休谟对自我存在也提出各种质疑，在他看来，自我不过是一种虚构，这种观念也表现出对内在精神"本体"的消解。对"本体"的如上解构固然扬弃了精神实体的超验性，但也略去了作为知行内在根据的意识结构。就当代哲学而言，实用主义注重特定的问题情境，并以解决所面临的相关问题

---

① 黄宗羲：《明儒学案·自序》，载《黄宗羲全集》第七册，浙江古籍出版社，1992，第3页。

② 慧海：《顿悟入道要门论》。

为关切之点，对普遍的概念、理论形态，则常常疏而远之，其中多少蕴含着以情境的多样性、偶然性消解"本体"的趋向。现代分析哲学，特别是后期维特根斯坦、赖尔等，多少表现出某种逻辑行为主义的倾向，其特点之一在于将内在心理、意识还原为外在之身。维特根斯坦便认为："一种'内在过程'需要外部的判据。""人的身体是人灵魂的最好图画。"① 赖尔则强调："'在心中'这句话可以而且应该永远被废弃。"② 这些看法固然有哲学上的去魅之意，但也表现出消解内在意识结构或精神结构的趋向，从而不能被视为对精神、意识的恰当理解。

禅宗以及当代哲学所表现出来的对精神"本体"的排拒，说到底是对知行过程展开的内在根据的消解。按其本来形态，"工夫"过程可以理解为知和行的具体展开。作为知行过程主体内在根据的精神结构，包括知识结构、价值取向，对人的行为过程有着多方面的规范和引导作用，缺乏这种规范，行为就会趋于自发和盲目。就此而言，王阳明对"本体"的这种承诺无疑有其重要意义。另一方面，王阳明又以"工夫"来限定"本体"的独断化，肯定只有在"工夫"的展开过程中，"本体"才可能获得现实品格。可以看到，作为规定"本体"与"工夫"关系的两个相关方面，从"本体"说"工夫"和从"工夫"说"本体"在理论上有其值得关注的意义。

（本文根据作者2019年6月在华东师范大学所作讲座的录音整理修订而成，原载《孔学堂》2022年第2期）

---

① 维特根斯坦：《哲学研究》，商务印书馆，1996，第231、272页。

② 吉尔伯特·赖尔：《心的概念》，刘建荣译，上海译文出版社，1988，第35页。

阳明心学的价值取向

在思想的层面，心学内含多方面的价值观念。如前所述，从良知到"心即理"，从万物一体到知行合一，心学的相关思想既体现了独特的哲学进路，也展现了其价值的取向。心学的以上看法与儒家价值传统前后相承，如何使之在实现中国式现代化的道路上展现新的生命力，是现在依然需要关注的问题。

一

心学以良知为其核心的观念之一。在价值观的意义上，良知之中内在地包含人性关切或仁道关怀，这种价值取向不同于把人视为物或工具。从总的方面来说，良知是一种具有正面意义的价值意识，侧重于把人和物、人和工具区分开来。早期儒学已经表现出类似倾向，根据《论语》的记载，孔子生活的年代，马厩曾不慎失火，孔子得知此事后，马上急切地了解："'伤人乎？'不问马。"[1]对孔子而言，人的价值高于马，在马和人两者中，马只是为人所用的工具，人本身即目的，因此关切之点应当放在人

---

[1]《论语·乡党》。

之上。这里体现的是肯定人的内在价值的仁道观念，孔子的这一仁道观念，同时包含了对人的关切。

王阳明的良知说承继了传统儒学的以上观念。作为人与人之间交往的基本原则，良知既包含着对人的精神层面的尊重，也涉及物质层面的关切。这一点可以从王阳明对"孝"的理解中有比较具体的了解。在王阳明看来，子女对父母尽孝是基本的人伦原则。这一意义上的孝不仅表现于精神层面的内在敬重，而且体现于对父母在物质层面的关心：按王阳明之见，以孝为原则，冬天便要设法为父母保暖，夏天则应努力让父母保持清凉状态。无论保暖还是送清凉，都属于物质层面的关心。以上主张表明：良知并不是简单的精神层面的空洞关切，而是包括物质层面的实际照应。

由此进一步引申，便要求将每个社会成员看成是目的。具体到价值层面，这种要求的内涵表现为肯定人人都应当享有良好的物质境遇。历史地看，传统的仁道观念也以每一个人都是目的为题中之义，并要求对所有社会成员加以普遍的关切。从精神层面来说，以仁道为主导的传统价值观念趋向于确认每个人都是目的，因而人人都既应该得到关切，也应当获得人之为人的尊严。肯定人之为人的尊严，离不开一定的物质基础，如果没有基本的财富作为支柱，尊严便是空洞的，孔子以"博施于民而能济众"①为圣人的规定，孟子肯定"无恒产，因无恒心"②，以制民之恒产为形成"恒心"的前提，便表明了这一点。从以上意义说，良知（特别是其中包含的仁道意识）为人是目的这一价值观

123

---

①《论语·雍也》。
②《孟子·梁惠王上》。

念的具体落实提供了内在的理论依据。

良知观念的另一意义，在于注重伦理自觉、克服道德的自发性与道德的麻木。按王阳明的理解，尽管人人都有先天良知，但这种先天之知一开始并未处于明觉状态，所谓"虽曰知之，犹不知也"[①]。在良知虽有而若无的背景下，人的行为虽然也可能合乎普遍的规范，但这种符合，常常具有自发、盲目的特点。同时，当人对良知尚未达到明觉之时，每每对个体承担的道德义务和道德责任缺乏自觉意识，更谈不上在这方面身体力行。从现代的价值取向看，以上现象具有道德麻木的特点。王阳明所说的致良知，首先意味着通过人自身的工夫展开过程，达到对已有良知的明觉，由此，一方面超越道德上的自发性，另一方面克服道德上的麻木状态。对道德自发与道德麻木的以上抑制，既体现了良知说的道德取向，也从一个具体的方面展现了心学的价值引导意义。

124

二

心学的另一重要观念体现于"心即理"的命题。从形式层面来说，"心即理"的含义之一是个体意识和普遍规范或普遍原则之间的统一。这里的"心"首先表现为个体的意识，"理"则是内在于心的普遍原理和规范；"心即理"意味着两者并不是彼此对峙，而是呈现相互统一的关系。这种统一背后的价值意义，也就是对个体权利与群体责任的双重肯定：个体意识可以引申为对个体权利的确认，普遍规范则最后落实于对群体的价值关切或

---

① 王守仁：《大学问》，载《王阳明全集》，上海古籍出版社，1992，第972页。

群体责任之上。王阳明所注重的个体之心，构成了其哲学理论的重要方面，对王阳明来说，心学的个体之维首先表现为个体的自觉意识，这是个体进行道德选择的依据，也是个体进行道德评价的准则：个体既依据内在的自觉意识选择相关道德行为，也按照其内在意识进行道德的评价。在王阳明看来，心体或良知即个体自己的准则："尔那一点良知，是尔自家底准则。尔意念着处，他是便知是，非便知非，更瞒他一些不得。尔只不要欺他，实实落落依着他做去，善便存，恶便去。"①以良知为"自家底准则"，意味着肯定个体的道德意识对道德实践及其展开具有重要的意义。

不过，王阳明一再强调，心体并不仅仅限于个体：它虽然内在于每一主体，因而带有个体的形式，但又与道（理）为一，从而具有普遍的内容。与心相关的理，在宽泛意义上包含普遍的责任意识和义务意识，进一步体现于对他人、群体的普遍关切。王阳明一再指出："吾心之良知，即所谓天理也。致吾心良知之天理于事事物物，则事事物物皆得其理矣。"②致良知于事事物物从而使事事物物皆得其理，其中的内在要求便是以包含理的心体为个体行动的依据，肯定个体应当对他人和群体承担起应尽的责任，并由此建立普遍的道德关联，使整个社会呈现和谐有序的形态（"事事物物皆得其理"）。在这里，个体对社会、群体和他人的普遍的责任和义务，得到了具体的展现。

社会的和谐、共同的发展既需要对人与人之间关系的调解和

① 王守仁：《传习录下》，载《王阳明全集》，上海古籍出版社，1992，第92页。

② 王守仁：《传习录中》，载《王阳明全集》，上海古籍出版社，1992，第45页。

规范，也需要对个体权利加以约束。这里可以对权力（power）和权利（rights）作一个区分。近代以来，人们常常关注于政治权力的约束，如三权分立、舆论监督等，这都意味着对政治权力进行制约和限定，而对个体权利的约束却缺乏充分关注。事实上，人类既需要对政治权力加以制约，也应对个体权利加以约束，两者宜兼顾，不可偏废。从现代西方的社会生活现象中，可以看到因个体权利膨胀而导致的各种乱象，对个体权利缺乏必要的约束，甚至引向某种程度的个体纵容。在"个体权利神圣不可侵犯"的抽象规定之下，似乎个人可以做合乎自身权利的任何事，一旦认为他人侵犯其权利，甚而可以公开击杀对方，这显然是个体权利失控的结果。权利约束不仅需要法律规定，而且离不开价值原则和道德规范；不仅要诉诸法律规范，而且需要进行道德的引导。权利主要体现个体的利益和个体需求，相形之下，心学的良知观念则包含了仁道的关切，这与仅仅关注个体利益的权利意识有所不同，其中内在地包含对单纯追求个体权利加以防范的要求。从良知出发，便应当在维护权利和约束权利之间建立起平衡关系，也就是说，一方面，个体的合法权利应当维护，另一方面，个体权利又不能过度扩张和膨胀。质言之，既不能单纯追求个体的权利，也不宜完全无视个体的正当权利；通过兼顾二者而避免走向极端或失控，这无疑是一种比较合理的进路。

从良知观念出发，"人欲"便不能简单否定。在王阳明之前，陆九渊的心学已对正统理学"存天理，灭人欲"之论提出质疑："天理人欲之言，亦自不是至论。若天是理，人是欲，则是天人不同矣。"①王阳明在以心为体的同时，对人欲所体现的感性

---

① 陆九渊：《语录上》，载《陆九渊集》卷三十四，中华书局，2020，第458页。

要求，并不截然否定，而感性欲求又与个体权利意识相关。在良知的观念中，同时可以发现权利维护和权利约束的内在的理论资源。具体而言，维护权利和约束权利之间的平衡需要实践智慧，这里没有形式层面的统一程序或一般规则可以依循，只能诉诸实践智慧，这种智慧既表现为"合情合理"，也意味着普遍原则与特定情境的融合：如何侧重、怎样兼顾，需要个体自身的判断。心体或良知中的自主意识，则构成了实践智慧作用的具体机制。

阳明心学中"心"所包含的普遍规范，接近理学意义上的"规矩"，这一规矩具有前述合情合理的特点。费孝通曾指出："规矩不是法律，规矩是'习'出来的礼俗。"[①]此所谓"礼俗"不同于刚性的法律规范，它对于协调人们之间的关系、人们的利益有着更为有效的意义。从这一角度说，"心即理"的观念同样有不可忽视的意义。约束权利的内在根据是什么？按照"心即理"的观念，避免个体权利意识过度膨胀的根据，存在于人性以及心中的内在规范里。以"心即理"为原则，则每个人的存在状况都应该得到关切，而不是单向地突出特定个体的权利。仅仅突出个体权利强调的是人与人之间的界限：个人权利不容别人染指，这种观念和行为方式往往导致人与人之间的分离甚至冲突。

从中国历史的演进看，在个体与群体的关系上，早期（前现代）的价值取向往往忽视个体利益，注重群体价值。近代以来，随着西学的东渐以及西方近代价值观念的引入，个体利益被片面强化，由此往往导致各种社会冲突。在20世纪下半叶，群体价值在新的社会历史条件下又一次被提到突出地位，个体被视为螺丝钉。改革开放后，个体利益重新得到关注，但由此常常出现

---

① 费孝通：《乡土中国》，生活·读书·新知三联书店，1985，第5页。

群体价值被弱化的趋向。进入新时代之后，价值观与价值取向逐渐得到重新定位，一方面，拒绝完全无视个体利益的观念，另一方面，避免片面突出个体权利的趋向。可以看到，这里重要的是在更广的层面重建个体关切与社会责任统一的价值观。这种重建，近于天人关系的衍化：在天人关系上，日出而作、日入而息意义上的天人之间的原始合一，在近代经历了种种分化，与单向征服、支配自然相联系的天人相分，导致了各种生态危机。如何在新的历史条件下不断重建二者的统一，成为现代面临的重要问题。个体关切与社会责任的协调与之类似，而心学中的若干观念，则为价值观的以上转换提供了传统的依据。

对个体权利的约束，意味着普遍地关切人的生活，而非限定于某一特定个体。关心一般人的生活状况，则包含了物质层面的关切。作为15世纪的哲学家，王阳明的思想及价值取向无疑有历史的限定，然而，"心即理"所包含的群体关切和关怀，又显然不同于单纯注重个体权利的价值取向，其内在的指向在于人类生活状况的普遍改善。从注重个体利益的权利观念到关注群体价值，包含着历史的衍化，"心即理"所渗入的群体意识，从一个方面为避免单向地突出个体权利提供了内在的哲学依据。

三

以心为体所隐含的意义关切与良知所内含的责任承诺相结合，进一步引向"万物一体"的观念。历史地看，传统的天下大同、协和万邦等思想，已包含对人类共同体的关注，后来张载的"民胞物与"观念，更具体地体现了天下意识。王阳明的"万物一体说"基于前人思想并作了进一步阐发，其"万物一体"特别强调"无人己""无物我"。"无人己"意味着人与人之间的互动，个体与他人的关联；"无物我"意味着人和外部世界或对象世界的和谐并存。

按照王阳明的理解，人作为万物之灵、天地之心，应当具有普遍的仁爱意识和同情之心，这种同情心可以使人超越人我的界限，走向人与人之间的统一："夫圣人之心，以天地万物为一体，其视天下之人，无外内远近，凡有血气，皆其昆弟赤子之亲，莫不欲安全而教养之，以遂其万物一体之念。"[1]在这一意义上，仁爱之心、恻隐之心构成了打通个体之间关系的心理情感基础。对王阳明而言，如果每一个个体能够推己及人，由近至远，从恻隐之心出发对待天下之人，包括鳏寡孤独等弱势群体，"万物一体"的理想便可以逐渐实现，整个社会也可由此走向和谐的状态。

从儒学思想衍化的角度来说，在王阳明以前，孟子已经提出"仁民而爱物"的观念。"仁民爱物"中的"仁民"，意味着以仁道原则来对待一切社会成员，由此建立普遍和谐的社会关系。王阳明所提出的"无人己""无物我"，即消除人我之分、物我之界，这一看法与孟子提出的"仁民爱物"前后相承，它为社会领域中实现大同等价值理想提供了观念前提。孟子提出的"仁民"观念是传统儒学仁道观念的题中之义，包含了对人之为人的内在价值的肯定。如前所述，仁道原则的核心是以人自身为目的，而不是把人当作外在的手段，其中蕴含走出封闭的自我、以仁道方式对待他人的意向。从内在含义来说，"仁民"所重的不是个体的利益关照，而是群体的关怀。这种群体关怀在逻辑上包含了

---

[1] 王守仁：《传习录中》，载《王阳明全集》，上海古籍出版社，1992，第54页。

满足一切社会成员生存发展需要的意向，仁道观念和"万物一体说"的价值内涵，则在于人与人之间合理关系的建立。对王阳明而言，个体之间的利害计较，与一体之仁、万物一体，表现为两种相互对立的状况。利害相攻、利益追求，体现的是仅仅把个体利益作为主要的关注之点，其结果则是人与人之间发生冲突，甚至骨肉相残。与之相对，"万物一体"以"天下一家、中国一人"为价值原则。在利益计较与一体之仁的分别中，仁道原则显然处于优先的地位。

心学所表达的"万物一体"观念与西方思想传统有着明显差异。基督教影响下的西方思想似乎很难接受"万物一体"的思想，从16世纪末来华的传教士那里，便不难注意到这一点。当时传教士的代表人物利玛窦即拒绝"万物一体"的观念，因为它与基督教的教义难以协调。在西方的传教士看来，上帝作为至高无上的存在，不可能与万物融为一体。[①]可以看到，沟通个体与整体的"万物一体"观念，与基督教影响下的西方思想有着明显差异。

就当代思想的衍化而言，"万物一体"的观念和现代政治哲学也有所不同。如所周知，罗尔斯在《正义论》中提出差异原则，认为只要不平等有利于处境最差的人，则是必要并容许的。这种"必要的不平等"似乎为不平等提供了论证。牛津大学已故教授科恩在批评罗尔斯的以上观念时，曾形象地指出，当孩子被绑架时，绑匪对孩子的父母说孩子的生命比任何金钱都重要，你们应该支付赎金，与之相似，差异原则似乎也在强调为了让弱势群体更好，必要的不平等应该被允许。引申而言，正如绑匪应该

---

① 参见孙尚杨：《基督教与明末儒学》，东方出版社，1994，第110页。

反思谁使孩子处于危险境地一样，罗尔斯也应该反思如何通过社会的共同努力，消除弱势群体的不平等处境，而不应该通过"差异原则"，使不平等永久化、合理化。显然，王阳明的"万物一体"说与以上"必要的不平等"的观念是格格不入的。从今天来看，肯定以上价值取向当然并不同于承诺平均主义。按其实质，在社会共同体中，无疑应当承认人在体力、智力上的差异，这种承认包含了对个体具有不同创造能力的肯定。"必要的不平等"和大同理想所包含的对差异的肯定，显然不同。"必要的不平等"把"不平等"看作是天经地义、神圣不可侵犯，而社会共同体对差异的确认，在于为更好的社会生活提供必要的前提，其中包含激发人的创造性、拒绝平均主义、反对以福利养懒汉等观念。"万物一体说"并不是简单承诺无差别的平均主义，它所指向的，主要是人的共同发展。

四

以"心"为体所隐含的意义关切、"良知"所内含的责任意识、"万物一体"所涉及的天下情怀，同时面临具体落实的问题。在王阳明的心学中，这一问题与知和行的关系相涉。如所周知，"知行合一"是王阳明对知行关系的总体概括。"知行合一"的具体内涵可以从不同的角度理解，在动态之维，它意味着先天的良知通过行的过程，逐渐达到比较自觉的意识。"知行合一"同时涉及知和行之间的互动，在这一意义上，一方面，行要由知加以引导以取得自觉形态，没有知的引导，行往往无法摆脱自发性和盲目性；另一方面，知必须落实于行，知而不行就等于未知，真正的知需要通过落实于行而得到体现。

从形而上的层面说，这里涉及对意义世界建构的理解。意义世界不同于本然的存在，而是进入人的知行之域，对人呈现多方面意义的存在。这种对人具有意义的世界，乃是通过人自身而建构形成。人的知行活动在没有加诸其上时，处于自在状态，意义世界则是打上了人的印记的存在。从本然世界到意义世界的转换，离不开人的活动建构。《中庸》中有一著名命题，即"赞天地之化育"，其内在的要义，在于把人的参与看作现实世界形成的必要前提，而人即生存于这种自身参与建构的世界之中。从人和意义世界的以上关系来说，这里包含着参与的观念，参与不同于旁观，而是人自身投身其中、切实做事或历事的过程。人生活于其间的意义世界的生成，乃是基于人自身的参与过程。

意义世界的建构，需要人的实际参与。如何超越简单的旁观而参与建构过程，是其中关键性的前提。一方面，知行合一为人的参与提供了内在理论依据。现实世界或意义世界基于人的创造活动，真正的参与同时表现为做事过程，王阳明的知行合一说已隐含着这一点。人的存在过程表现为不断做事的过程，这一意义上的做事与现象学所理解的单纯赋予有所不同，做事是身体力行，体现于人和人的互动以及人与人之间的交往，是实实在在的过程；现象学的意义赋予，则主要表现为观念或意识的投射。做事过程以成己而成物为具体的内容，在成就自我与成就世界的过程中，一方面，对象向人敞开，人认识对象并把握对象；另一方面，这一过程又丰富了人自身的内在精神世界。做事过程包括日用常行、日常活动。王阳明的学生曾向他抱怨，心学很多理论确实不错，但是因忙于各种政务，无法身体力行："此学甚好。只是簿书讼狱繁难，不得为学。"王阳明对此作了如下回应："我何尝教尔离了簿书讼狱，悬空去讲学？尔既有官司之事，便从官司的事上为学，才是真格物。如问一词讼，不可因其应对无状，起个怒心；不可因他言语圆转，生个喜心；不可恶其嘱托，加意治之；不可因其请求，屈意从之；不可因自己事务烦冗，随意苟且断之；不可因旁人潜毁罗织，随人意思处之：这许多意思皆私，只尔自知，须精细省察克治，惟恐此心有一毫偏倚，杜人是非，这便是格物致知。簿书讼狱之间，无非实学。若离了事物为学，却是著空。"①简而言之，忙于政务的过程，就是实践的过程，知行合一即表现为通过政务活动而参与社会治理，这又展开于多重方面。

阳明心学的知行合一主张，强调通过自身的践行和努力，才可能实现价值的理想，并认为单纯旁观很难真正达到以上境界。从这方面说，心学对如何达到理想的价值之境，同样具有内在的启示意义。

（本文系作者于2022年11月23日在"心学大会"上的主旨演讲记录，原载《浙江社会科学》2023年第2期）

---

① 王守仁:《传习录下》，载《王阳明全集》，上海古籍出版社，1992，第94—95页。

王夫之的哲学及其历史内涵

王夫之可以看作是中国哲学史的一个总结者。作为哲学家，王夫之对中国哲学的各个方面都作了十分深入的反省，后者兼及诸多哲学问题，由此，王夫之也形成了不少独特的哲学概念。从生活的年代来说，王夫之比顾炎武、黄宗羲年轻一些，其著述的时间也比他们稍晚一点儿，这就使他能更从容地对整个明代思想以及此前的中国哲学思想作一回顾。这种哲学的反省、总结体现在不同方面，涉及本体论、伦理学、认识论等问题。

一

从哲学的层面说，哲学总是不断追问形而上的问题：什么是存在、何为世界本源等等，都属于这一类问题。在这一方面，王夫之提出了不少具有学术个性的观点。在他看来，对何物存在、如何存在这样的问题作考察，必须联系人自身的存在。如果完全撇开人的存在而追问世界的本源，往往容易趋向于思辨哲学。中国哲学中的一些学派以"理""气""心"等等解释天地万物，常常离开人自身的存在，对世界作思辨的构造，理学中的程朱一系，即表现出这一趋向。然而，除了这一进路，对世界的理解还有另外一种途径，那就是联系人自身之"在"和人自身活动，以把握对象世界的意义。王夫之的形而上学体现了后一特点。

按照王夫之的看法，外部存在并不是一种超越于人的对象，对世界的认知，也无法完全离开人自身的存在。他曾引《周易》中的重要论点："圣人作而万物睹。"[①]这里的"圣人"可以理解为一般的人，"万物"则指多样的对象，所谓"圣人作而万物睹"，就是肯定唯有在人出现之后，万物才被理解和认识。这同时表明，对象世界的意义是因人而显。由此出发，在社会领域，王夫之认为："是故以我为子而乃有父，以我为臣而乃有君，以我为己而乃有人，以我为人而乃有物，则亦以我为人而乃有天地。"[②]在人伦关系中，父子关系是最亲密的；君臣关系在政治领域中具有基本的性质；自我（己）之外的他人，则是社会领域的一般存在；"物"与"天地"泛指万物或广义的外部对象。以上表述并不是说，社会政治领域中的对象在物理层面依赖于"我"，或者说，万物之有无以人为依据，而是肯定社会领域以及万物的意义总是对人敞开：只有当人面对万物或向对象发问时，万物或对象才呈现其意义。与前面所说的"圣人作而万物睹"意思一样，这里所强调的是，没有人，对象的意义就无从呈现。

在谈到"天下"时，王夫之对此作了进一步的阐释："'天下'，谓事物之与我相感，而我应之受之，以成乎吉凶得失者也。"[③]宽泛而言，天下涵盖万物，但它并非超然于人，而是人生

135

---

② 王夫之：《周易外传》卷三，载《船山全书》第一册，岳麓书社，2011，第905页。

③ 王夫之：《周易内传》卷六，载《船山全书》第一册，岳麓书社，2011，第589页。

活于其间的世界。在天下与人之间，存在着相感而相应的关系，离开了与人之间的这种感应关系，天下就不复存在。这里的感应（相互作用）过程既可以展示正面的意义（吉），也可表现出负面的意义（凶）。正是通过与人的相感相应，天下由"天之天"成为"人之天"。①在这种存在形态中，人本身无法从存在关系中略去。如上理解无疑已注意到，对人而言，具有现实品格的存在，是取得人化形态（以"人之天"的形态呈现）的存在。"天之天"是自然而然的对象，它还没有与人发生任何关系。"人之天"则是经过人的作用，打上了人的印记的存在。从"天之天"到"人之天"的转化需要经历一个过程，这一转化过程乃是通过人和对象的相互作用完成的。

时间是存在的重要规定。如何理解存在的时间性？在西方哲学的传统中，时间往往与本体论、宇宙论相关，被理解为存在的自在规定。从形而上的视域看，对象存在于时间之中，外部对象和时间之间的关系应该怎样看待？如所周知，在西方哲学的传统中，时间也是很重要的观念，很多哲学家都好谈时间，从奥古斯丁到海德格尔、柏格森等，都涉及时间问题。尽管奥古斯丁等也注意到时间的自我之维，但在主流的西方哲学家那里，时间首先与本体论、宇宙论等问题相联系，关联着对象的变动性和稳定性。中国哲学在这方面与西方有所不同，其侧重点在于将时间与人的活动过程联系在一起，这一看法所关注的不是对象本身的规定，而是时间在人的活动中的展开过程。中国人讲"时中""时机"，所谓"时中"，便关乎人的活动的最有利的时间条件，也就是其展开过程恰到好处，"时机"则表现为人作用的最佳机会。

---

① 王夫之：《诗广传》卷四，载《船山全书》第三册，岳麓书社，2011，第463页。

对王夫之来说，时间同样相对人而言才有意义，离开人的存在，时间便显得空洞抽象。王夫之将时与势、理联系起来，便表达了这一观念："时异而势异，势异而理亦异。"①这里所说的时间，即与人的活动无法相分。

以开端（始）来说，王夫之认为："天地之生，以人为始。"②这里的"以人为始"主要不是就本体论而言，而是指天地的意义因人而显。天地的存在固然先于人，然而，在人出现之前，并没有开始与否的问题：天地之始只是相对人的活动而言，离开人的活动谈不上开端。天不生仲尼，万古如长夜。"两间之有，熟知其所自肪乎？无已，则将自人而言之。"③这里同样是联系人的存在以把握时间以及内在于时间中的对象。在王夫之以前，荀子曾强调："天地始者，今日是也。"④王夫之承继了这一看法，认为："往古来今，则今日也。"⑤"今"代表现在，对中国哲学家（包括王夫之）而言，在时间的三态（过去、现在、未来）中，现在具有优先性：过去凝结于现在，未来则蕴含于现在。人的创造是以过去的凝结作为出发点，又走向未来的过程，而对过去的总结以及向未来敞开，都是以现在作为立足点。为什么"今"如此重要？因为整个创造活动是从现在开始的，"今"构成了创造的现实出发点，按照王夫之的理解，这种创造活动表

① 王夫之：《宋论》卷十五，载《船山全书》第十一册，岳麓书社，2011，第335页。

② 王夫之：《周易外传》卷二，载《船山全书》第一册，岳麓书社，2011，第882页。

③ 王夫之：《周易外传》卷七，载《船山全书》第一册，岳麓书社，2011，第1076页。

④《荀子·不苟》。

⑤ 王夫之：《周易外传》卷五，载《船山全书》第一册，岳麓书社，2011，第1005页。

现了时间的真正意义。

与上述看法相联系，王夫之强调，形上与形下并不是二重存在："形而上者，非无形之谓。既有形矣，有形而后有形而上。无形之上，亘古今，通万变，穷天穷地，穷人穷物，皆所未有者也。"① "形而上者谓之道，形而下者谓之器，统之乎一形，非以相致，而何容相舍乎？"② 在形而上和形而下的关系中，形而上可以理解超验的存在，形而下则是经验对象的领域，后者与人在经验层面的所思所行相关。对王夫之而言，形而上不是离开实在的形而下世界而另为一物，这两个方面并非截然对峙。相反，有此实在的世界，才有形上与形下之分。总体上，经验世界和形而上世界并不是相互割裂的，形上与形下、道与器等，无非是同一实在的不同表现形式，二者都内在于这一个实在的世界。

从以上观点出发，王夫之对中国传统哲学中道家以及正统程朱所代表理学家的观点提出了批评。在他看来，道家往往离开形而下的经验世界去寻找形而上的世界，理学的特点则在于离开经验世界去探求所谓清静空阔的"理"世界，二者都离开"气"所代表的经验世界去追问形而上的"理"世界。按照王夫之的观点，这都属于离开现实过程的思辨进路；如果把目光指向实在世界，就不应该对形而上、形而下以及"理"和"气"作以上分隔。

与之相关的另外一个问题涉及"有无"及其意义。"有无"是中国哲学中的重要概念，"有"指向存在，"无"则意味着不存在。道家与其他的思辨学派倾向于认为"有"是从"无"中发展过来的，而"有"来自"无"则表明实在的世界是从虚无世界中

① 王夫之：《周易外传》卷五，载《船山全书》第一册，岳麓书社，2011，第1028页。

② 同上书，第1029页。

发展出来的，这就是所谓"无"中生"有"。与之相关，"有"化为"无"意味着实在世界可以转化为虚无的世界，而对世界作如此理解，则易于导向把虚无绝对化：似乎存在终极的原因在于虚无，现实世界来自虚无，最后复归于虚无，道家以虚静为第一原理，便蕴含着以上观念。怎样解决以上问题？这一追问的实质即如何超越形而上的思辨视域，王夫之的思路是以幽明、隐显的概念取代"有无之辩"。在王夫之看来，"有无"问题的背后实际上是"幽"和"明"或"隐"和"显"："幽"与"隐"表明未显现、看不见，"明"与"显"则是明明白白、显现于外。按王夫之的理解，形而上问题的真正内涵并不是存在与不存在，而是"隐"和"显"、"幽"和"明"的关系："阴阳之盈虚往来，有变易而无生灭，有幽明而无有无。"①依此，则对象并不是不存在，而只是常常隐而未显、幽而不明。这样，思辨哲学家所谓的"无"便不是绝对的虚无，而只是"隐"或"幽"的独特存在状态。由此，王夫之也在形而上学的层面扬弃了绝对的虚无。

以"有无"立论，容易把整个世界看成绝对的虚无，甚而认为现实世界源于"无"。反之，用"幽明""隐显"来取代"有无"，则所谓"无"便可归入"幽"或"隐"之域，而有别于完全的虚无或不存在，如此，它与"有"的差异，便仅仅呈现为存在方式上的改变。对王夫之来说，佛、老的根本问题，在于将不可见（"隐"或"幽"）等同于"无"，而未能从认识论的角度，把无形之"幽""隐"视为尚未进入可见之域的存在（"有"）形态。在中国哲学史上用"隐显""幽明"来取代"有无"，无疑是一种重要的观念转换。以上理解可以视为对绝

---

① 王夫之：《周易内传》卷五下，载《船山全书》第一册，岳麓书社，2011，第567页。

对虚无的否定，它表明，对象只是涉及存在方式上的差异，并不存在绝对的虚无。

与之相联系，王夫之从正面阐发了"诚"的观念，强调："夫诚者实有者也，前有所始、后有所终也。实有者，天下之公有也，有目所共见，有耳所共闻也。"①"诚"这一概念并不是王夫之第一个提出来的，如所周知，孟子、《中庸》已对"诚"作了考察。其中，《中庸》中所说的"诚"大致有两方面的含义，其一是真诚的德性，其内涵趋向于道德以及价值观；其二，本体意义上的真实存在。这一意义上的"诚"与后来的佛教理论相对：佛教认为整个世界虚妄不实，其看待世界的核心概念是妄或虚妄不实。与之不同，"诚"可以视为对虚妄不实的否定。王夫之在此侧重于本体论的维度，他固然肯定伦理学上的真诚德性，但这里讨论的"诚"主要与虚妄相对，表示真实存在。

对王夫之而言，"诚"即实际存在："诚者天下之所共见共闻者也。"②前面提及的"前有所始、后有所终"，表明这种真实的存在始终处于过程中。"天下之所共见共闻"，则进一步肯定这是为一切人所共睹的真实存在：大家都看到和听到的对象，在王夫之看来就具有存在的真实性。这当然多少是以朴素经验的方式，肯定了世界的实在性。不过，王夫之将"诚"与"实"沟通起来，着重从正面肯定了世界的真实性，体现了形而上的视域。前面以"幽明""隐显"来取代"有无"，主要指出了把整个世界看成绝对虚无是不恰当的，而用"实有"来界定"诚"这个概念、

---

① 王夫之：《尚书引义》卷三，载《船山全书》第二册，岳麓书社，2011，第306页。

② 王夫之：《尚书引义》卷五，载《船山全书》第二册，岳麓书社，2011，第379页。

肯定"诚者实有者也",则进一步从正面确认了世界的真实性即"诚":一切人有目共睹、可以看到听到的对象,便是真实存在的对象。

按王夫之的看法,世界作为真实的存在,并非杂乱无章,而是具有内在的秩序。在界说张载的"太和"概念时,王夫之对此作了具体论述:"太和,和之至也。道者,天地人物之通理,即所谓太极也。阴阳异撰,而其缊缊于太虚之中,合同而不相悖害,浑沦无间,和之至矣。"①张载曾以"太和"来表示事物之间的秩序,在中国哲学中,"和"与"同"相对,指有差异的统一,差异意味着不同,"和"则肯定了不同方面之间具有内在关联,"太和"所指也就是最高的统一。与张载相近,王夫之也认为,"太和"即最完美的存在秩序("和之至"),这种秩序又以阴阳等对立面之间的"缊缊""合同"为前提。这一论点注意到了存在的秩序并不仅仅表现为静态的方式,而是在更内在的意义上展开为一个动态的过程。

与"太和"之说的以上阐释和发挥相联系,王夫之对"以一得万"和"万法归一"作了区分,并将"和同之辩"进一步引申为"以一得万"对"万法归一"的否定。"万法归一"是佛教的命题,它趋向于用统一性来消解多样性:在佛教的学说中,"万法"即多样对象,"归一"则意味着多样性的消解。同时,从哲学的层面来说,这里不仅导向对多样性的否定,而且趋于销"用"以归"体",按王夫之的看法,"万法"一旦被消解,则作为"体"的"一"本身也无从落实。与"万法归一"说相对,

---

① 王夫之:《张子正蒙注》卷一,载《船山全书》第十二册,岳麓书社,2011,第15页。

"以一得万"在体现多样性统一的同时，又以"敦本亲用"为内容。对"万法归一"或"强万以为一"的拒斥与确认"体"和"用"的统一，表现为相辅相成的两个方面。如果说，"万法归一"较为典型地表现了追求抽象同一的形而上学理论，那么，与"太和"之说及"敦本亲用"相联系的"以一得万"或"一本万殊"，则通过肯定"一"与"多"、"体"与"用"的互融和一致，在扬弃形而上学之抽象形态的同时，展示了较为具体的本体论视域。

王夫之关于世界的形而上看法包含多重方面，具有丰富内容，以上只是简略地作一讨论。从中，已不难看到他对中国哲学以往思想的吸取、融合，对佛教、道教的扬弃。无论是对儒家思想的承继，抑或对道教、佛教概念的克服，都具有批判、总结的意义。

二

前面主要以外部世界为考察对象，与之相关的是人自身的存在形态，这种存在形态关乎广义的伦理领域。在伦理学上，首先需要关注道德主体。伦理学是实践性的学科，实践行为总需要具体的承担者或主体。实施各种道德行为的人到底应该具有什么品格？这是伦理学或道德哲学不能不思考的问题。针对佛教的所谓"无我"之说，王夫之指出："或曰：圣人无我。吾不知其奚以云无也。我者，德之主，性情之所持也。"[①]此处之"德"含有具体规定之意，而并不仅仅限于内在的德性，这一意义上的"我"或"己"，与视听言动的主体相通："所谓己者，则视、听、言、

_____

① 王夫之：《诗广传》卷四，载《船山全书》第三册，岳麓书社，2011，第448页。

动是已。"①作为现实的个体，人是有血有肉的存在，包含感性的规定，离不开视听、言动等感性的活动以及行动的主体，略去了这些具体的方面，"我"也就抽象化、不复存在了。王夫之肯定了"身"或生命存在的意义，并由此肯定"身"与"道""圣"的一致性。在谈到"身"与"道""圣"的关系时，王夫之指出了二者的关联："即身而道在也。"②对人之"身"与"道"同在的以上强调不仅进一步承诺了"我"的存在，而且突出了作为道德主体的"我"所具有的超越感性的规定："道"涉及普遍性的原则、法则，从而与理性的品格相关。所谓"德之主"，便以"我"的多方面的统一为其内涵。这样，一方面，"身"（生命存在）对于自我具有某种本源性，另一方面，"我"作为"德之主"又表现为对多重规定的统摄。

对王夫之而言，道德自我同时以内在的意识为题中之义。与内在意识相关的自我一方面经历了形成与发展的过程，另一方面又涉及时间中展开的绵延的统一。按照王夫之的理解，自我以内在的意识作为其存在规定，与内在意识相关的自我乃是经过了一个发展过程。作为活生生的具体存在，"我"不是空洞的，而是有思想、有观念、有意向的；谈到"我"，内在意识是不可少的一方面。这种自我并非一开始已成或既定，而是经过发展过程，逐渐生成；另一方面，其存在过程又是在实践中逐渐展开的，实践的展开与存在过程本身密切相关，而肯定人在实践中的成长，也体现这种相关性。

---

① 王夫之：《尚书引义》卷一，载《船山全书》第二册，岳麓书社，2011，第267页。

② 王夫之：《尚书引义》卷四，载《船山全书》第二册，岳麓书社，2011，第352页。

在谈到意识的流变时，王夫之指出："今与昨相续，彼与此相函。克念之则有，罔念之则亡。"①"夫念，诚不可执也。而惟克念者，斯不执也。有已往者焉，流之源也，而谓之曰过去，不知其未尝去也。有将来者焉，流之归也，而谓之曰未来，不知其必来也。其当前者而谓之现在者，为之名曰刹那（自注：谓如断一丝之顷）；不知通已往将来之在念中者，皆其现在，而非仅刹那也。"②个体的意识活动展开为时间之流，在实践中经历了流变的过程。这里包含着过去、现在、未来这样一种前后的绵延变迁，从而，人不能仅仅停留在过去、现在或未来的某个阶段中。意识确实流变的，但是万变不离其宗，变来变去还是以"我"的存在为主导方面。王夫之确认并强调了这一点，这就从另一个侧面肯定了作为道德主体的"我"的实在性：不同时间向度的意识，统一于现实的"我"；正是以"我"的现实存在为前提，过去、现在、未来的意识具有了内在的连续性，而意识的连续性也从一个方面展示了"我"的连续性。

王夫之又肯定，不能把人加以物化。张载曾批评泯灭内在意识、追求外在对象、把人同化为物的现象："徇物丧心，人化物而灭天理者乎！"③王夫之肯定了张载的论点，在他看来，一旦如此，则道德意义上的天理也就不复存在。与张载一致，王夫之着重反对把人降低为一种外在之物或外在工具。从正面来说，王夫之注重成就人格，并肯定人可以通过自身努力来成就"圣贤"。"圣贤"是中国文化中一再得到推崇的理想人格形态，成圣也就

---

① 王夫之：《尚书引义》卷五，载《船山全书》第二册，岳麓书社，2011，第391页。

② 同上书，第389–390页。

③ 张载：《正蒙·神化》，载《张载集》，中华书局，1985，第18页。

意味着达到这样一种理想的人格境界。人皆可以成尧、舜，这是中国哲学已有的看法，孟子、荀子都肯定了这一点。王夫之则进一步强调，成就圣贤是一个与人的活动无法相分的过程："人皆可以作圣，亦在于为之而已矣。"①较之"人皆可以为尧、舜"②"涂之人可以为禹"③，不仅"作圣"之"圣"不同于尧、舜、禹这些具体的人物而具有更广的意义，而且"作"更多地突出了人的作用：人为什么可以成圣？"亦在于为之而已矣"，"为之"即人的实际作用过程，归根到底，人是否成圣，取决于其自身的作用。

孔子在《论语·里仁》中曾提出"仁者安仁，知者利仁"之说。"安仁"即安于仁，体现了基于德性的安顿；"利仁"是让人获得现实利益，有助于人的实际发展。王夫之从成就德性的角度，对此作了分梳："'安仁''利仁'，总是成德后境界。"④在王夫之看来，"安仁""利仁"构成了德性涵养中的不同境界。当然，以"成德"为视域，境界又表现出不同形态，当人仅仅以富贵贫贱为意时，其境界便难以越出此域，反之，如果始终坚持仁道，在任何时候都不与仁相悖，则意味着进入另一重境界："到得'君子无终食之间违仁'，则他境界自别：赫然天理相为合一。"⑤一旦超越了利益、富贵这样的利益计较，人就可以始终与仁道原则一致、与天理合一。在这里，境界之别，既涉及德性的高下，也表现为内在精神形态的差异。可以看到，按照王夫之的

---

① 王夫之：《四书训义》卷十一，载《船山全书》第七册，岳麓书社，2011，第507页。

②《孟子·告子下》。

③《荀子·性恶》。

④ 王夫之：《读四书大全说》卷四，载《船山全书》第六册，岳麓书社，2011，第626页。

⑤ 同上书，第629页。

理解，"利仁"之境和"安仁"之境都是道德的境界，但是从内涵来说，一个侧重于对富贵贫贱的关切，另一个则关注如何与普遍规范或天理合二为一，后者体现了更高的道德之境。

在人格的设定方面，王夫之以"新人"为价值目标，趋向于成人与"新民"的关联。王夫之这一看法与朱熹有相近之处。如所周知，《大学》中提出了三纲领，其中有"新民"或"亲民"之别，《大学》所肯定的到底是"新民"，还是"亲民"？按照朱熹的说法，人格目标主要是"新民"，而按照后来王阳明的解释，应该以《大学》古本为标准，并根据其论述，定为"亲民"。"亲"更多地侧重于对民的关心，"新"则主要表现为对民的改造，亦即使"旧民"提升为"新民"，这样，"新民"和"亲民"一字之差，但内涵上有所不同。在这个问题上，王夫之比较倾向于朱熹的看法，即把人格境界理解为"新民"的过程，强调人需要改造自己。

146　　按照王夫之的看法，这一改造与社会体制化变革相关联："'民'，天下国家之人也。'新'者，齐之、治之、平之，使孝弟慈、好仁好义日进于善也。"① 就社会身份而言，民具有国家、社会的归属，属天下国家之人。从社会不是一成不变的这一角度着眼，作为社会化存在的人也不是一成不变的。"亲民"之"亲"在王夫之看来不适用于民，而只能如孟子所言，在"亲亲而仁民"的意义上使用。② 也就是说，民作为社会化、体制化的存在，只能加以规范、改造。走向"新民"这一主张，与以往的儒家具有一致性。我们都知道，荀子提出"化性起伪"，其实际

① 王夫之：《四书笺解》卷一，载《船山全书》第六册，岳麓书社，2011，第110页。

② 王夫之：《礼记章句》卷四十二，载《船山全书》第四册，岳麓书社，2011，第1469页。

指向是改变人的既成形态。荀子认为人性本恶，"化性"即改造本恶之趋向，"起伪"则强调这一过程包含人自身的参与。到了宋明时期，理学家区分所谓"天地之性"和"气质之性"，"气质之性"来自浑浊之气，有恶的趋向；"天地之性"则源于天理，为本善之性。与之相关，理学家要求变化气质，这一主张与"化性起伪"具有一致性：变化气质的实质也是对人的变革、改造。王夫之对《大学》的解释，以及把人格目标理解为"新民"，与以上传统具有前后相承的一面。不过，尽管在人格目标（"新民"）上，王夫之与朱熹等理学家有相通之处，但主流的理学把"新民"的过程主要与心性的变革联系起来。与这一趋向相异，王夫之并非仅仅关注内在心性，在他看来："形色则即是天性，而要以天性充形色，必不可于形色求作用。于形色求作用，则但得形色。合下一层粗浮底气魄，乃造化之迹，而非吾形色之实。故必如颜子之复礼以行乎视听言动者，而后为践形之实学。"[1]这里的"形色"主要指人的感性规定，按王夫之的观点，感性的欲求即所谓天性：食色性也，由此，他肯定了感性存在、感性规定的意义。这一看法与正统的理学不同：以程朱为代表的主流理学强调存天理、灭人欲，把人的一切感性规定都看作需要否定的对象，由此追求所谓纯粹的"道心"。与之相异，王夫之认为，人不能仅仅从感性趋向出发。不过，与后来自然人性论不同，在王夫之那里，感性和理性之间并不相互排斥，总体上，他倾向于两者的沟通。

从人格的具体培养方式来看，王夫之一再强调艺术在成人过程中的重要性。从历史上看，早期的儒家已开始注意艺术形式与

147

---

[1] 王夫之：《读四书大全说》卷十，载《船山全书》第六册，岳麓书社，2011，第1133–1134页。

成人的关系，孔子便将乐与礼并提，荀子同样十分关注礼乐艺术对人的影响和塑造。与传统的儒学一致，王夫之肯定："乐为神之所依，人之所成。"①人的成就过程离不开音乐。音乐在中国传统文化中是具有重要意义的艺术形式，宽泛而言，绘画、造型艺术等广义上都是艺术形式，但乐则与人的成就过程具有更切近的关系。对王夫之而言，人的精神培养离不开艺术陶冶，这一观念与前面所说的"形色"即天性具有一致性：既然感性存在（"形色"）是人的存在的重要方面，通过艺术形式以影响人的情感世界，以此提升和成就德性境界，便构成了重要的环节。总之，人格精神的培养，离不开艺术的陶冶。

就道德实践的展开背景而言，如何协调普遍规范与具体情境的关系，是一个无法回避的问题。一方面，在解决道德问题的过程中，总是包含着规范的引用，需要遵循道德规范；另一方面，对具体情境的分析，又往往涉及一般原则或规范的变通问题，因为普遍原则不能涵盖千变万化的具体情境，行动所面对的世界各有不同；相对静态、确定的原则无法把行动情境面面俱到加以涉及。在王夫之以前，中国哲学很早已开始关注这一问题，在"经权之辩"中，便不难看到这一点。"经"是指普遍原则，"权"则关乎变通。按照礼制，男女授受不亲，但是在面对"嫂溺"的特定情况时，便需要伸手拉一把，此时若不伸出援手，就如同豺狼，孟子已对此作了论述。王夫之在这方面作了更深入的分析，并特别指出，"经"与"权"的互动，总是与主体及其意识系统联系在一起。在王夫之看来，一方面，以"相通之理"为形式的普遍的规范，需要内化为道德主体的观念结构；另一方面，对具

---

① 王夫之：《诗广传》卷五，载《船山全书》第三册，岳麓书社，2011，第511页。

体情境的应对，应以普遍规范为依据。尽管王夫之的以上看法并不仅限于道德实践，但其中无疑兼及这一领域；由后者（道德实践领域）视之，将"通""变"的互动与"一心之所存"联系起来，显然已注意到主体内在的精神结构在普遍规范的引用、情境分析、道德权衡、道德选择等过程中的作用。王夫之的以上看法已在道德领域涉及实践智慧。历史地看，亚里士多德提出了实践智慧，并以此为实践的具体方式。实践智慧的核心关切在于普遍的原则如何与具体情境相结合，从道德角度来说，也就是一般道德规范如何与实践的具体情境互动。实践智慧当然不限于道德，而是具有更为普遍的意义。按照中国哲学的看法，一般的原则和行为的具体情境之间沟通的关键在于人，普遍原则不可能兼顾方方面面的各种情境，如何以最恰当、最有效的方式使之运用于具体情境，这就需要行动者的智慧，这也就是《易传》所说的"成乎其人"。

从道德实践中规范与情境的关系，转向道德行为展开的机制，行为的动力系统便成为不能不加以关注的问题。中国哲学史上所谓"理欲之辩"，在某些方面已涉及行为的动力问题。"天理"可以看作是规范的形而上化，"人欲"则与人的感性存在相联系，它在广义上亦包括情意等内容。《礼记·乐记》已提出了"理"与"欲"之分，然而，在宋明时期的正统理学中，"理""欲"之间的关系往往被赋予紧张与对峙的形态。与之有所不同，王夫之更多地从相容、互动的角度来理解二者的关系，在他看来，"故终不离人而别有天，终不离欲而别有理也。离欲而别为理，其唯释氏为然。盖厌弃物则，而废人之大伦矣。"①"厌弃物则"意味着远离现实的生活世界，由此，道德行为也失去了内在的动力，"废人伦"则是否定道德关系和道德实践，而在王夫之看来，这正是"理"与"欲"分离必然导致的结果。在此，扬弃"理"与"欲"的对峙被理解为道德实践获得内在推动力，从而得以落实的必要条件。

在宋明时期，特别在正统的理学中，"理"和"欲"、普遍的原则和感性的欲求之间，常常呈现彼此紧张对峙的关系。与正统理学的理解有所不同，王夫之更多地从彼此相容、互动的角度来理解"理"和"欲"的关系。按照王夫之的看法，人不能离开"天理"，人的行为总是需要依循外在法则，但另一方面，人作为具有"形色"（感性）规定的存在，又包含"人欲"，"欲"同样是人的天性。与之相联系，"理"离不开"欲"。他一再强调，"理"无法在天性之外孤立、抽象地存在。在他看来，如果完全无视对象的法则，便意味着放弃人伦秩序；同样，如果完全无视感性的欲求，人的活动便会远离生活实践，整个伦理的规范将无从着落，由此，道德也会失去内在动力。王夫之之所以反对完全无视人的欲求，主要在于，在他看来，欲望构成了道德行为发生的动力，一旦否定人的感性欲求，也就意味着消解了道德行为的内在动力。

按照王夫之的理解，如果片面强调用"天理"来抑制"人欲"，结果就是以抽象的"理"作为行为动力，完全忽视了活生生的人的欲求的作用。王夫之所批评的理学，在一定意义上与康德哲学相近。在康德那里，普遍形式层面的规范也被提到至上地位，道德行为在他看来主要在于是不是遵循普遍规范，最终行为

① 王夫之：《读四书大全说》卷八，载《船山全书》第六册，岳麓书社，2011，第913页。

能够带来什么实际后果则并不重要。这种看法实质以形式因作为动力因。理学家以"理"否定"欲"，一定意义上与康德推崇普遍法则、以此为动力相近。王夫之对此则有比较清醒的认识，在他的理解中，光靠抽象的法则规定无法使实际的行为发生，道德行为一方面需要用"理"来引导，另一方面不能忽略人的实际需要或欲求的促发，对"理"和"欲"对峙的扬弃，是道德实践形成的前提。

"理欲之辩"关乎内在的道德意识，道德意识在更广的意义上涉及道德情感。从内在的道德情感看，西方人比较早地注重于内疚感，其中包含责任或义务意识，与之不同，在中国文化中，耻感构成了重要的方面。作为道德情感，耻感更多地与自我尊严的维护相联系，其产生和形成总是伴随着对自我尊严的关注。这种尊严主要并不基于个体感性的、生物性的规定，而是以人之为人的内在价值为根据。正是在这一意义上，儒家对耻感予以高度的重视。孔子已要求"行己有耻"[①]；孟子进而将耻感提到了更突出的地位，"耻之于人大矣"，"人不可以无耻"[②]。

王夫之也继承中国文化的以上传统，并一再强调知耻的意义："世教衰，民不兴行，'见不贤而内自省'，知耻之功大矣哉！"[③]对耻感的这一关注，与注重前文所提及的道德主体具有内在的逻辑关系：作为反省意识，"知耻"同时体现了道德自我的一种内在自觉。在"知耻"的过程中，理性之思（知）与情感的内容（耻感）相互融合，这种交融既赋予道德自我以具体的品

151

---

① 《论语·子路》。

② 《孟子·尽心上》。

③ 王夫之：《思问录·内篇》，载《船山全书》第十二册，岳麓书社，2011，第408页。

格，又从一个方面构成了道德实践的内在机制。对耻感的强调，与前面一再提到的王夫之对道德主体的注重具有内在逻辑关系。知耻是主体的内在意识，道德主体同时内含道德的自觉，知耻在这里从一个侧面表现出对道德实践的自觉意识：知道什么是耻、什么是荣，这是道德主体自觉意识的体现。在知耻的过程中，理性和情感相互融合：一方面，知耻是理性意识，表现为理性活动的过程；另一方面，其中又包含情感，耻感是情感的体现。要而言之，在知耻中，情与理呈现相互统一的形态，这种统一赋予道德主体以具体的品格。

三

　　本体论、伦理学与认识论在逻辑上相互关联，王夫之的哲学也体现了这一特点。在认识论上，王夫之首先对"能"与"所"的统一作了肯定。"能"与"所"这两个词是中国已有的，但作为哲学概念，则是在佛教传来之后逐渐形成实际的影响；中国传统哲学中讲认识主体与认识对象，本来并不用"能"与"所"表示，佛教进入之后，才逐渐运用"能"与"所"来表示认识主体和认识客体。王夫之也吸取这一观念，并作了更具体的阐释："境之俟用者曰'所'，用之加乎境而有功者曰'能'。"[①]在此，他对"境"与"所"作了区分，"境"还不是认识的对象，只是一般意义上的存在，唯有为"能"作用者，才构成现实的认识对象（"所"）。这一意义上的"所"，近于今天所说的认识意义上的客体。"境"与"所"的区分，基于人的认识活动，与人没有任何关联的对象只是一般的"境"（存在），唯有经过人

---

　　① 王夫之：《尚书引义》卷五，载《船山全书》第二册，岳麓书社，2011，第376页。

的作用或可能成为人的作用对象者（"境之俟用者"），才具有"所"的意义。

同样，"能"也与人相关，所谓"用之加乎境而有功者曰'能'"便表明了这一点，其中的含义是：只有当人作用于相关对象，产生某种结果，这种作用的主体所展现的认识能力，才是"能"，通常意义上静态的、没有与对象发生任何关联的主体所包含的潜在功能，还不是真正的认识能力。"能"的这一品格与前述"所"相近，"能"与"所"的区分，也相应地近于现代认识意义上的主体与客体之分。在认识论上，客体不同于一般意义上的对象，主体也有别于缺乏实际认识能力者。客体是切实为人所作用的对象，同样，只有与对象发生某种认识关联，并且通过实际地作用于对象而形成某种认识结果者，才可视为认识主体。进而言之，王夫之认为，二者的关系表现为："体俟用，则因'所'以发'能'；用乎体，则'能'必副其'所'。"[①]一方面，认识能力需要依据客体而发生实际作用；另一方面，主体的认识需要合乎客体，"副"有合乎之意，"副其所"以主体和客体的一致为指向。

从中国哲学的视域看，这一过程表现为"形""神""物"三者的交互作用："形也，神也，物也，三相遇而知觉乃发。"[②]"形"即形体，"神"指人的意识，包括理性的能力，"物"则是客体。在王夫之看来，只有当这三者共同存在并相互作用的时候，知觉才会发生。就广义而言，这里的"知觉"

153

---

① 王夫之：《尚书引义》卷五，载《船山全书》第二册，岳麓书社，2011，第376页。

② 王夫之：《张子正蒙注》卷一，载《船山全书》第十二册，岳麓书社，2011，第33页。

包括"知"与"觉"。王夫之曾对二者作了如下阐释："随见别白曰知，触心警悟曰觉。"①这一意义上的"知"侧重于对客体的把握，"觉"则关乎主体自身的了悟、警醒。尽管王夫之以上所言可能并非侧重于这一区分，但在逻辑上则蕴含了以上分别，而"知觉"的这一发生过程，则可以看作是对"因'所'以发'能'"和"'能'必副其'所'"的进一步解释。

按照王夫之的理解，在因"所"以发"能"，"能"必副其"所"，以及"形""神""物"三者相遇而形成知觉的过程中，人的理性作用是不可忽略的。王夫之很简要地对此作了概述："一人之身，居要者心也。"②在人的整个存在过程中，心居于首要地位。王夫之以"格物致知"为论题，对此作了阐发："大抵格物之功，心官与耳目均用，学问为主，而思辨辅之，所思所辨者皆其所学问之事。致知之功则唯在心官，思辨为主，而学问辅之，所学问者乃以决其思辨之疑。"③"格物致知"是中国传统哲学《大学》中的重要概念，在此，王夫之对"格物"与"致知"作了区分，认为在"格物"之时，心之官与耳目之官皆用，在这一过程中，学问是主要的，思辨则是次要的。与之相对，在"致知"过程中，唯有心之官起作用，是思辨为主，学问辅助。这个区分似乎容易引起各种误解，好像过于割裂"格物"与"致知"，但实际上，这是对认识过程中不同的阶段的分梳："格物"涉及感性经验产生的阶段，"致知"则更多地与理性把握对

154

---

① 王夫之：《读四书大全说》卷二，载《船山全书》第六册，岳麓书社，2011，第451页。

② 王夫之：《尚书引义》卷六，载《船山全书》第二册，岳麓书社，2011，第412页。

③ 王夫之：《读四书大全说》卷一，载《船山全书》第六册，岳麓书社，2011，第406页。

象相关，就此而言，"格物和致知之辩"实质上关乎感性经验和理性认识之间的关系。

从前述视域出发，王夫之认为，在感性经验这一层面之上，人的感官与人的理性作用都是需要的：经验的形成既离不开感官与对象的互动，也有赖于人的理性作用。在"致知"过程中，人的认识则主要是依赖理性思维，这时，感性经验的作用暂时搁置，理性思维成为主要的方式。此时，感性经验已经形成，以感官的方式把握对象的过程告一段落，主体大致以"格物"过程所提供的感觉经验为基础，进一步运用理性思维的方式来把握对象。当然，不管是"格物"或感性经验的生成，还是"致知"或理性把握的过程，都无法完全离开感性和理性，事实上，王夫之对二者都给予相当的重视：在感性经验形成的"格物"过程中，感知固然不可或缺，理性同样参与其间；"致知"过程诚然主要运用理性的思维，但同样以"格物"为前提。侧重点可以不同，但感性与理性无法偏废。

155

这一过程同时涉及人的认识能力，宽泛而言，整个认识过程的理解都无法离开对主体之"能"的看法。从"能所"关系来说，人的认识能力往往经历一个现实化的过程。按照王夫之的理解，现实能力的形成，离不开人的后天作用过程。他区分了认识的不同形态，包括感知的能力与理性的能力，无论是感知能力还是理性能力，都需要先天的依据，没有先天依据，能力无从形成和发展。人具有不同于其他对象的潜能，这规定了其之后的进一步发展。另一方面，人的这种潜能又必须经过后天的作用才会化为现实能力。王夫之对人的感官、心智能力都作了考察。在谈到人的能力由可能到现实的转化时，王夫之指出："夫天与之目力，必竭而后明焉；天与之耳力，必竭而后聪焉；

天与之心思，必竭而后睿焉；天与之正气，必竭而后强以贞焉。可竭者天也，竭之者人也。"①在本然或自然的形态下，人的感知、思虑能力仅仅表现为一种潜能，唯有通过人自身在知、行过程中的努力（"竭"），作为潜能的目力、耳力、心思才能转化为"明""聪""睿"等现实的认识能力，从而实现其把握世界的价值意义。就实质而言，作为"天之所与"的自然禀赋，目力、耳力、心思在未"竭"之前，都具有未完成的性质；正是人的作用（"竭"）过程，使之由未完成的潜能，转化为完成了的现实形态。在这里，人从另一方面参与了自然的"完成"。这里所说的"竭"，也就是人自身在践行中的努力过程，只有经过这样的努力过程之后，先天的能力才会化为耳聪目明的感官、直觉，并形成思维层面的认知对象的能力。这里，王夫之对认识能力的本来形态和现实形态作了区分，从先天的本来形态到现实形态的转换，乃是通过人自身的努力过程而实现的，人自身的参与构成了必不可少的环节。

在中国哲学中，认识能力从本然到现实的转换过程常常与"知行之辩"联系在一起。"知""行"关系是中国哲学一直讨论的问题，从先秦到宋明，"知行之辩"多构成了重要的论题。在宋明时期，正统理学尽管也肯定"知"与"行"的相关性，但总体上侧重于肯定"知"先"行"后。到了王阳明，则提出"知行合一"，认为"知"和"行"无法分离。不管是"知先行后说"，抑或"知行合一论"，都可以看作是对"知""行"关系的理解。按照王夫之的看法，哲学史上的这些看法都有各自的问题。从认识秩序来说，"知先行后"说将"知"看作先于"行"，这显然不

① 王夫之：《续春秋左氏传博议》卷下，载《船山全书》第五册，岳麓书社，2011，第617页。

合乎认识的实际过程；而"知行合一"在王夫之看来则趋向于销"行"入"知"，意味着将行为消解于"知"的过程中。以上批评在一定意义构成了王夫之理解"知""行"关系的前提。

对王夫之而言，"知"和"行"之间更多地展开为互动关系："知虽可以为行之资，而行乃可以为知之实。"① "知"可以作为"行"之资，这一点程朱理学已经注意到了，对他们来说，唯有先获得某种自觉之"知"，才能指导行为过程，在此意义上，"知"可以为"行"之资。王夫之则进一步认为，行动过程固然需要有理性认识的引导，但其真正完成又离不开"行"的过程。王夫之非常注重"行"，一再强调，"君子之学，未尝离行以为知也必矣"②。他对王阳明的"知行合一"的批评，也基于这一看法。按照王夫之的理解，"知""行"关系具体表现为"知行相资以为用"："知行相资以为用，唯其各有致功而亦各有其效，故相资以互用，则于其相互，益知其必分矣。同者不相为用，资于异者乃和同而起功，此定理也。"③在此，"知"与"行"相互依存，又相互作用。一方面"知"对于"行"给予各种引导，另一方面"行"又是"知"的具体落实，二者呈现动态作用的关系。

按照王夫之的理解，在"知""行"的互动中，"行"具有优先性："行可兼知，而知不可兼行。"④也就是说，"行"可以包含

157

---

① 王夫之：《四书训义》卷二，载《船山全书》第七册，岳麓书社，2011，第118页。

② 王夫之：《尚书引义》卷三，载《船山全书》第二册，岳麓书社，2011，第314页。

③ 王夫之：《礼记章句》卷三十一，载《船山全书》第四册，岳麓书社，2011，第1256页。

④ 王夫之：《尚书引义》卷三，载《船山全书》第二册，岳麓书社，2011，第314页。

"知"，"知"则无法包含"行"。这一理解与王阳明相对，王阳明似乎认为"知"可以兼容"行"的过程，而在王夫之看来，情况正好相反："行"可以兼容"知"，"知"则不能反过来兼容"行"。对王夫之而言，"知之尽，则实践之而已。实践之，乃心所素知，行焉皆顺"①。在此，"行"表现为"知"的目的，"知"的贯彻（"知之尽"），需落实于"行"。只有当"行"具体展开之后，"知""行"关系才能达到统一的形态。由此，王夫之对这两者之间的关系作了总体上的概述："行而后知有道。"②可以看到，王夫之对"行"给予了更多的关注：只有实践地去"行"之后，才能够认识到对象之间的内在法则（"道"）。总体上看，王夫之强调了"知"与"行"相互依存、相互作用，而在这一过程中，"行"又被赋予主导性的地位，以上理解从一个方面对中国哲学史上的"知行"观作了理论上的总结。

四

王夫之的哲学当然不限于上述方面，其思考包含更为丰富的内容。在社会历史领域，王夫之对"事""势""理"之间的关系作了分析，并以"事"释物、将"事"视为基本的存在形态："物，谓事也；事不成之谓无物。"③这里的"事"即人之所为，具有综合的选择。所谓"事不成之谓无物"，意味着现实世界的形成与人的作用（人所作之事）无法相分。与之相应，人所作之

---

① 王夫之：《张子正蒙注》卷五，载《船山全书》第十二册，岳麓书社，2011，第199页。

② 王夫之：《思问录·内篇》，载《船山全书》第十二册，岳麓书社，2011，第402页。

③ 王夫之：《张子正蒙注》卷三，载《船山全书》第十二册，岳麓书社，2011，第115页。

事被看作现实世界的本源。就"事"本身而言，王夫之强调其包含正当与否的不同品格；从"事"的发展趋向来说，则肯定其关乎"势"："可否者，事也，事所成者，势也。"[①]"势"是一种无法改变的趋向："一动而不可止者，势也。"[②]"势"之中又内含着"理"，通过"势"，可以进一步把握"理"："只在势之必然处见理。"[③]"势既然而不得不然，则即此为理也。"[④]"见理"即认识和理解"势"中之"理"。"理"作为必然法则，与"势"具有一致性；"势"的发展趋向，体现了"理"之当然："势之顺者，即理之当然者已。"[⑤]二者的相通，一方面规定了"势"可以赋予"理"以相关品格："势异而理亦异。"[⑥]另一方面，"势"本身的发展离不开"理"："理成势者也。"[⑦]在这里，"事""势""理"展开为一个统一的过程，这一看法蕴含着对存在法则、发展趋向与人自身践行之间关联的肯定。

"理"不仅与"势"相关，而且涉及"道"。按王夫之的看法，较之"理"，"道"更多地呈现普遍性的品格，"理"则相对而言具有特殊性的特点："故云'天下有道'，不可云'天下有

159

① 王夫之：《诗广传》卷三，载《船山全书》第三册，岳麓书社，2011，第421页。

② 王夫之：《读通鉴论》卷十五，载《船山全书》第十册，岳麓书社，2011，第582页。

③ 王夫之：《读四书大全说》卷九，载《船山全书》第六册，岳麓书社，2011，第994页。

④ 同上书，第992页。

⑤ 同上书，第993页。

⑥ 王夫之：《宋论》卷十五，载《船山全书》第十一册，岳麓书社，2011，第335页。

⑦ 王夫之：《诗广传》卷三，载《船山全书》第三册，岳麓书社，2011，第421页。

理'。则天下无道之非无理，明矣。道者，一定之理也。"①作为具有特殊性的存在形态，"理"涉及"当然"，包括人的理想、行为规范："理"既是物之固然，亦即对象的内在法则，也是人事之所当然，即人的活动之规范。后者展开为多样的规范："理者当然之宰制。"②这里的"当然"即与人之所作相关，表现为制约行为的准则。作为与"事"相关的规范，"理"同时体现于人心，引申而言，"民心之大同者，理在是，天即在是"③。"民心"是天理的体现，人心即天理：所谓天理自在人心。这里的"民心"既体现了公共的心理、意愿，也展示了天意，天意在此即为人意。在这里，"理"不仅与对象意义上的"势""道"相关，而且内在于人心，普遍法则与个体意愿呈现相互交融的形态。

作为社会历史观的延伸，王夫之同时讨论了"性""命"关系，认为："君子有事于性，无事于命。"④"有事于性"，与"习成而性与成也"⑤相应：人之"性"虽然是先天的，但并非固定不变，它乃是在人的后天作用下变化发展的。"命"的作用外在于人："天之命，有理而无心者也。有人于此而寿矣，有人于此而夭矣……其或寿或夭不可知者，所谓命也。而非天必欲寿

---

① 王夫之：《读四书大全说》卷九，载《船山全书》第六册，岳麓书社，2011，第994页。

② 王夫之：《四书训义》卷三十一，载《船山全书》第八册，岳麓书社，2011，第431页。

③ 王夫之：《张子正蒙注》卷二，载《船山全书》第十二册，岳麓书社，2011，第71页。

④ 王夫之：《张子正蒙注》卷三，载《船山全书》第十二册，岳麓书社，2011，第122页。

⑤ 王夫之：《尚书引义》卷三，载《船山全书》第二册，岳麓书社，2011，第299页。

之，必欲夭之。"①在此，"命"同时呈现为自然而然的过程，而非出于有意识的安排。中国哲学所说的"命"，大致包含以下意义，其一为"天之所命"，其所指为形而上层面的超验必然；其二，"命"又具有不确定性，其中关乎"命"之中的偶然性。以上视域中的"命"，都非人所能支配。王夫之也肯定，作为事物衍化的必然趋向以及自然而然的过程，"命"非人所能左右，所谓"命""有理而无心"，也表明了这一点。然而，在王夫之看来，人并非对"命"完全无能为力："惟循理以畏天，则命在己矣。"②"命"固然无法支配，但人可以在把握"理"的前提下，使自身的活动合乎"命"、循乎"理"。在此意义上，"命"与"理""势"彼此相通。正如人可以在把握"理""势"之后，进一步将这种认识作用于对象一样，人也可以通过"循理以畏天"，掌握自身之"命"。对王夫之而言，"命"在表现为确定不移的趋势这一点上，近于"理"，这一意义上的"命"只能把握、接受。要而言之，对于"命"，一方面不能无视其中蕴含的必然趋向，肆意妄为，另一方面也不能以命定论的立场对待。合理的方式是：在理解"命"的前提下，顺乎自然法则，这就是所谓的"受之以道"："受之以道，则虽危而安，虽亡而存，而君相之道得矣。"③

　　庄子曾主张"安命"："知其不可奈何而安之若命，德之至也。"④与之相对，以"命在己"为前提，王夫之反对"安命"：

---

　　① 王夫之：《读通鉴论》卷二十四，载《船山全书》第十册，岳麓书社，2011，第936页。

　　② 同上书，第937页。

　　③ 王夫之：《姜斋文集》，载《船山全书》第十五册，岳麓书社，2011，第88页。

　　④《庄子·人间世》。

"君子言知命、立命而不言安命，所安者遇也。以遇为命者，不知命者也。"[①]以"遇"为应对"命"的依据，是安于偶然，在王夫之看来，"命"固然非人所能控制，但人不能安于命运。所谓"安于"，就是无所事事，"以遇为命者"，主要就"安于"或放弃自身的努力而言。王夫之批评这种立场为"不知命"，其内在含义是："安命"意味着不懂得"命"之后人的存在及其能动作用。与之相联系，王夫之提出了"造命说"："乃唯能造命者，而后可以俟命，能受命者，而后可以造命，推致其极，又岂徒君相为然哉！"[②]"俟命""受命"一方面含有尊重外部必然的意味，另一方面又具有消极等待的趋向。王夫之更多地突出了人的作用，肯定人可以造万物之"命"，也就是确认人能变革对象："圣人赞天地之化，则可以造万物之命。"[③]正是这种积极的作用过程，构成了合乎外在必然意义上的"俟命""受命"的前提。

在"心""性""情"的关系上，王夫之同样提出了独到的见解。"心""性""情"是理学的重要论题。宽泛而言，"心"之所指，主要是综合性的意识或心理现象，包括知、情、意、想象、直觉、体验、感受等。在"心与物之辩"中，与"物"相对的"心"，便指广义的意识或心理现象。这一意义上的"心"既是认识层面的对象，又是形而上之域的存在。相对于"心"，中国哲学中的"情"包含更为复杂的含义，它既指"情实"，即实际情形，也关乎人的情感。与"心""情"相关的是"性"，其原初

---

① 王夫之：《张子正蒙注》卷九，载《船山全书》第十二册，岳麓书社，2011，第368页。

② 王夫之：《读通鉴论》卷二十四，载《船山全书》第十册，岳麓书社，2011，第936页。

③ 王夫之：《姜斋文集》，载《船山全书》第十五册，岳麓书社，2011，第88页。

意义指本然的规定。王夫之认为，"情"与"性"相互关联："情者，性之端也。"①就"心"与"性"的关系而言，"心"侧重于人的意识，"性"则表示人的普遍本质。孟子所说的"尽心知性"，意味着反思人的意识，即可把握人的本质，这是一种由意识入手以把握本质的进路。这一思路与"恻隐之心，仁之端也"之说具有一致性：人心之中即蕴含普遍本质，故尽人之"心"，即可尽"性"（达到普遍本质）。人的意识与人的本质的以上关联一方面体现了内向的进路，悬置了人与人的交往和人与物的互动；另一方面又蕴含了现实的趋向：联系人的存在，以把握普遍本质。王夫之着重发挥了后一观念，强调"循情而可以定性也"②。这里的"情"，与孟子所说的"恻隐之心"具有相关性，循情而定性，着重肯定了由人的现实存在敞开人的内在本质。

作为与人相关的存在规定，"心""情""性"之间本身呈现何种关系？王夫之发挥了张载的思想，肯定"心，统性情者也"③。从认识论的角度看，"心统性情"意味着理性与情感均属人的意识或精神，二者在不同层面上受到意识结构的制约；而在理解人的意识与精神这一更为宽泛的意义上，"心统性情"之说则体现了对精神世界统一性的肯定。与"心统性情"的以上二重含义一致，"心"不仅引导着"性""情"的发展，而且表现为意识活动对人性的制约和统摄，后者同时涉及价值系统，关乎价值意义上的成己与成人。王夫之认为，"'心统性情'，'统'字只作'兼'字

163

---

① 王夫之：《诗广传》卷二，载《船山全书》第三册，岳麓书社，2011，第353页。

② 同上。

③ 王夫之：《尚书引义》卷一，载《船山全书》第二册，岳麓书社，2011，第261页。

看"①，无疑亦注意到了"心统性情"的以上两个方面。

　　王夫之的以上看法围绕中国哲学的论域，既是前述形上学、伦理学、认识论观念的延续，也从更广的层面展现了对古典哲学的反思与超越。

（原载《中山大学学报》2024年第2期）

---

① 王夫之：《读四书大全说》卷八，载《船山全书》第六册，岳麓书社，2011，第947页。

中国思想的现代衍化与传统制约

传统文化与现代思想之间的互动与会通，构成了中国现代思想演进过程中难以忽视的方面。中国现代思想的这一进程既展现了中国传统文化及其观念在现代的渗入，又表明现代思想的建构无法离开传统的内在制约。这种制约以中外观念以及历史与理论之间的交融为具体内容，并赋予中国现代以及当代的思想以独特的品格。

一

回溯中国现代的思想史，首先可以发现一个值得关注的现象：马克思主义传入中国之后，对它的接受和认同逐渐成为比较普遍的趋向。为什么会出现这种状况？这一问题显然引人思考。撇开近代以来的具体历史背景，反观中国文化的演进过程，便不难看到，中国传统文化中的诸种观念与马克思主义的理论之间，存在着多方面的思想契合；作为中国现代社会思潮的马克思主义，其传入和被接受、被认同，也相应地受到传统思想的内在制约。

从较早的历史时期开始，中国文化便形成了天下大同的社会理想。孔子的思想中已包含这一观念，《礼运》《大学》等传统经典更具体地展开了这一方面的思想。《礼运》指出："大道之行也，天下为公。选贤与能，讲信修睦。"[1]天下为公以社会的安平为指向，其中内含着对人与人之间和谐相处的肯定。与确认"天下为公"相近，马克思主义所追求的未来社会，是自由人的联合体，其中既包含人类解放的观念，也以人类的和谐交往为内涵，从总的价值方向来看，以上两者显然具有契合之处。近代中国的仁人志士谈社会理想的时候，往往既以天下大同、天下为公为依据，也基于马克思主义的观念，事实上，两者在中国大地上相遇之后，便很容易相互融合。

中国文化特别是儒家文化的另一重要特点，在于比较注重群体的存在价值。从孔子开始，"群己之辩"便构成了儒家的论题之一，对群体的关切与认同是中国文化无法忽视的价值取向。《论语·宪问》中记载："子路问君子。子曰：'修己以敬。'曰：'如斯而已乎？'曰：'修己以安人。'曰：'如斯而已乎？'曰：'修己以安百姓。'"所谓"安人""安百姓"，即以群体价值的实现为指向。同样，马克思主义将群众运动、人民革命等放在重要地位。从目标上说，中国现代的马克思主义追求被压迫群众的解放，让人民成为社会的主人；从实现的方式来看，则注意依靠人民群众自身的力量，其中，群体都处于核心的地位。在传统的熏陶和儒家传统文化的影响之下，现代中国人也逐渐形成了深厚的群体观念。中国传统思想与马克思主义的以上契合，也使马克思主义传入中国以后，很自然地得到认同和接受。而当代中国马克思主义所提出的脱贫小康、共同富裕，则可以视为对群体的关切的进一步延伸。

---

[1]《礼记·礼运》。

突出践行或实践是中国文化的另一个传统，李泽厚把中国文化的特点概括为实用理性，这一看法尽管可以讨论，但无疑也有见于以上趋向。与注重实际的行动而不是抽象的思辨相联系，中国人很少形成为知识而知识的意向，相反，如何解决实际问题一直是他们比较关切的问题。这一取向虽然可以进一步反思，但也从一个方面凸显了中国文化注重践行的传统。从伦理学上说，通过践行过程来培养人的完美品格和德性，亦即在日用常行中成己成人，是中国文化的关切之点；从政治上说，为政和治国具体展开为政治上的治理过程；从认识论上说，主流的中国文化则一方面肯定由行而知，另一方面强调知应落实于行。中国文化所理解的践行既包括政治、伦理的行为，也涉及"赞天地之化育""制天命而用之"的过程，在以上方面，践行都被置于重要地位。就西方哲学而言，从亚里士多德到康德，也形成了注重实践的传统，当然，在亚里士多德与康德那里，实践主要与政治、伦理领域相联系，马克思主义则进一步扩展了实践的概念，将其与作用于自然、变革外部世界的过程联系起来，从而与中国传统文化的践行观念形成了某种呼应。毛泽东在20世纪30年代写《实践论》之时，便很自然地将马克思主义视域中的实践与中国传统的知行观念对应起来，其副标题为《论认识和实践的关系——知和行的关系》，从中不难看到中国现代的马克思主义与中国传统思想之间的关联。从内在的学理上说，以上方面同时构成了马克思主义和中国文化的相关性。这种实践的观念后来进一步引向了对具体问题作具体分析的方法论原则。毛泽东从方法论角度上对马克思主义的理解，首先体现于具体问题的具体分析。从总体上看，毛泽东代表的马克思主义注重的便是从实际的践行过程出发去理解对象、解决问题。

考察中国文化，还可以注意到其具有兼容或包容意识。西方或其他文化传统在衍化过程中，往往形成排斥异教或异端的趋向。中世纪的基督教对异教徒或他们认为的异端很少宽容，从宗教战争（如十字军东征），到镇压、迫害异端，包括火焚布鲁诺，都体现了这一点。比较而言，中国传统的文化比较早地展现了宽容的意识。儒家的经典《中庸》中已提出："万物并育而不相害，道并行而不相悖"。从本体论层面看，"万物并育而不相害"表明，这个世界乃是多样的事物共同存在的世界：各种对象共处于天地之中，彼此相互关联，而非相互排斥。也就是说，万物可以在彼此相容的形态下共同存在。"道并行而不相悖"更多地包含价值观的意义，其中的"道"在此主要不是指形而上视域中的存在根据，而主要指道德理想、价值理想或普遍的价值原则，"道并行而不相悖"意味着对不同的道德理想、价值理想或普遍的价值原则，应以宽容的态度来对待，允许不同的价值观念并存于这个世界。中国文化的主流不仅形成了以上观念，而且在实际的衍化过程中一直以比较宽容的态度对待其他文化。以佛教与中国文化的关系而言，作为外来的宗教，佛教传入之后虽然面临各种争论，但除了短暂的历史时期，基本上能与本土文化并存，从寺院的遍布，到理论上的建宗立派，都体现了这一点。与传统的西方文化观念不同，马克思主义以人的解放为旨趣，并具有世界的观念和世界的意识，这一价值立场不以文化传统之间的相互排斥为指向，而是尊重人类文明的共同成果，它与中国传统文化的兼容观念，具有内在的一致性，从而比较容易被中国人所接受。后来中国的马克思主义更明确提出马克思主义的中国化，这既意味着马克思主义与中国实际的结合，也以马克思主义与中国传统文化的会通和交融为内容。当代中国的马克思主义主张建构人类命运共同体，其中既包含前述天下大同的传统观念，也关乎马克思主义所追求的自由人的联合体，并在实质上体现了两者的某种结合，也可以说，它体现了马克思主义与中国传统文化的历史性会通。这种观念在缺乏宽容传统的基督教背景下似乎很难被提出来：作为倾向于排斥异教和异端的文化，它显然不容易接受这种宽容的、全人类的意识。

引申而言，中国近代的政治变革，也内在地蕴含着传统文化的内在制约。以辛亥革命而言，作为近代的重大历史变革，一方面，它不同于传统意义上的改朝换代，而是一场体现近代社会变迁的政治革命：在形式的体制形态层面，辛亥革命表现为以共和制代替君主制；在实质的政治指向方面，则以近代的政治体制（包括建立不同于君权的民权、形成代议制的国家制度等）的建立为目标。另一方面，它又多方面地渗入了传统的思想和观念，除了汤武革命、华夏正统等宽泛的传统思想背景之外，辛亥革命之后纪年的改变（即以辛亥革命发生之后为民国元年），便似乎受到"改正朔"这一类观念的影响，而以后中山装等的流行，则又或多或少与"易服色"等传统政治取向有着历史的联系。这里显示了历史的某种复杂性：以改变传统为指向的政治运动，本身又受到传统的种种制约。

辛亥革命同时涉及传统价值体系的转换。传统社会主导性的价值体系，在相当意义上以权威主义为其特点，这一体制又与皇权至上的君主体制相联系，并在相当程度上与之相互依存。帝制的推翻，至少在形式的层面，使传统的权威主义价值体系失去了依托。具体而言，这里包含二重意义：其一，君主专制体制之退出历史舞台，为传统思想的全面反思提供了前提。在认同权威至上这种价值取向的政治形态下，这种反思往往难以展开，随着权威主义政治依托的崩落，批判性的反思便获得了现实的背景。其二，传统政治体制的隐退，使依附于其上的价值观念渐渐淡出，这一转换历史性地提出了如何重建价值体系、重新获得价值依归的问题，这一问题在辛亥革命之后便已产生，在新文化运动及五四时期则取得了更为自觉的形态：无论是对传统思想（包括价值观念）的批判，抑或"德先生""赛先生"的引入，都体现了这一点。直到今天，如何建立体现社会主义核心价值的新价值体系，依然是我们所面临的问题。

就思想史的角度而言，辛亥革命作为近代意义上的政治变迁，无疑为更深广地引入和流播西方近代思想提供了背景，这种流播进一步构成了对传统思想加以批判反思的观念前提。然而，与之形成历史反差的是，在辛亥革命之后，曾经比较激进的思想家，往往逐渐地表现出某种保守的趋向。从严复、康有为到章太炎等，这些近代思想史上的风云人物尽管在政治立场上有维新、革命等分野，但从古今中西之争看，都曾经表现出认同、接受近代观念的趋向。然而，在辛亥革命之后，他们在思想观念上不同程度地渐渐趋向于认同传统。他们在文化立场上的这种变化无疑表现出某种保守的走向，但从传统的反思这一层面看，似乎又不能仅仅将其归入消极之列，其中可能也包含重新认识传统思想这一面，更恰当地理解这种转换的意义，是值得进一步研究的问题。

二

中国的马克思主义可以视为宏观意义上的社会思潮，辛亥革命则是广义的政治变革，在二者展开的过程中，都可以看到中国传统思想的影响。中国近代的思想变迁既展开于上述社会思潮和政治变革的过程，也体现于具体的思想家或思想人物，从宏观层面的社会思潮与政治变革转向思想领域的人物，可以更为具体地把握中国思想在近现代的衍化过程。这里，可以将金岳霖先生作为个案，作一简略考察。

相对马克思主义者，金岳霖先生更多地表现为专业哲学家。作为中国现代哲学史上具有重要地位的人物，金岳霖不仅创立了中国现代哲学史上的清华学派，而且建立了独特的哲学研究范式，对中国整个现代哲学演进过程产生了不可忽视的影响。从中国现代哲学史上看，金岳霖先生的哲学工作有多方面的特点。首先，他具有自觉的理论关切，特点在于以哲学家的身份从事哲学的思考。金岳霖先生早期的著作，包括《逻辑》《论道》《知识论》等，便从不同的方面对认识论、形而上学、逻辑学（首先是现代逻辑）的基本理论问题作了系统的阐述，提出了自己独到的见解。就形而上学而言，金岳霖一方面对传统形而上学提出了种种批评，另一方面又建构了新的形而上学形态——分析的形而上学，后者表现为与以往形而上学不同的新形而上学："我觉得新玄学与老玄学有极重要的分别，反对老玄学的人，不见得一定反对新玄学。"[1]这里所说的"玄学"，也就是形而上学。金岳霖尽管拒斥了旧的形而上学（老玄学），但肯定了新的形而上学（新玄学）的意义，这种"新玄学"主要表现为通过逻辑分析建构起来的形式的形而上学。在《论道》等著作中，金岳霖先生对此作了系统的考察，提出了自己的思路。

171

在知识论方面，金岳霖作出了更为系统的贡献。如所周知，他首先提出了一个重要命题，即"所与是客观的呈现"，并以此

---

[1] 金岳霖:《金岳霖学术论文选》，中国社会科学出版社，1990，第158页。

对"感觉能否给予客观实在"这一认识论问题作了正面的回应。以上看法与金岳霖所批评的"唯主方式"相对，所谓"唯主方式"，就是经验主义的感觉论，这一学派仅仅停留于个体的内在感觉之上，对"感觉能否给予客观实在"的问题提出了否定性的看法。"所与是客观的呈现"肯定人最直接的感觉并非仅仅是主观的，其内容与客观的呈现有一致性，从而否证了"唯主方式"的质疑。以此为前提，金岳霖提出了意念（概念）具有双重作用，既摹状（摹写）现实，又规律（规范）现实，并论证了归纳原理（也就是他所说的"接受总则"），从而对"普遍必然的知识如何可能"的问题作了独特的解决。

在这一过程中，他不仅仅对哲学史上无法回避的一些理论问题作了自己的回应，而且通过独特的探索，对这些问题进行了创造性的阐发，并在一定意义上克服了以往哲学家的某些理论局限。通过概念双重作用的阐发，他肯定概念不仅仅是摹写，也非单纯是规范。从规范这一角度来说，他承继了康德强调知性范畴对感性质料的杂多的整理，从而延续了认识论上注重规范性的传统，但同时，他提出了概念的摹写意义，肯定概念内容与对象的关联，这可以说是对康德先验论的扬弃。可以看到，在确认概念的规范性这一点，金岳霖吸取了康德的积极观念，但在概念的来源问题上，则通过自身的独特理解而与康德的先验论分道扬镳。由此，金岳霖在认识论上作了有理论建设意义的考察。

在归纳问题上，金岳霖通过对归纳可靠性的论证，回应了休谟在这一方面的质疑。一方面，他承认普遍必然知识的形成离不开归纳这样的接受总则，另一方面，对归纳是否可靠的问题，则从不同方面作了肯定的考察。特别值得注意的是，在分析归纳问题时，金岳霖引入了形而上的视野，指出："休谟既正式地没有真正的普遍，他也没有以后我们所要提出的真正的秩序。他只有跟着现在和已往的印象底秩序，既然如此，则假如将来推翻现在和已往，他辛辛苦苦所得到的秩序也就推翻。"①这里的"普遍性"关乎存在规定，休谟对归纳有效性的责难，在形而上的层面缘于未能注意到以上方面，金岳霖的以上看法对休谟在归纳问题上的偏向作了深入的理论探究。可以注意到，金岳霖不仅对哲学的基本问题作了自觉的理论辨析而没有加以回避，而且其考察从一个独特的立场作了创造性的思考。

作为哲学家，金岳霖先生同时体现了比较敏锐的时代意识，这一点首先表现在他对数理逻辑或符号逻辑的注重之上。他著述《逻辑》的时候，符号逻辑或数理逻辑刚刚兴起，他自述在英国游学的时候，两本书让他印象特别深，一是休谟的《人性论》，一是罗素与怀特海的《数学原理》。在《数学原理》中，罗素与怀特海提出了一个新的数理逻辑构架，以此为基础，金岳霖对数理逻辑作了自己独到而系统的思考，其中包含着理论的敏锐性。如所周知，中国传统哲学对形式逻辑问题相对而言比较忽略，尽管近代以来，严复、王国维等已经对形式逻辑加以关注，并开始翻译、介绍一些西方的逻辑思想，但是，唯有金岳霖，才几乎同步地对当时的新数理逻辑形态加以关注，并进行理论上的思考，这也体现了他在哲学上能够感受和注意新的历史变迁。

在哲学研究上，金岳霖的特点还在于：一方面，他比较注重哲学的普遍性品格，另一方面，也留意哲学的个性特点。从哲学的普遍性这一方面来看，前面提到的认识论、形而上学的基本哲学问题他都没有回避。以形而上学而言，通过批判传统形而上

173

① 金岳霖：《知识论》，商务印书馆，1983年，第419页。

学的思辨性，金岳霖呼应了当时实证主义以及新实在论的思路，但对实证主义完全拒斥形而上学的哲学趋向，他又并不赞成。对他来说，形而上学的意义无法否定，重要的是对形而上学问题作不同于传统的考察，其《论道》便试图提供一个新的形而上学范本。这一进路从形而上学层面，体现了对哲学领域普遍性问题的关注。值得注意的是，这种关切与肯定哲学的个性特点又相互关联。其体现形式之一，在于自觉引入中国哲学的重要的智慧资源。在《论道》一书中，金岳霖提出了"道"这一概念，并认为，每一文化区都各有其核心的思想，每一核心思想都有其最崇高的概念，"中国思想中最崇高的概念似乎是道"[①]。《论道》这一书名，便试图展现中国哲学的个性特点。此外，他对中国哲学的重要的范畴，如"几"和"数"、"太极"和"无极"等，都给予了独特的阐释，其新玄学的逻辑终点，也与"无极而太极"相关，"无极而太极"所体现的，是作为世界统一原理的"道"。在金岳霖看来，道本无始，但在逻辑上有一个无穷上推的极限，所谓无极，便是指这一极限，它构成了万物之所从来。道本无终，但从逻辑上它总是有一个无终之终，这个无终之终即是太极。太极虽无法达到，却构成了"绝对的目标"，作为绝对的目标，"太极至真，至善，至美，至如"[②]。在这一境界中，真善美趋于统一。尽管如后来冯契先生所批评的，这一结论带有静态、思辨的特点，但是他运用这些范畴展示了他所理解的形而上学，这一思考路径体现了中国哲学的个性特点。

以上哲学进路也体现于金岳霖关于"势""理"等的分析之

①　金岳霖：《论道》，商务印书馆，1987，第16页。
②　金岳霖：《论道》，商务印书馆，1987，第212页。

中，在强调"理有固然"的同时，他又指出"势无必至"①。这一看法涉及必然性和偶然性的关系，在肯定对象之间具有必然性联系的同时，又确认了个体变动的现实历程总是有"非决定"的因素，从而注意到了偶然性的作用。而在解决以上问题的过程中，金岳霖具体引入了"势""理"这些中国哲学的独特范畴，也就是说，他面对和试图解决的问题具有普遍性，但所运用的中国哲学智慧资源，则包含个体性品格，其中哲学的普遍性和个性特点得到了双重体现。从形而上学的角度来看，正是在实质层面引入中国哲学的传统智慧，其与现代西方分析哲学的进路形成明显的分别。从20世纪50年代开始，分析哲学也似乎"重回"形而上学，斯特劳森在《个体》中提出所谓描述形而上学，蒯因的"本体论承诺"也关涉形而上学，但这种形而上学基本上限于语言层面的逻辑分析，这与金岳霖通过"道"的引入而超越单纯的语言和逻辑，显然存在重要的差异，其中体现了现代中国哲学家对形而上学问题的独特思考。

在《知识论》中，如上所论，金岳霖一方面直面普遍的哲学问题，回应了"感觉能否给予客观实在""普遍必然的知识如何可能"这些认识论和知识论无法回避的普遍问题；另一方面，又在思考和解决这些问题时充分地运用了中国哲学传统的资源。如在谈到"思想"时，金岳霖认为，这一概念不仅仅指"thoughts"（思想），根据汉字的表述，可以将其视为"思议"与"想象"的统一："思"即思议，"想"则指想象，这里已利用了中国传统的哲学语言，把哲学领域中的"思想"理解为逻辑思维（思）和形象思维（想）的交融，其看法无疑具有独特性。他还提出了

---

① 金岳霖：《论道》，商务印书馆，1987，第201页。

"东西"这一概念，如所周知，"东西"是中国人常用的语词，用以表示特定器物，金岳霖则将这一概念引入知识论，并对其作了改造，突出了"东西"的空间性。此外，金岳霖还用"事体"来表示时间性。在以"事体"和"东西"展现认识对象的时空规定的同时，金岳霖又将其视为认识论上接受"呈现"的工具和方式。我们都知道，在谈到感性之时，康德曾把时空作为感性的基本范畴，比较而言，金岳霖所说的"事体"和"东西"这类概念带有中国哲学的独特内涵，它既吸纳了时间性和空间性这一普遍规定，又隐含了对中国传统智慧的吸纳和承继，其中已不仅仅涉及语言应用的问题，而是关乎做哲学的方式。

对普遍性与个体性的以上关注，与时下仅仅单一地注重中国哲学的传统不同，金岳霖的哲学进路包含普遍的哲学视野，其中关涉认同的哲学意识，这意味着肯定哲学概念或哲学命题中包含普遍内涵，而非隔绝于哲学的家族之外。与此同时，金岳霖又注重揭示中国哲学本身的个性特点，充分吸纳传统哲学的资源，其中渗入了哲学上的承认意识：如实确认每一传统之下形成的哲学的个性品格。可以看到，在金岳霖哲学的理论系统中，"认同"和"承认"、"普遍性"和"个体性"都得到了应有的关注。

具有世界的眼光，是金岳霖从事哲学思考的另一重要特点。在其从事哲学研究之时，分析哲学方兴未艾，金岳霖的研究与当时主流的西方哲学即分析哲学基本上是同步的。20世纪三四十年代，他曾被称为中国的摩尔，这也表现了他在哲学研究方式上与当时西方哲学的同时代性。金岳霖具有时代意识和世界眼光，自觉地以开放的视野去面对同时代的哲学，而并不是关起门来无视哲学的转换和演进；从研究方式到回应的问题，都体现了世界哲学的视域。金岳霖对前面提到的"唯主方式"即近代贝克莱以来的西方哲学传统中的主观经验主义的分梳，以及关于归纳原则、接受总则的正面阐释，也表现为对感觉论的传统以及休谟问题的理论回应。同时，金岳霖虽然没有直接讨论康德哲学，但是他提出的"所与是客观的呈现"、概念的二重作用，包括与之相关的"得自所与还治所与"，实际上也包含着对康德哲学的回应。在这一过程中，既可以看到他对不同传统形成的哲学资源的吸纳，也不难注意对其批判性反思的哲学取向。所有这些方面，都体现了金岳霖作为现代中国哲学家所具有的理论品格。

三

从马克思主义的社会思潮，到金岳霖这样的专业哲学家，中国现代哲学的历史演变既以时代的变迁为背景，又体现了相近的历史趋向，具体表现为中外思想、传统与现代之间的互动。在当代中国哲学的衍化中，同样可以看到类似的特点。这里拟以蒙培元先生为个案，对此作一概览。与金岳霖先生一样，蒙培元先生也首先以专业哲学家的形象呈现，尽管二者在哲学的深度和广度上存在多方面的差异，但在注重理论问题与历史思想的交融方面，又有相通之处。

从思想演进上说，蒙培元先生的研究工作大致可以分为两个方面，如果按冯友兰先生的区分，则第一方面是所谓"照着说"，第二方面则属于"接着说"。

就"照着说"这一层面而言，蒙培元先生首先着重对理学思想演变过程作了细致的梳理。20世纪80年代，他出版了《理学的演变》一书。在这一著作中，蒙培元先生从朱熹讲起，考察了朱子后学、朱陆之争，追溯了元、明整个理学的变迁过程，一直到清代王夫之、戴震，条分缕析，梳理得十分清晰。这部书的特点之一，是非常注重对相关史料的考察和分析，材料很翔实，都是以第一手的资料为依据，梳理细密。后来他又写了厚厚的《理学范畴系统》等，对理学作了更系统的考察。从广义上说，以上都属于"照着说"的范畴。蒙培元先生对理学所作的研究，都非空疏无据，而是基于实证的研究。他以理学的代表性人物为对象，对理学的衍化过程的梳理非常细致、清晰，提供了很好的学术范例。

第二个方面，属于"接着说"。蒙培元先生是冯友兰先生的高足，前面已提到，冯友兰先生曾对"照着说"和"接着说"作了区分，相对于"照着说"的历史进路，"接着说"更注重理论的建构，蒙培元先生的哲学研究也体现了从"照着说"到"接着说"的进展，在"照着说"的基础之上，蒙培元先生十分自觉地从事于"接着说"的哲学思考工作。事实上，后者构成了他在哲学研究上十分重要的方面，其中的突出之点在于他对"情感"的关注以及对"情感"内涵的深入梳理。蒙培元先生固然以哲学史史料的考察为起点，但并未仅仅限定于对材料的梳理，而是从哲学史的梳理出发，进一步提炼出在哲学上具有普遍意义的观念。如前所述，他对情感非常重视，认为"人是情感的存在"[1]，这构成了他对人的理解的重要方面。关于何为人的问题，从古希腊、先秦以来，出现了各种说法，如，人是理性的动物，人是运用符号的动物，等等。蒙培元先生特别提出，人是情感的存在，并强调，作为人的存在的一个根本性的规定，"情感"首先表现为"真情实感"[2]。何为"真情实感"？蒙培元先生作了以下阐

———————

[1] 蒙培元：《情感与理性》，载黄玉顺、杨永明、任文利主编《蒙培元全集》第十一卷，四川人民出版社，2021，第17页。

[2] 同上书，第17–31页。

释："'真情'之所以为'真'，因为它是'实感'之情；'实感'之所以为'实'因为它是'真情'之感。二者结合起来就是儒家所说的情感，也只有二者结合起来，才是一个真实的生命存在、一个真实的人。"[①]对人的以上界定当然可以进一步讨论，但值得注意的是，蒙培元先生对人的理解特别侧重于"真"和"诚"的内涵，这种看法与抽象的解说不同："真情实感"肯定的是人的存在的真实性、具体性。

从人的存在形态来说，"情感"确实构成了其重要的方面。"情感"这一规定首先突出了人的个体性与真实规定之间的联系，可以说，以"真情实感"理解情感与人，对人所具有的上述品格给予了自觉的关注，并在一定程度上避免了对人理解的抽象化。虽然蒙培元先生在理学研究方面下了很多功夫，但他并没有跟着理学走。如所周知，理学家们对人的理解主要侧重于理性的方面，所谓"道心""天理""性体"，便属这一方面的规定，与"道心"主导人心、"天理"拒斥"人欲"相应，理学对人在情意、感性方面的规定多少持贬抑的立场。比较而言，蒙培元先生关注人的"情感"之维、强调"真情实感"，这一理解无疑突出了人的现实性品格。

在注重"情感"的同时，蒙培元先生并不单纯地就情感而讲情感，而是注重情感与理性的沟通，以及两者之间的互动与联系。按他的理解，情与理之间的关联体现于多重方面，对此，他也作了多方面的分析。

蒙培元先生肯定情与理的统一，其前提在于强调理性之中包含情感。他曾通过分析儒家的德性，对此作了论述。在他看来，

179

---

① 蒙培元：《情感与理性》，载黄玉顺、杨永明、任文利主编《蒙培元全集》第十一卷，四川人民出版社，2021，第17-18页。

儒家的德性"是'具体理性'或生命理性而不是抽象理性或形式理性。这就决定了，它不仅不与情感相分离，而且以情感（特别是道德情感）为其心理基础，为其实质内容"[①]。广而言之，儒家所说的"性理"，也"不是纯形式的，而是有内容的，其内容就是道德情感"[②]。认为理性之中包含情感，这是十分独特的见解。按蒙培元先生之见，情感和理性之所以能够彼此沟通，其根据在于理性之中本身就包含情感，同样，情感之中也有理性的成分。如果回到现实形态，便可以注意到，作为意识的不同方面，情感和理性都是人的意识的相关规定。就其现实性而言，人的意识并不纯粹由理性形式构成，而是同时隐含着情意等非理性的规定。事实上，人的情感之中同时渗入了理性的规定，理性的活动也包含情感的作用。也就是说，理性之中渗入了情感，情感之中也内含着理性，正由于两者之间存在如上的内在关联，因而理性与情感尽管可以用分析的方式考察，但在现实形态上能够以相互沟通的方式呈现。

在这一方面，中国现代哲学史上，梁漱溟对"理性"的理解无疑值得关注。梁漱溟所说的"理性"，其含义与我们通常所说的理性不太一样。他把理性与理智区分开来，这一区分又与情理和物理之分相关联，在梁漱溟看来，"所谓理者，既有此不同，似当分别予以不同名称。前者为人情上的理，不妨简称'情理'，后者为物观上的理，不妨简称'物理'"[③]。理智更多地与

---

① 蒙培元：《情感与理性》，载黄玉顺、杨永明、任文利主编《蒙培元全集》第十一卷，四川人民出版社，2021，第51页。
② 同上书，第49页。
③ 梁漱溟：《中国文化要义》，载《梁漱溟全集》第三卷，山东人民出版社，2005，第128页。

物理的把握相关，而理性则主要以情理为其内涵。在梁漱溟看来，物理与情理不能简单等同，对理性的理解，需要把情感引入进来，如此才能达到对其真实的理解。这种看法，实质上也在某种意义上注意到了情理之间的沟通问题。但是，梁漱溟关于"理性"的具体描述或多或少表现出某种回溯或还原的趋向，亦即常常把理性还原为与情感相关的某种形态。比较而言，尽管蒙培元先生也提到"物理"与"情理"的区分①，但对情感与理性关系的理解更侧重于两者之间的互动。相互作用与回溯、还原显然不同，在这方面，蒙培元先生的理解无疑有别于梁漱溟。

同时，基于情感与理性并非截然相对这一事实以及"人是情感的存在"的看法，蒙培元先生进一步肯定人是完整的存在："就世界而言，我们需要一个完整的世界；就人而言，我们同样需要一个完整的人。"②这是十分重要的观念。人是完整的，人的性情也是完整的，这一看法的实质方面是突出人的"完整性"。前面提到，从人是具体存在来说，人的规定有多重多方面，既非单纯的情感对象，也非仅仅是理性的化身。从哲学史上来说，有些哲学家侧重于其中某个方面，另一些哲学家侧重于其他的方面，如前面提到的中国哲学史上"理学"便主要侧重于从"性体""天理""道心"等方面来理解人；另外一些具有经验主义倾向的哲学家更多侧重于从感性的情感方面去理解人。这样单向理解之下的人，只是涉及了人的某一个方面，未能把握人的存在的"完整性"。与这种进路有所不同，蒙培元先生特别强调人是完整的，尽管他所侧重的首先是人的情感性这一面，但同时肯定情

---

① 蒙培元：《情感与理性》，载黄玉顺、杨永明、任文利主编《蒙培元全集》第十一卷，四川人民出版社，2021，第63~68页。

② 同上书，第11页。

感也具有完整性：他所说的情感并不是抽象的情感，不能归结为单一的感性规定，而是包含多方面的内容，包括前面提到的情感和理性之间的相互关联。这样的理解，把人自身的存在以及与之相关的人的性情看作完整性存在，更趋向于对真实、具体、现实的人的理解，而不同于仅仅抓住某一方面，把人抽象化。可以看到，人是情感的存在和人是完整的主体，这两者相互结合构成了蒙培元先生对人的基本理解，对人的这种看法不同于以往经验主义的观点，也有别于理性主义的理解。较梁漱溟把理性和理智相互分离开来的论点，这种侧重于把人理解为具体存在的见解，无疑展现了不同的视域。从哲学史上看，以上观点显然可以归入"接着说"的层面。

要而言之，蒙培元先生在中国哲学上的研究体现了"照着说"和"接着说"的统一，在"照着说"和"接着说"这两个方面都呈现自身的特点："照着说"侧重于实证性，主要基于翔实的真实材料进行历史的回溯和分梳；"接着说"则体现于对人的具体理解，包括对情感、理性等范畴及其相互关联的肯定。从总的思维趋向看，作为中国现代哲学史的延续，其"照着说"和"接着说"在不同层面体现了创造性的研究与上承中国传统思想的关联，这一史与思相统一的研究进路，与现代马克思主义以及金岳霖以来的哲学脉络呈现相近的哲学品格。

（本文基于相关学术会议发言，原载《西北师范大学学报》2023年第3期）

下编

汉语哲学与中国哲学

一

"汉语哲学"时下渐成热点，但其中蕴含很多有待分梳的问题。相对于"中国哲学"，"汉语哲学"较多地与语言的表述形式相涉，历史地看，语言形式确实有其不可忽视的意义。在哲学领域中，"说什么"与"怎么说"很难截然分离，即便是修辞方式，也往往关联并制约着哲学的形态。在人物品评上，我们常说：风格即其人，在相近的意义上，我们也可以说，言说的风格即其哲学。

哲学史上，哲学家的言说方式具有多样性，其具体形式包括思辨地说、诗意地说、批判地说等等。思辨地说往往趋向于以超经验的方式勾画世界的图式或宇宙的模式，汉语中的道、心、理等概念，便为这种言说方式提供了语言形式。诗意地说侧重于用诗的语言，以叙事的方式来表述哲学观念，"徘徊空堂上，忉怛莫我知"[1]，"秋水清无力，寒山暮多思"[2]等诗句，便以富有寓

① 阮籍：《咏怀八十二首·其七》，载《阮籍集校注》，中华书局，1987，第233页。

② 刘禹锡：《罢和州游建康》。

意的汉语，表达了个体的自我认同与内在精神世界。批判地说主要表现了对现实的政治、社会问题的关切，这一言说形式常展开为政治批判、社会批判或者更广意义上的文化批判，在"礼崩乐坏"的社会评价、"民不畏死，奈何以死惧之"[1]的反诘等汉语形式中，便不难看到这种意向。

作为一种语言形态，汉语的特点表现为绵密、细微、言约义丰等，这些特点使之在表达哲学观念方面具有难以替代的品格。在考察中国哲学某种思潮的起源时，便可以通过汉语的形式加以分梳。以王阳明的心学而言，如前所述，其生成过程可以从"事"与"思"的统一中加以考察。这里的"事"，主要指王阳明所参与的政治实践、军事实践以及教育实践；"思"则是这一过程中展开的哲学思考。王阳明既参加了为政、治理的多样活动，也有安抚地方、平定叛乱的赫赫军功；在治理过程与军事活动之余，他也在各地创办书院，聚生讲学，这一类活动构成了广义上的"事"。而他的心学系统，则是对这种实践活动的总结，具体展开为哲学之思。正是在"事"与"思"的如上统一中，王阳明形成了其心学系统。在此，"事"与"思"这类言简意赅的汉语表述，便为说明王阳明心学的缘起提供了切实的语言形式。

然而，语言的形式与哲学的系统并不能简单地等量齐观，以汉语表述中国哲学，并不意味着可以将"中国哲学"转换为"汉语哲学"。如果根据中国哲学以汉语为表达形式而把"汉语哲学"视为中国哲学的本然形态，无疑赋予语言形式以超乎其内容的意义。按照此类思路，则欧美的哲学形态似乎也可区分为"英语哲学""德语哲学""法语哲学"等。但是，事实上，从哲学的

---

① 《老子·第七十四章》。

层面看，语言表述之后，呈现更为重要理论意义的是重经验与重理性之分、强化逻辑分析与沉溺理论思辨之别等等，这些哲学进路方面的差异，较语言形式更内在地规定了哲学系统的性质。按其实质，中国哲学的独特品格，并非仅仅体现于语言表达形式，而是彰显其中蕴含的不同内容。这些内容源于社会历史的多重方面，而非仅仅关乎语言形式。单纯从语言形式（汉语）出发来理解中国哲学，既很难具体地把握其多方面的内容，也无法对其得失作出比较全面的分析。

就哲学本身而言，其特点之一表现为普遍性和特殊性二重规定：任何哲学形态，不管是西方思想发展早期的古希腊哲学，还是中国先秦时期的哲学，它们之所以被视为哲学，是因为包含哲学之为哲学的普遍品格。然而，作为具有不同内涵的哲学，这些哲学又有各自的个性特点或特殊形态。不同哲学形态之中的普遍品格和各自的特点，并非仅仅由语言形式所决定，而是更多地取决于其实质的内容。人们往往将"汉语哲学"与其他哲学系统加以比较，这种比较在实质上并没有超出通常的中西哲学比较的范围：以"中国哲学"替换其中的"汉语哲学"，以上比较依然成立，其内容也并无根本的分别。这一事实表明，刻意地以"汉语哲学"取代"中国哲学"，似乎过于外在。

进一步看，在语言的层面，"汉语"本身有古代汉语与现代汉语之分，在古代汉语中，先秦与其后的汉语也处于变迁之中。佛教传入中国之后，汉语之中开始渗入域外因素，今天已被普遍运用的境界、能所、因果等表述，便体现了这一点。当我们说"汉语哲学"时，其中的"汉语"究竟指哪一种形态的汉语？即使略去秦汉语言与佛教传入后的中国汉语的差异，依然存在"古代汉语"与"现代汉语"之别，其中的古代汉语主要表现为秦汉至现代以前的语言形态，并包含书面语言（文言）与口语（白话）的区分，严格意义上的古代汉语首先与书面形态的古汉语（文言）相关。相形之下，现代汉语则是现代文化活动和日常生活中表述、交流的语言，尽管书面语与口语的区分依然存在，但它们已不像古代汉语那样分别严格。同时，现代汉语渗入了大量外来语，后者的影响和规模远远超过佛学，与之相应，今日的现代汉语，在相当程度上已非纯粹的"汉"语。也就是说，作为不同于古汉语的语言形态，现代汉语虽有相近的"汉语"形式，但其形态和内容已有别于原初形态的汉语。在宽泛意义上，现在所说的"汉语哲学"既涉及古代汉语与现代汉语之别，也关乎汉语本身与渗入其中的外来语之异，与这一复杂的形态相联系，将统一的中国哲学还原为"汉语哲学"，往往容易引发各种歧义和混淆。

在哲学层面，语言的差异（汉语与西语）在什么意义上将导致基本观念上的不同？这是在讨论汉语哲学与中国哲学时需要思考的问题。以形而上学层面的观念而言，中国固然没有being这一语言形式，但中国哲学中的"有"与being所表达的对象，并非毫无关联。这样，与其说语言决定了中西哲学的差异，不如说哲学所内含的普遍观念（being或"有"）在不同的哲学系统中，取得了不同的形态：西方哲学以being表示，中国哲学则将其放在"有无之辩"的语境中，二者都关乎何为存在以及如何理解世界的问题。事实上，只要是哲学，便不能不对这一类基本的哲学问题加以追问，其表达方式或语言形式（西语或汉语），乃是从属于实质的哲学论域。换言之，不同的语言形式，表述的常常是同一类哲学观念。尽管形式会对内容产生某种影响，但主导的方面是哲学观念。可以看到，离开了实质层面的哲学观念，语言形式便难以得到适当的定位。

从现代哲学的衍化看，在历史已经进入世界历史的背景下，不同哲学传统面临相互接触、了解、沟通、交融的问题，执着于"汉语"，则容易使中国哲学隔绝于其他哲学系统。这里更为实质的问题，是如何让中国哲学取得世界范围内为其他哲学系统所能理解的形态，由此进一步彼此讨论、沟通，让中国哲学参与世界性的百家争鸣。如果专注于"汉语"，则很难避免各自言说、互不了解的状况，在这一背景下，中国哲学每每只能自限于汉学家的狭小圈子中，难以进入主流的世界哲学中，并以平等的哲学身份与其他哲学传统对话。

概要地说，就"实然"而言，中国哲学从诞生之时起，便一直以汉语为表述形式，这种表述形式赋予中国哲学不同于其他哲学系统的独特形态，其中又包含具有普遍意义、可以回应其他哲学传统多样问题的普遍观念；就"应然"而言，如何使蕴含于汉语这一独特表述形式的中国哲学中的普遍观念，进一步在世界哲学中获得理解并构成当代哲学建构的智慧之源，这是我们应该切实关注的。从逻辑上说，以"汉语哲学"替代"中国哲学"，首先关注的是"汉语"这一表述形式，与之相关，它似乎主要突出了中国哲学的"特殊性"，而多少弱化了其中内含的普遍意义以及可以立足于世界哲学之林的具体内容。事实上，当代中国哲学面临的问题之一，是如何使西方主流哲学真正理解中国哲学的独特内涵，由此展开深入的对话，而非自限于"汉语"这一表述形式以及与此相应的特定品格。

二

回到哲学本身，便可注意到，从先秦开始，中国哲学即以

"性与天道"为追问的对象，其中包含普遍的哲学问题："性"涉及人性以及人的存在，"天道"则关乎世界原理，与之相联系，"性与天道"关切的问题，就是如何理解人与如何理解世界。然而，中国传统哲学对问题的讨论和表述有自己的特定方式，这种特定方式有别于现代哲学形态，从现代学术的视域看，它在语言形式、问题表达等方面，都需要加以转化，这也是中国哲学的近代化或现代化过程所无法回避的。如果缺乏现代形态、停留于既有的古典话语体系，中国哲学便很难与其他哲学系统对话。同时，当代中国哲学需要形成自己的独特体系，以成为世界范围内百家中的一家。宽泛而言，不同哲学形态都既有自身独特的传统，也需要在现代展现自身的创造性。

作为具有独特品格的哲学系统，中国哲学难以回避如何在国际学界获得话语权的问题。这里的关键在于中国当代哲学家如何潜下心来作一些创造性的研究。真正地在国际哲学界获得一席之地，不能仅仅建立在抽象的意向或自我亢奋的情绪之上，而是需要积累和展示相关的文化内涵。所谓文化内涵，主要指形成被其他文化形态所承认的创造力量和意义。话语权不能仅仅凭借单向之"争"，唯有真切地展现自身文化创造的意义和内在力量，才能获得其他文化形态的尊重和认可。就不同文化形态的互动而言，这里需要注重的不是俯视或漠视其他文化的价值，而是对其加以尊重和融合：既深切地理解世界文化中的各类传统，又通过创造性的工作兼取其长并居其之上。在这方面，宋明理学已提供了某种历史的范例：佛教东传后，宋明理学对其往往"相拒而又相融"，由此既丰富了传统的儒学思想，也形成了自身的"话语权"。可以看到，是否基于人类文明形成的多重智慧资源，踏实地从事实际创造性工作，形成既具有历史价值又呈现世界意义的理论建树，是获得国际话语权的基本前提。如果不能提出一套有创见的理论，不能针对当代的问题作出自己独特的回应，所谓话语权只是外在和形式的。当然，一种文化形态在国际上获得普遍认可，不仅取决于文化本身，而且与政治、经济、军事等综合实力无法相分。这里涉及二重因素，即背景性因素与内涵性因素。文化综合实力，属背景性因素；创造性理论的生成和建构，则是内涵性因素，二者从不同方面为话语权的获得提供了条件。

哲学思想的推进离不开多元的哲学智慧。在单一的传统之下，思想资源常常会受到明显的限制。当代西方哲学家基本上都没能超脱古希腊的哲学传统，其特点是不断地在古希腊到现代西方哲学的单一传统中兜圈子。源于现象学的海德格尔尽管对中国的道家哲学有过兴趣，但其根底仍是西方的传统，他研究前苏格拉底的思想、考察康德和尼采哲学等，都体现了这一点；人们津津乐道的海德格尔受到老子影响，事实上多少被夸大了。分析哲学将古希腊以来注重逻辑分析的传统发挥到极致，与此同时，又陷入了思想的碎片化。不接纳其他文明的思想资源，明显地阻碍了当代西方哲学的发展。事实上，自蒯因、罗尔斯、罗蒂、诺齐克等哲学家谢世之后，西方哲学界很少出现真正意义上的哲学家：尽管也可以看到不少出色的"专家"，但专家不同于哲学家。分析哲学自限于"语言"的牢笼，现象学所陷入的是"意识"之域，近年来成为"显学"的政治哲学、伦理学则囿于特定的社会领域并往往以思想实验为进路，这多少使作为智慧之思的哲学偏离了所应关切的真实世界和社会生活中的根本性问题。

在莱布尼茨所处的启蒙时代，中国哲学曾被引介到欧洲，并似乎呈现出短暂的思想交流。但从黑格尔开始，主流的西方哲学便趋向于贬抑或漠视中国哲学。当中国近代学人热忱学习西方哲学之时，主流的西方哲学并不承认中国哲学的哲学品格，它们往往趋向于将中国哲学视为宽泛意义上的"思想"，而非作为智慧之思的philosophy（哲学），直到现在，这一格局都没有发生根本变化：在西方主流的哲学系统中，中国哲学并不被视为真正意义上的哲学，从学术机构（如高校的哲学院系），到专业的学术刊物，中国哲学都难以在主流哲学中找到合适地位，其安身之所常常与历史研究、宗教研究、区域（如东亚）研究相联系。这一思想格局对西方哲学构成了明显的限制，使之既缺乏开放的视野和宽宏的气度，也相应地难以运用多重哲学资源进行哲学的思考。

比较而言，在中国近代以来的哲学家中，则可以看到另一种思想趋向，即运用多元智慧资源，借助多重思想传统，进行创造性的哲学思考。这种情况不同于西方哲学家仅仅守着单一的西方哲学传统。近现代以来，像熊十力、梁漱溟、冯友兰、金岳霖这样的哲学家都具有独特的哲学品格，他们的哲学既不是传统意义上的中国哲学，也不是对西方哲学的简单重复。他们之所以能对哲学问题形成自己独特的理解，从"源"（历史背景）的角度来说，是因为他们扎根于中国当代社会；就"流"（哲学衍化）的层面而言，则是因为他们自觉地运用了多元的智慧资源。

中国现代的一些哲学家在回溯中国古典哲学的同时，又以恢宏的气度、哲学家式的直觉，对西方的哲学观念作了总体上的把握，并进一步融合两者，由此构成自己的体系。这种哲学系统既不完全是中国的，也不纯粹是西方的，用梁启超的话来说，其特点在于"不中不西""亦中亦西"，它们从一个方面赋予中国近现代哲学以独特性或创造性。可以说，能够在不同的哲学传统和多元智慧中进行创造性的哲学思考，这是中国现代哲学家的优势，这种优势现在依然在延续。相对于主流西方哲学对中国哲学的疏离，这里呈现了一种中西哲学之间的不对称状况。

　　与限定于单一的视域相联系，今天的西方哲学似乎缺乏充满生命活力的创造气象。以分析哲学而言，作为其具体形态的语言哲学、心的哲学（philosophy of mind），包括元伦理学、分析的政治哲学等方面，枝枝节节的东西分辨确实十分清晰，不少方面精细入微，这种区别于泛泛而谈、严于辨析的进路，无疑值得注意。但在关注技术性层面的同时，分析哲学又缺乏对真实世界的深沉关切。这方面的缘由当然不止一端，其中之一，便是缺少多样的智慧之源。如上所言，对西方哲学领域（包括分析哲学）的多数学人而言，似乎只存在一种哲学传统，即从古希腊到现代的西方哲学传统。一些分析哲学家甚至很少理会哲学史，其关注之点仅限于当代狭小哲学圈中彼此关切的一些论题；对自身的哲学史传统尚且不能认真对待，对此外的哲学史传统便更不屑一顾了。事实上，如前文提及的，任何哲学的创造，都需要基于人类文明的演进过程中积累起来的思想成果，在中西哲学相遇之后的历史时代，则需要关注不同传统所形成的文明资源。西方哲学将多样的哲学传统置于其视野之外，无疑严重地限制了自身眼界，使之难以形成真正的思想创造性。

　　从以上背景考察，19世纪以来中国学人开眼看世界、以宽宏的气度对待其他哲学脉络的传统，无疑具有不可忽视的历史意义。就学理的层面而言，这意味着在世界哲学的视野之下来看待中国哲学并从事哲学的思考和建构。中国哲学并不仅仅是既定的、历史的东西，它同时处于生成过程，具有开放的性质，当代的中国哲学同样需要进一步发展，唯有如此，中国哲学才能呈现新的生命力。如果说，以世界哲学为内涵的开放视野构成了中国哲学在今天延续生成的前提，那么，注重多元的哲学智慧则为这一过程提供了内在的理论依托。

三

由前面的简略考察可以看到，"汉语哲学"与"中国哲学"的话语力量既相互联系，又有不同侧重。从逻辑的语义层面看，"汉语哲学"侧重于语言的表达形式，"中国哲学"则以思想内容为指向。所谓话语权或话语力量，并不仅仅基于语言的形式，而是更多地源于哲学思想的内涵。在世界哲学之林中展现自身的话语力量，离不开哲学内涵的深沉性和创造性。

以中国哲学为视域，则哲学的话语既关乎中国传统哲学或中国古典哲学，也与当代中国哲学相涉。中国的传统哲学主要表现为已然或既成的形态，作为已经存在的思想系统，其哲学的内涵主要凝结于已有的各种文献中。然而，前面已提到，蕴含于这种已然系统中的哲学思想的意义，应通过现代的诠释加以揭示，这种阐释并非仅仅在于将古代汉语转换为现代汉语，而是需要基于理论的解读，敞开其深沉内涵。在这里，每一时代的诠释者所具有的理论积累无疑十分重要，事实上，《老子》《论语》《庄子》等承载古典哲学的文献在历史上很少发生根本的改变，但不同的诠释者可以从中读出新的意义，这种新意，首先与诠释者的理论视野的提升或深化相关。通过阐释蕴含于已有文献中的思想，同时对其作不同层面的逻辑重构，并赋予它以现代哲学的形态，诠释者也将在展示中国古典哲学深沉内涵的同时，使之获得内在的话语力量。

中国哲学并不仅仅是历史的陈迹，而且具有面向未来的生命活力，这两重品格具体展开为历史性与生成性的统一。作为过程中的哲学，中国哲学在当代依然面临进一步发展的问题，这种发展既表现为中国哲学在当代的延续，也意味着中国哲学的当代生成。与中国古典哲学在今天的话语力量需要通过现代的诠释而获得展示有所不同，中国当代哲学在现代世界哲学中的话语权，乃是基于其自身创造性的建构。如前文一再提及的，在这里，哲学的话语权与哲学的建构无法相分：形成创造性的哲学系统与获得哲学的话语力量，表现为同一过程的两个方面。

前面已提及，中国古典哲学在今天的世界哲学中展示话语力量，并不仅仅表现为语言形式的转换，同样，中国当代哲学成为世界哲学的百家中的一家，并由此获得话语力量，也非单纯地基于现代汉语的融入，而是需要在回应时代问题、运用多元智慧资源进行原创性思考和建构的过程中，形成自主的思想形态。作为创造性的思想系统，当代中国哲学在参与世界性的百家争鸣中，也将逐渐得到其他哲学系统的认可和尊重。

中国哲学走向世界并获得哲学的话语力量，同时意味着回归哲学的本原形态。在这方面，无论是中国古典哲学，还是中国当代哲学，都需要展示其独特的思想意义和历史作用。事实上，中国古典哲学对"性与天道"的追问，已呈现了以上视域，中国当代哲学在通过创造性的研究而形成自身独特的概念系统、理论构架的同时，也应当不断展现这一智慧的进路。在这里，中国哲学之获得话语力量已超越了"汉语"这一语言形式的限定，它在实质上与中国哲学之回归智慧之思，表现为同一过程的两个方面。

（原载《社会科学》2022年第11期）

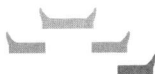

分析哲学在中国

自20世纪初开始，分析哲学逐渐成为世界性的显学。然而，什么是分析哲学？这一本源性问题依然需要思考。宽泛而言，哲学与其他学科的不同之处，在于它总是不断地进行自我反思："何为哲学"这样的追问，对哲学来说往往古老而常新。与之类似，在面对分析哲学时，同样会面临"何为分析哲学"的问题，这一问题的实质内涵，在于追问分析哲学之为分析哲学的根本特点。确实，无论是了解分析哲学自身的根本规定，还是回溯其历史流变的过程，都难以离开以上方面。

人们常常说，分析哲学不是学派，不是思潮，不是理论，而主要是某种做哲学的方法，其特点在于注重分析和论辩。事实上，如果从整体上考察分析哲学，便可注意到，分析哲学既是一种做哲学的方式，也是一种学派、一种思潮或一种理论。作为一种哲学的理论，分析哲学对哲学的性质、使命等方面的理解，具有区别于其他学派和理论的特点。按分析哲学的理解，哲学的主要活动表现为以语言和逻辑为中心，通过对语言的逻辑分析来把握世界。分析哲学的以上看法，确实涉及不同于传统哲学的理论

趋向。展开来看，上述观念首先体现于对逻辑分析的注重。这里
的逻辑分析包括概念的辨析（每一概念的运用，都要求以清晰的
界定为前提，以避免模糊和歧义）和观点的论证（既拒绝仅仅停
留于感想或体验，也摒弃独断的结论）。如果留意一下分析哲学
的论著，便可注意到，在提出某一论点时，其整个论述过程都言
之成理，持之有故，显得清晰而严密。总之，从哲学的思考进路
看，分析哲学家往往围绕一个特定问题而展开分梳，由此形成对
相关问题的看法并提供比较充分的理由以支持这一看法，同时，
针对或设想可能的批评意见而加以反驳，以辩护自身的观点。这
样，正面的"论证"与反面的"辩护"往往相互关联，逻辑分析
以及"论证"与"辩护"的彼此互动构成了分析哲学从事哲学研
究和论说的一般特点。

　　逻辑的分析本来有助于概念的清晰化，从而更好地把握实
在，然而，在分析哲学中，这种逻辑分析往往引向过度的察辨。
司马谈曾对名家作了如下批评："名家苛察缴绕，使人不得反其
意，专决于名而失人情，故曰'使人俭而善失真'。"[1]这一评
论对现代分析哲学似乎同样适用：绕来绕去的"苛察"、不必要
的繁复和"精细"，"为赋新词强说愁"之类的论说等，构成了分
析哲学的重要特点。在对人的行动进行解释时，分析哲学运用所
谓"理由""规范"，以及"内在主义""外在主义"等概念，争
来辩去，使人不知所云（"不得反其意"），其结果常常是满足
于"名词争胜"（语言游戏）而无法把握真实的对象。以对行动
的理解而言，内在主义与外在主义各执一端，分辨不遗余力。然
而，透过外在的语言迷雾，则可以看到，内在主义所说的"理

---

[1] 司马谈：《论六家要旨》，参见《史记·太史公自序》。

由"，实际上可以理解为第一人称（行动者）层面上的行动动机，这种"理由"的实质内涵表现为普遍规范的内化，以动机为形式，它同时与行动者的内在情意相融合。这样，以"理由"解释行为，主要便是从行为发生的内在缘由或动机上解释行为。相对于此，外在主义的"理由"更多地表现为普遍的规范以及社会的要求，从行动的发生来看，以这种"理由"为出发点，主要从普遍规范和社会要求的层面解释行动。概而言之，内在理由侧重于第一人称维度上的行为分析，外在理由则更多地侧重于第三人称层面的行为解释；在此意义上，外在"理由"近于原因，内在"理由"的含义则如前所述首先表现为动机。然而，在分析哲学那里，"内在主义""外在主义"等表述实质上仅仅呈现为外在标签，在各种云里雾里的"争论"中，行动的真实发生机制往往隐而不彰。

如上所言，方法与理论并非截然相分。分析哲学的哲学考察方式，与它们对哲学意义的理解具有内在的关联性。由于注重语言的逻辑分析，分析哲学往往限定于语言之中，其所指向的对象，主要也是语言中的世界，从分析哲学的一些重要人物的看法中，便不难注意到这一点。这里可以简要引述斯特劳森的相关观点。斯特劳森是20世纪中叶分析哲学的重要代表，其名作《个体：论描述的形而上学》（*Individuals*：*An Essay in Descriptive Metaphysics*）作为分析哲学中关于形而上学的著作，在分析哲学领域具有深刻影响。以所谓"修正的形而上学"与"描述的形而上学"之分为出发点，斯特劳森在该书中从分析哲学的层面对形而上学作了考察，他所赞同的主要是描述的形而上学，其内容在于对哲学史上考察形而上学问题时的形式结构加以分梳："描述的形而上学满足于描述我们关于世界所思的实际结构，修正的形而上学则关注于形成更好的结构。"①为斯特劳森所肯定的描述性形而上学的旨趣，是"展示我们据以思考殊相的概念框架的一般结构特征（general and structural feature of the conceptual scheme）"②。这种以概念和语言结构为关注对象的哲学进路，不仅体现了分析哲学解释形而上学问题的特点，而且构成了其一般的哲学风格。哈克曾指出了这一点："分析哲学最显著的信条是'语言哲学是其他一切哲学的基础'。"③

在斯特劳森另一部带有通论性质的著作《分析与形而上学：哲学导论》（*Analysis and Metaphysics*：*An introduction to Philosophy*）中，以上特点在更普遍的层面得到了展示。该书篇幅不大，内容扼要而清晰，作为分析哲学的代表人物，斯特劳森在书中明确指出，我们所关注的主要是我们谈论事物和世界时所运用的语言，这些语言包括认同（identity）、知识（knowledge）、意义（meaning）、解释（explanation）、存在（existence）等，它们首先涉及语义和逻辑关系，对于这些语言和概念所表示的对象本身，哲学却并不加以追问。④也就是说，在斯特劳森看来，哲学所着重的仅仅是语言领域之内的存在，而不是语言所指向的对象和世界。如所周知，马克思曾经批评以往的传统哲学只是解释世界，而不关切改变世界的问题："哲学家

---

① P. F. Strawson, *Individuals*： *An Essay in Descriptive Metaphysics* （London：Methuen & Co., Ltd., 1959）, p. 9.

② Ibid, p. 15.

③ P. M. S. 哈克：《分析哲学：内容、历史与走向》，载《分析哲学——回顾与反省》，中国人民大学出版社，2018，第37页。

④ P. F. Strawson, *Analysis and Metaphysics*：*An Introduction to Philosophy* （New York：Oxford University Press，1992）, pp. 7–8.

们只是用不同的方式解释世界，而问题在于改变世界。"①这里的"世界"主要指现实的外在对象，而不单纯是语言中的事物。传统哲学在"解释"世界时固然常常渗入某种思辨观念，但其"解释"所指向的，则首先是这一现实世界。相形之下，斯特劳森所代表的分析哲学，则在某种意义上似乎连传统哲学所侧重的解释现实世界这一使命也放弃了：它所分梳的只是语言之中的存在，而不是世界本身。可以说，以上进路构成了分析哲学的重要取向。在蒯因等分析哲学家那里，便不难看到类似的观念：如所周知，蒯因提出本体论的承诺，其侧重之点主要即放在语义层面，对实际世界中"存在什么""何物存在"等问题，则以悬置的方式处理。

按斯特劳森之见，理解哲学涉及二重类比（analogy）：语法类比与治疗类比。语法类比关乎词的用法，并包含系统化的建议，包括建立普遍的解释基础；治疗类比则是语言运用方式的更正（从思辨的形而上学用法，回到日常用法）。相较于语法类比，治疗的类比具有否定性，它意味着将我们从混淆和困惑中解脱出来，这种混淆与困惑源于概念在意识中的随意运用。与之相应，对治疗类比而言，除了追溯概念混乱的根源并加以纠正之外，哲学别无他务②，这种看法与后期维特根斯坦的哲学观念基本一致，其要义在于将世界限定在语言之中，而哲学的任务则相应地被理解为对语言的逻辑分析。

与关注语言相联系，斯特劳森认为，每一学科都有自身的确

---

① 马克思：《关于费尔巴哈的提纲》，载《马克思恩格斯选集》第一卷，人民出版社，1972，第19页。

② P. F. Strawson, *Analysis and Metaphysics：An Introduction to Philosophy*（New York：Oxford University Press，1992），pp. 1–16.

定领域以及与之相关的语言运用，而传统意义上的哲学家则不满足于这一点，他们努力追求统一，在不同的方面之间建立联系，以期在概念层面达到关于世界以及我们关于世界认识的统一系统，由此，哲学的问题便发生了。然而，对斯特劳森来说，"我们所需的，不是一般的解释理论，而是一种治疗的训练"。"这种治疗训练使我们能够诊断哲学幻觉的根源，当我们离开事实时，往往会陷入这种幻觉。"[①]根据这一看法，试图跨越与特定语言和概念相关的经验知识的领域和具体的"事实"，从相互联系的角度理解世界，将导致哲学问题（错误），这种问题发生的最终根源，不外乎语言的误用，而哲学的任务则是在意识到这一点后，不再作此尝试。这样，对实际世界的理解便只有基于有限概念的经验科学这一种途径，哲学在这方面毫无用处。可以看到，对哲学的以上理解，在逻辑上将引向取消传统意义上的哲学：哲学的所有工作，应该指向自我否定并承认试图从哲学角度把握世界是错误的。作为与传统哲学不同的形态，分析哲学的使命，则是通过语言分析以治疗这类错误。这样，如果哲学要继续存在，其任务便只能是对语言的运用加以拨乱反正，而除了分析哲学之外，别无其他哲学形态可以做到这一点。

　　类似的看法也存在于其他具有分析哲学趋向的哲学家那里。以胡克而言，他在哲学上直接认同的是实用主义，与广义的实用主义一致，胡克对哲学的理解与分析哲学也有相通之处。在谈到形而上学意义上的"存在"（being）时，胡克便认为："并无存在（being）这样的东西，'存在'（being）一词既无法命名，也

---

① P. F. Strawson, *Analysis and Metaphysics*：*An Introduction to Philosophy*（New York：Oxford University Press，1992），p. 14.

难以指称可观察的任何事物。"①这里包含两重否定：首先，否定作为对象的"存在"，其次，将"存在"归结为语言的表述（语词），否定其描述对象的意义。以上看法似乎兼及斯特劳森所说的二重类比（语法类比与治疗类比）：在语法层面，将形而上学的概念主要归结为描述性的语词；在治疗层面，则要求将传统形而上的概念，回归到命名和指称"可观察的事物"之上。事实上，胡克在后文中便明确指出了这一点："关于世界的本体论陈述可以大致称之为常识陈述。"②这种从语言（命名、指称、称述等）层面考察形而上学的意义，并倾向于将语言的用法还原到日常表述（常识）的哲学取向，大致体现了分析哲学的进路。

在后期维特根斯坦以及分析哲学中的日常语言那里，回归日常语言构成了其基本的旨趣，这种旨趣与将"治疗"作为哲学的基本功能这一看法相联系，而所谓"治疗"就是使语言由哲学、形而上学运用，回归日用常行之域。然而，按其现实形态，日常语言本身有含混、不清晰之处。以"真"的日常意义而言，如日常语言学派本身已注意到的，其内涵存在种种差异。诸如，"她的头发颜色是不是真的"？这一层面的"真"相对于染色之发与自然之发的区分而言，涉及对象的"属性"（存在属性）。"这是不是真鸭子？"这一论域中的"真"基于作为禽类的自然之鸭与玩具之鸭或与鸭相似之鹅的差异，其意义关乎对象的类别（存在种类）。这里，"真"无疑蕴含多重意味，奥斯汀已有见于以上问题③。与之相关，便发生以下问题：这种包含歧义的日常语

---

① S. Hook, *The Quest for Being*（New York：Dell Publishing Co., Inc., 1934）, p. 164.

② Ibid, p. 168.

③ Austen, *Sense and Sensibility*（New York：Oxford University Press, 1962）, pp. 64–67.

言如何能作为哲学语言的标准形态？可以看到，一方面，分析哲学（特别是后期维特根斯坦以及日常语言哲学）每每强调语言的意义在于运用，并给予日常运用的语言以优先性（将其视为语言的本真形态）；另一方面，日常语言的实际运用又存在如上的含混之处。在此，推崇日常语言的分析哲学，似乎包含难以消解的内在的紧张。

概要而言，分析哲学所关注的，首先是语言中的世界，根据分析哲学的看法，重要的是我们在谈论世界时所运用的语言，而不是世界本身。尽管分析哲学也涉及对象世界以及政治伦理的问题，但其讨论常常限于语言和概念的领域。以对象世界而言，如前所述，其形而上层面的论说主要关乎概念结构的分梳和描述；在政治、伦理的领域，其所辨所析也不是现实的社会实在及其变化过程，而是逻辑预设中的形式关联，以罗尔斯的著名正义论来说，其理论可以视为分析的伦理学或分析的政治哲学，而它的立论出发点，则是无知之幕与原初状态这一类逻辑预设。语言本来是我们达到世界的一种工具和手段，但在分析哲学中，这种手段和工具本身往往成为目的。在某种意义上，以上看法构成了分析哲学的教条。

二

20世纪初，稍后于其在西方的兴起，分析哲学也开始引入中国。历史地看，分析哲学在中国的引入和发展，大致经过了两个阶段。其一是20世纪初，特别是20世纪三四十年代；其二则是20世纪80年代至今。前一阶段基本上属于分析哲学进入中国的初始时期，20世纪80年代之后的衍化，则可以视为分析哲学在中国的复兴。如所周知，中国哲学较早已经形成自身的逻辑系统，先秦的《墨辩》便属比较系统的形式逻辑形态。然而，从形式逻辑在中国的衍化来说，虽然先秦已出现《墨辩》之学，但是在先秦之后，《墨辩》很快便被遗忘了。在唐代，随着唯识宗的东渐，因明学也传到了中国，因明是印度早期的形式逻辑系统。然而，唯识宗因其思辨繁复的体系，在中国没有产生广泛的影响，与之相关的因明学在中国传统哲学中也没有受到多大的注重；相反，不立文字、疏离逻辑的禅宗，则在中国大行其道。到了明清之际，随着传教士的东来，西方亚里士多德的古典逻辑也开始引入，李之藻翻译了《名理探》，其中涉及的便是亚里士多德的逻辑系统，但是这一西方古典逻辑只是在一部分士大夫的小圈子中受到一定关注，在广大学人之中影响不大。直到近代之后，严复、王国维通过其译著《穆勒名学》《名学浅说》《辨学》而引入了西方的逻辑学，中国的思想界才慢慢开始重视形式逻辑，但是关注的广度和深度依然有限。从总体上看，中国人似乎比较忽视形式逻辑，这与中国哲学较早地关注辩证逻辑形成了某种对照。这一点，李约瑟等学人也已注意到了，在比较不同文化传统的思维特点时，李约瑟曾作了如下概述："当希腊人和印度人很早就仔细地考虑形式逻辑的时候，中国人则一直倾向于发展辩证逻辑。"[①]当然，这并不是说，中国传统思想完全否定形式逻辑，而是表明，它的关注重心主要在辩证逻辑。相对于此，分析哲学以注重逻辑分析为特点，从传统逻辑到现代逻辑（符号逻辑），逻辑在分析哲学中占有不可或缺的地位，与之相关，其引入对未能充分关注形式逻辑意义的中国哲学而言具有不可忽视的意义。如一

① 李约瑟：《中国科学技术史》第三卷·数学，科学出版社，1978，第337页。

般所注意到的，中国哲学在近代经历了一个走向近代和现代的过程，在某种意义上，中国哲学走向近代和现代的过程，也是逻辑分析不断渗入其中的过程。从这一方面看，分析哲学在中国哲学近代化与现代化的变迁中，显然扮演了十分重要的角色，无论是考察近代以来的哲学，还是回溯和梳理传统哲学，都离不开分析哲学的视域。

就具体形态而言，在欧美分析哲学的系统中，较早形成了弗雷格、罗素、摩尔、石里克、卡尔纳普、早期维特根斯坦等哲学系统。与这些分析哲学家的哲学进路相类似，早期中国分析哲学家，特别是20世纪三四十年代比较倾向于分析哲学的中国哲学家，也引入了这些系统。这里或可将金岳霖视为比较典型的例子。金岳霖曾被称为中国的摩尔，这一称谓也从一个方面表明，他在分析哲学方面的造诣已为学界所公认。确实，金岳霖的《逻辑》《论道》《知识论》等著作辨析清晰、论证严密，对概念和观点条分缕析，比较集中地体现了分析哲学的形式。当然，如后文将提及的，金岳霖并不限于分析哲学。到了20世纪80年代，在以金岳霖为代表的20世纪30年代的分析哲学家逐渐淡出哲学领域之后，江天骥、罗克汀、涂纪亮、邱仁宗等哲学前辈在20世纪80年代开始活跃于哲学领域。20世纪末、21世纪初以后，王路、江怡、陈波、韩林合、翟振明、徐向东、朱菁等从事分析哲学研究的学人，也先后在哲学舞台登场，他们的学术活动以不同的方式使分析哲学形成某种复兴之势。以上过程，构成了20世纪80年代以及此后分析哲学在中国的大致衍化形态。

从研究趋向来说，20世纪以来分析哲学在中国的衍化大致呈现了两种不同的进路。首先是以介绍和引入为基本形态。早期的张申府、洪谦等，便以介绍和引入为主要特点，他们尚未及提出自己的创造性系统。尽管张申府试图把分析哲学和唯物论结合起来，但是他的工作重心在于对罗素哲学的介绍。至于把分析哲学与唯物论结合起来的哲学趋向，在早期的西方分析哲学中已经呈现。如所周知，摩尔在20世纪初便发表了著名的《驳唯心论》，在他那里，分析哲学与反唯心论已经交融，就此而言，张申府把分析哲学和唯物论结合起来，似乎很难视为一种理论创见。至于洪谦，尽管在20世纪30年代已成为维也纳学派的成员之一，但其主要工作乃是对维也纳学派的介绍与引入，相对而言，缺乏在哲学理论方面的创新性建树。

除了介绍和引入，20世纪中国分析哲学也形成了第二种形态，其特点表现为在引入的同时试图有所超越。在这方面，或许需要关注考察张东荪的工作。张东荪的哲学受康德哲学影响较大，同时，"他在作了很多哲学的介绍之后，又拿出一个自成系统底哲学"①。确实，张东荪提出了"知识的多元论"、"架构论"的宇宙说、"主智论"的人生观等，这些哲学思想既受到康德的影响，又自成一系。不过，若具体地考察其哲学系统，便可注意到，其"做哲学"的方式在很多方面近于分析哲学，这种方式首先体现为比较严密的概念辨析和观点论证。当然，较之在形式上认同分析哲学的哲学家，张东荪的特点在于不仅限定于介绍与引入，而是试图提出新的哲学观念，由此，在实质上将分析哲学与康德哲学结合起来，并进而建构新的哲学系统。从知识论、宇宙观，到道德哲学等领域，其所论所说，都不难使人注意到这一特点。从思想渊源看，分析哲学本身往往祖述康德，在注重思想的划界等方面，分析哲学确实也可以视为对康德哲学的某种单

205

---

① 叶青：《张东荪哲学批判》，《二十世纪》1931年第1卷第3期。

向度发展。

　　20世纪三四十年代，分析哲学的第二种进路当然不限于张东荪，事实上，冯友兰、金岳霖的哲学工作更为典型地表现出以上取向：在引入分析哲学的同时，他们多方面地逸出了这一哲学形态。冯友兰提出"新理学"，一方面认同作为分析哲学特定形态的新实在论，另一方面又上承传统的程朱理学，并试图通过分析哲学与传统哲学的结合，以超越主要限于逻辑与语言之域的分析哲学。在本体论上，冯友兰扬弃了拒绝讨论世界本身的哲学路向，要求将分析哲学关注于逻辑和形式的哲学进路与传统哲学的世界关切相互融合，以重建形而上学。在伦理学上，冯友兰不满于分析哲学系统的元伦理学系统，主张越出仅仅关注道德概念分析的元伦理学，通过觉解的分梳而追问人生的不同境界。在认识论上，冯友兰对维也纳学派主要着重于"辨名"（语言的逻辑分析）而忽略"析理"（对存在法则的把握）这一进路提出批评，并由此强调"辨名"与"析理"的统一。这种哲学取向既吸取了分析哲学的观念，又关注于语言或逻辑之外的实际世界和现实人生，从而不同于对分析哲学的单纯引入和介绍。类似的进路也体现于金岳霖。与冯友兰相近，金岳霖在走入分析哲学的同时，也不断地超越以新实在论为形式的分析哲学。从分析哲学在中国的衍化看，金岳霖可以说具有两重身份：一方面，如前所言，他在20世纪三四十年代建构的哲学系统具有比较典型的分析哲学形态；另一方面，他在相当程度上超越了分析哲学的限度。在本体论上，金岳霖通过逻辑分析，建构了给人以情感满足的形而上学（"元学"）系统，其中承诺了无极而太极的"道一"或"大全"。在认识论上，金岳霖肯定"所与"是客观的呈现，从而不同于后来分析哲学对所谓"所与"神话的批评，同时，肯定了概念摹写现实与规范现实的双重作用，这一进路不同于主流的分析哲学主要注重知识经验的规范性而忽视其摹写性的认识论进路。在逻辑与方法论上，金岳霖考察了归纳原则，并从本体论的角度，分梳其现实根据，从而在方法论上展现了不同于分析哲学的立场。

可以看到，在20世纪前半叶分析哲学刚刚传入中国之时，其传播、影响展开于不同维度，这一过程，在某种意义上构成了20世纪80年代以后分析哲学复兴的历史前提。从西方分析哲学的衍化看，经过几十年的发展，分析哲学在西方也发生不少变化。与早期的弗雷格、罗素、摩尔等有所不同，从20世纪中叶开始，关注理想的语言系统（与符号逻辑相关的人工语言）开始转向对日常语言的关切，在赖尔、奥古斯丁、斯特劳森、后期维特根斯坦那里，便不难注意到这种衍化。同时，分析哲学本身也出现了多样的形态：在社会领域，形成了分析的社会政治学、分析的马克思主义、分析的伦理学或分析的政治哲学；在科技哲学、心智哲学、逻辑学等方面，也出现了不少新的形态，蒯因提出了自然主义的认识论，匹兹堡学派则注重概念或推论的作用：从塞拉斯到布兰顿、麦克道威尔等，匹茨堡学派的不同人物都表现出肯定概念的逻辑空间并在经验领域引入概念的趋向，与之相联系，他们比较注重哲学理论的建构；在中国哲学研究方面，出现了分析的中国哲学，在陈汉生、葛瑞汉等的研究中，便表现出这一趋向。这些方面都可以看作分析哲学新的进展，它们从不同侧面表明，分析哲学并不是静态的。同样，中国的分析哲学在20世纪80年代复兴之后，也形成了新的发展形态，其衍化与西方同一时期或稍前的分析哲学，呈现某种同步的形态。前面提到的江天骥、涂纪亮、邱仁宗等，都是20世纪二三十年代出生的老一辈哲学家，晚近一些如王路、江怡、陈波、韩林合、翟振明、徐向东、朱菁，以及稍后陆续从欧美留学回来的学人，则属于分析哲学复兴后出现的学人。当然，其中一些学人同时具有某种"跨世纪"的特点，其哲学活动虽发端或展开于20世纪末，但又延续到了21世纪。

三

前文所提及的分析哲学领域中的新一代的学人，相当部分是在进入21世纪之后初露头角的，他们中的一些人具有在欧美留学或访学的经历，目前已逐渐成为中国分析哲学界的中坚。比较而言，这些学人受过分析哲学的比较严格和完整的训练，其"做哲学"的方式更接近西方分析哲学的模式。如果阅读晚近从事分析哲学研究的青年学人的论著，便不难注意到，其研究哲学的方法和表述哲学的方式，与西方分析哲学十分相似，甚至几可乱真，这构成了这一代中国分析哲学领域学人的重要特点。不过，到目前为止，他们的哲学工作或者依然主要侧重于介绍西方分析哲学的新进展，或者更多地在分析哲学的框架内从事各种具体的解题。事实上，这一现象体现了20世纪80年代分析哲学在中国复兴之后的普遍趋向，从江天骥、涂纪亮、邱仁宗等学人一直到晚近的青年学者，在这方面基本上没有实质性的变化。怎样建构新的哲学系统，如何越出分析哲学的形态？这些问题似乎尚处于他们的视野之外。相对于前面提到的张东荪、冯友兰、金岳霖试图形成自己的一套哲学体系而言，20世纪80年代中国分析哲学的以上趋向显然有所不同。

与上述趋向一致，新近的中国分析哲学界中的年轻学者往往习惯于刻意模仿、迎合西方分析哲学的做法。他们所关注的论题、讨论的方式、学术的兴趣，与当代西方分析哲学几乎——对应或无缝对接。在分析哲学视域中所作的这些研究，除了介绍和引入，便是以外在模仿为指向，后者具体表现为仿效20世纪50年代之后西方分析哲学的"做法"，努力按照他们的进路展开思考和撰作，其目标似乎在于与西方分析哲学说同样的话、谈同样的事。一些学人甚而以"仿真"西方分析哲学为旨趣，唯恐与之有别。就哲学的"做法"而言，当代西方分析哲学往往或注重思想实验，或沉溺于抽象分析。这种"做法"背后的共同趋向，则是疏离实际的世界和现实的生活，囿于并满足于逻辑预设的假定形式，从普特南的孪生地球、缸中之脑，到罗尔斯的无知之幕、原初状态，乃至伦理学界论者津津乐道的所谓电车难题等，都体现了这一点。以非现实的可能世界为对象，这些思想实验一般略去了实在对象的多样内容，主要在理想化的形态下考察相关问题。这种哲学进路对于从逻辑的层面排除现实状况的外在纷扰，更为明晰地辨析和把握相关问题，无疑有其意义，但如果将哲学的观念完全奠基于其上，则多少容易疏离对真实的世界（包括现实伦理问题）的认识。此外，西方分析哲学常常专注于论证过程，极而言之，甚至将辩护或批驳过程视为哲学工作的全部，对现实存在的根本问题则悬置不问：其文著中的论证过程确实十分细致和"严密"，但每每由此引向繁复琐碎，而未能提供真正引人思考的问题以及对这些问题的解决，使人所获甚少。对分析哲学而言，似乎琐碎的议论过程就是一切，哲学的洞察和观念、现实的关切和观照则不值一提，这种主要致力于烦琐议论的哲学进路，多少让人感到乏味甚至厌倦。

当然，从总的状况看，在世界范围内的两大显学，即分析哲学与现象学中，中国哲学界似乎更为认同现象学；相对于现象学的大行其道，目前分析哲学显然处于比较边缘的地位。现象学尽管也有其所见，但在理论上，其内容比较复杂思辨，真正把握其中的哲学意义与脉络并不容易。时下接受现象学的学人，常不免在其外面兜圈子，习惯于在现象学的语境中谈论所谓明见性、先验直观、本质还原、纯粹意识等，与此同时，人们每每陷于思辨的话语，所论也常显得云遮雾罩。比较而言，分析哲学以逻辑分析为进路，注重概念的辨析、观点的论证，这些工作是提供清晰有效的建设性思维成果所不可或缺的。从这方面看，分析哲学无疑有助于推进中国哲学的发展，而中国哲学走向现代、进入世界哲学的舞台，并进一步参与世界性的百家争鸣[①]，也显然需要分析哲学。确实，在当代中国的哲学研究中，经受分析哲学的洗礼这一问题应当受到充分正视，这种洗礼涉及多重方面，包括深入地阅读赖尔、奥斯汀和维特根斯坦等真正意义上的分析哲学家的著作。

210

然而，虽然分析哲学注重逻辑分析的进路对中国的哲学研究具有不可忽视的意义，但如前所言，其本身也有不少问题，这一点无须讳言。罗蒂曾认为，哲学可以有两种路向，其一，黑格尔式的进路，其特点在于使哲学成为思想史和文化批评的综合物，海德格尔、杜威、阿多诺、阿伦特、柏林、哈贝马斯等主要延续此路；其二，基于康德，使哲学成为大学中的独立学科，其中没有历史、观察、实验等的地位，语言哲学基本上属此进路。[②]这里所说的语言哲学，主要即指分析哲学。"历史"与过去的世界

---

① 冯契先生在20世纪末已指出：中国哲学在现代"正面临着世界性的百家争鸣"。（参见冯契：《中国近代哲学的革命进程》，华东师范大学出版社，1997，第722页）

② 参见理查德·罗蒂：《哲学的场景》，王俊、陆月宏译，上海译文出版社，2009，第145-146页。

相关，"观察"与"实验"则涉及现实对象，悬置这两者，在相当程度上构成了分析哲学的重要特点。在分析哲学那里，这种悬置又与"技术化"的哲学进路相关。事实上，专注"技术性"的分析而缺乏真正的哲学问题或对问题的深入思考，已成为分析哲学的普遍趋向。这种"重技术"而"轻现实"的"做法"（"做哲学"的方法），诚然使分析哲学的文著常常显得精致剔透，但其哲学的言说往往缺乏让人豁然开朗的见解。以"技术化"的辨与析为主要关注之点，在相当程度上使分析哲学渐渐远离其智慧之思的源头：作为智慧的追求，哲学本来以跨越知识的界限而"求其通"为题中之义，然而，在分析哲学中，哲学的这种使命每每被消解于琐碎的解题过程中。事实上，理论内涵很难仅仅限于语言描述，方东树在19世纪已注意到这一点，按他的理解，"义理有时实有在语言文字之外者"[①]。这一看法与中国传统哲学所确认的"言不尽意"大致前后相承。同时，在某种意义上，分析哲学的论证过程不外乎把相关学派或者各种观点作一概括介绍，然后进行某种"辨析"或"驳斥"，这种"说法"（"言说哲学"的方法）每每呈现"洋八股"之味，其论述的结果，则常让人感到失望：整个言说过程固然条理明晰，但仅仅呈现近于溪流的清浅，很少使人感受到思想的深沉。可以看到，从"做法"到"说法"，分析哲学都蕴含着某种限度。

同时，分析哲学往往包含某些"似是而非"的分析。以后期维特根斯坦而言，其哲学常常表现出逻辑行为主义的趋向。在谈到"疼痛"时，维特根斯坦曾认为，不能说"我知道我疼痛"，只能说"我疼痛"。对维特根斯坦而言，这里的"知道"没有意

211

---

① 方东树：《汉学商兑》，台湾商务印书馆，1978，第87页。

义。① "我疼痛"是一种存在状态，"我知道我疼痛"则是与内在心智相关的认识。以上看法不仅表现出消解内在心理过程的取向，而且多少隔绝了存在状态与人的认识。维特根斯坦将"存在状态"与人的意识作了区分，有一定意义，但执着于此，则可能走向另一极端，其结果是将存在状态（疼痛）与认识状态（知道疼痛）截然对立起来。事实上，疼痛既是一种存在状态，也可以为人所知。关于"遵循规则"（rule-following）的言说②也与之相关，维特根斯坦认为，遵循规则不同于认为自己遵循规则。确实，实际遵循规则不同于以为自己遵循规则，维特根斯坦同时以此反对私人语言，也不无意义。但在实际遵循规则的过程中，同样可以包含主体在意识层面的自觉，也就是说，遵循规则的过程可以表现为出于自觉意识或在意识自觉引导下的过程。然而，维特根斯坦将遵循规则理解为一个盲目的过程，一再强调"我盲目地遵循规则"（I obey a rule blindly③）。在此视域下，"遵循规则"与人的自觉意识似乎呈现为一种彼此对峙的关系："盲目"在实质上疏离于自觉。这种看法同样体现了"行为主义"的观念。

正由于分析哲学存在诸多问题，因而需要以反思的眼光对其加以考察。此所谓反思，不同于简单地否定，而是具体地把握分析哲学的所见与所弊，并作相应的取舍。这里既需要警惕无条件地拒斥其注重逻辑分析的研究方式，也应当避免以模仿其中的

212

---

① Ludwig Wittgenstein, On *Certainty*（New York：Harper & Row，1972），p. 40.

② Ludwig Wittgenstein, *Philosophical Investigations*（Oxford：Basil Blackwell，1968），p. 202.

③ Ibid，p. 219.

"洋八股"进路为取向。将刻意仿效分析哲学作为"做"哲学的正途，常常难以跳出分析哲学的眼界。以上进路的实质内涵，在于"入乎其中"和"出乎其外"的统一："入乎其中"意味着深入分析哲学之中，切实地把握其哲学取向以及在哲学领域的"做法"和"说法"；如果没有入乎其中，站在其外妄加评论，显然难以切中要害。"出乎其外"则不同于仅仅抽象地认同和执着于分析哲学，而是以超越其哲学视域、从技术性的知识界限走向贯通性的智慧为旨趣。

就分析哲学在中国的历史衍化过程而言，早在20世纪三四十年代，冯友兰、金岳霖等哲学家便既受到分析哲学的影响，并入乎其垒、走进其中，又在不少方面扬弃了分析哲学的观念，从而在某种程度上走出了分析哲学。现在，同样需要这样一种哲学进路和哲学的取向。走进分析哲学确实十分重要，没有进入其系统，便没有资格对其批评，但是，在走进其中之后，又面临如何走出其外的问题，后者同样不可忽视。总体上，既要走进分析哲学，也扬弃其"做法"和"说法"，唯有如此，才能真正达到智慧之境。王夫之在谈到如何超越道家哲学时，曾指出："盖入其垒，袭其辎，暴其恃，而见其瑕矣，见其瑕而后道可使复也。"①所谓"道可使复"，便意味着回到"道"的智慧。分析哲学主要指向语言和概念的逻辑分析，显然有其局限：哲学诚然离不开概念分析，但同样需要关注现实，回到世界本身。事实上，"出乎其外"的重要意义便是重视基本的哲学问题，关注实在对象，回到真实世界。前述冯友兰和金岳霖的相关观念和做法，今天依然

213

① 王夫之：《老子衍·自序》，载《船山全书》第十三册，岳麓书社，1993，第15页。

有其意义，值得我们重视。在哲学上，冯友兰曾区分"照着讲"与"接着讲"的不同哲学进路，如果以此为角度，则走进分析哲学似近于"照着讲"，走出分析哲学更侧重于"接着讲"。要而言之，"入乎其中"与"出乎其外"，应该成为反思分析哲学的基本指向。

〔本文系作者在国家社科基金重大项目"20世纪中国分析哲学史研究"开题会议上的发言，原载《上海交通大学学报（哲学社会科学版）》2022年第5期〕

如何做中国哲学

如何做中国哲学？这一问题与建构"中国自主的哲学知识体系"相关。在后一表述中，"哲学的知识体系"可以看作哲学领域的观念系统；"自主"则意味着不依傍于其他思想构架而形成自身特有的概念、理论体系。这种体系如何可能？或者说，要达到这样一种系统，需要具备什么样的前提和条件？对此的追问，涉及"做中国哲学"的多重方面。

如前所述，"做中国哲学"以哲学领域中自主知识体系的建构为实质指向，其前提则是创造性思维的展开。从历史上看，创造性的探索是中国哲学发展的条件：以往的思想家们便是通过这种创造性的思维过程，以建构各自的理论系统，他们成为独领风骚的哲学家，也是基于这种创造性的研究活动及其成果。也就是说，他们首先是具有引领意义的思想家，然后才成为历史中的研究对象。以中国哲学史而言，先秦诸子中的老子、孔子、墨子、孟子、庄子、荀子，两汉哲学中的董仲舒、王充、扬雄，魏晋玄学中的王弼、嵇康、郭象，宋明时期的北宋五子，包括张载、周敦颐、二程、邵雍，以及南宋的朱熹、陆九渊，明代的王阳明以及明清之际的王夫之、黄宗羲等，都是以自己创造性的成果而形成独特的哲学观念系统。从今天看，这些观念系统实际上就是当时的哲学知识系统。每个时代都有自身的哲学知识系统，以上哲学系统都是那个时代的思想家创造性的探索过程的结果。

以往的思想发展过程是这样过来的，当代中国也并不例外：今天中国哲学领域的学人同样需要为形成当代中国的哲学知识系统而不懈努力。在这里，重要的是超越标语口号式的"创新"，进行扎实的创造性研究，由此形成具有积累意义的建设性成果。中国哲学的自主知识体系，是"做中国哲学"过程中形成的，这一过程以创造性的探索为实际的内容：只有通过空无依傍的创造性思考，才能产生为中外学术共同体所承认、所尊重的成果。真正要使当代中国的哲学系统在国际哲学界获得一席之地，显然不能依赖空洞、"激昂"的口号或主张，而是需要进行脚踏实地的建设性的研究。仅仅提出某种意向是比较容易的，而扎实的研究则需要付出艰辛的努力。"做中国哲学"首先应注重筚路蓝缕的探索，唯有真切地展现自身文化创造的价值，相关知识系统才能在世界学术之林中独树一帜。如果不能提出一套有创见的理论、无法对历史和现实中的问题作出自己独特的回应、仅仅停留于观念层面傲视天下的气势，那么，与之相关的口号与"主张"固然华丽铿锵，但可能只有浪漫自乐的外在意义。

任何创造都不能从无开始，而是需要以过去的思想成果为出发点，这构成了"做中国哲学"的另一前提，建构中国自主的哲学知识体系同样离不开这一方面。前面提到创造性思考主要以独立、自主为旨，然而，无所依傍并不是无视以往的思想成果。中国思想和中国哲学经过几千年的衍化，已经积累出丰富的成果，其中包含了不少创造性的见解。这种成果内在的意义之一，在于为哲学思想进一步的发展提供新的出发点。通过总结反思已有思想成果，当代的哲学建构可以获得多重的理论资源。这里包含史和思之间的互动：一方面，思想的发展以回溯、反思以往的思维发展成果为前提，另一方面，理解哲学史中已经有的观念、概念、理论的意义，又以已经形成的深层理论积累和开阔的哲学视野为出发点。从中国哲学来说，其中不少文献、经典所具有的概念、理论、命题，无疑包含着深层的哲学智慧，但是如果诠释者没有相当的理论积累和开阔的视野，这些哲学意义就很难被真正地揭示出来。当然，在研究的具体进路上，个体可以有所侧重：根据不同的学术积累和性之所近的理论旨趣，有的可能侧重于历史，有的则更为注重理论，这些多样的探索都是"做中国哲学"的题中之义。尽管进路不同，但是都属于广义的哲学思考。从总的哲学研究过程来看，需要注重历史和理论之间的交融，但是对具体个体来说，则难以实现面面俱到：形成不同的注重之点，属自然而然。

在对以往思想文化成果的继承、总结的过程中，需要特别避免一种偏向，即仅仅限定于单一的传统。关注以往的思想成果，需要有开放的视域。事实上，每一个时代在理解以往思想之时，都无法单纯地囿于线性的演进过程。历史地看，佛教传入后，中国思想不仅获得了多元资源，而且逐渐形成了丰富的形态，其中包含外来的文化，宋明时期的理学之所以在哲学上别开生面，相当程度上与吸纳东渐的佛学相关。从总的思想进路看，理学对佛学相拒而又相融。在"做中国哲学"的过程中，应当超越狭隘的眼界。

这种超越，意味着形成世界哲学的视野，其具体进路涉及"做中国哲学"的又一不可忽视的方面。从哲学的研究和探索来说，不仅需要将中国传统思想视为重要的资源，而且应该把视野扩展到整个人类文明的衍化过程。从世界文明的发展过程来看，在历史已经进入世界历史的时期，现在所见各种思想成果，并非仅属于某一种传统，为其所专享或独有，而是人类文明的共同财富，可以为今天的人们所共同运用，也就是说，应该将其视为当代思考世界哲学的共同的理论资源。20世纪初，王国维曾经提出：学无中西，中西之学，盛则俱盛，衰则俱衰。从哲学的角度看，王国维所说的学无中西，本质上体现了世界哲学的眼光，其中蕴含着运用人类思想发展的多重资源来丰富中国哲学之意。学无中西的具体指向在于：吸取多重的智慧资源，形成开放的哲学视野，这也是世界哲学视野的实质意义。

从中西哲学的关系看，这里包含几个方面。其一，中西哲学的彼此参照。如前所述，中国哲学中的很多观念、概念、理论等，确实包含深层的哲学智慧，但是如果解读、回顾以往思想时缺乏理论积累，没有开阔的视野，那么，以往哲学中隐含的哲学意义，便很难真切地把握。在理解、诠释、反思中国古典哲学之时，需要以开放的视野来吸纳人类文明创造的各种成果，包括西方哲学的成果，由此进一步从传统哲学中读出更多的东西。基于这一过程而建构的思想系统，不仅可以获得创造性的学术内涵，而且将形成广泛的哲学影响。质言之，回顾以往思想需要一定的理论出发点并具有丰富的哲学思想背景，以接纳世界文明中多样思想和学说、不同文明传统中具有普遍意义的思想成果为前提。

其二，中西哲学之间的相互作用，还包括克服各自潜在的问题。中西哲学在相当长的历史时期中，都是在各自文化传统中发展，二者之间没有实质性的影响。这里既体现了中西独特的思想进路，也可能存在着其特有的历史限定。从今天来看，对于以往思想传统中的历史不足，可以用开放的视野，以中西哲学的互动为背景加以扬弃或克服。就中国哲学来说，其中的明显特征，是对形式逻辑的相对忽略。冯友兰先生曾区分哲学的实质体系和形式体系，以此为划分标准，则中国哲学更多地注重实质体系，对形式体系往往有所忽略。在比较长的历史时期中，中国哲学对形式逻辑确乎未能给予充分的关注。尽管在先秦之时，中国已经形成了《墨辩》的逻辑，它与亚里士多德的逻辑系统、印度的因明，构成了传统的逻辑体系之一，但是，《墨辩》很快被遗忘。魏晋时期，随着名辩思潮的复兴，鲁胜曾注《墨辩》，然而，他的《墨辩注》的正文不久便佚失，现在只能在《晋书》看到其序文。隋唐以后，印度的逻辑系统因明学随着佛教而传入中国，但主要存在于唯识宗之中，从宗教系统看，唯识宗由于其思辨烦琐而影响不大，其中的因明学也因此而不彰。在中国广泛传播的主要是中国化的禅宗，其特点之一在于主张不列文字，并相应地对逻辑疏而远之。相形之下，西方哲学从古希腊开始，便比较注重形式逻辑，柏拉图的主要著作虽然是用对话方式写作的，但是其中包含着比较严密的逻辑形式，《理想国》即以正义问题为主线而层层展开，包含内在的逻辑脉络；亚里士多德更形成了系统的逻辑思想，在西方文化中影响深远，直到现代分析哲学，依然延续了这种注重形式逻辑的传统。中国哲学在走向现代、取得现代形态的过程中，需要吸取西方哲学注重形式逻辑的传统，以此克服自身存在的历史限定。

从西方哲学来说，同样存在不少问题，包括本体论中形上与形下之间的脱节，伦理学中形式和实质之间的分离，等等。以伦理学而言，如所周知，康德具有形式主义趋向，其道德哲学常常被称为形式主义伦理学，对实质的价值问题，往往有所忽略。现代现象学中的舍勒，则比较注重实质的方面，并由此批评康德忽视实质内容。不难注意到，形式和实质在西方的伦理学中常呈现出相互分离的状况。反观中国哲学的传统，从早期开始，中国便比较注重仁和礼、仁和义之间的相互沟通。仁更多地表现为实质层面的价值关切，礼和义则在不同意义上呈现规范性：礼表现为一套外在的社会规范系统，义则可以看作是内化的规范意识。中国哲学，特别是其中的儒学强调仁和礼、仁和义的统一，其中包含着对伦理学中实质内容和形式方面的沟通。这一哲学进路对扬弃近代以来的西方哲学中形式和实质的对峙，无疑有积极意义。可以看到，中西哲学各有自身的理论成果，也存在其历史限定。通过兼容不同的哲学传统，可以在吸纳各自积极的思想成果的同时，扬弃和克服可能存在的不足。

其三，以开放的视野对待中西学术传统而不限于一端，意味着范围古今中西而进退之，由此自成一家之言，形成自主的哲学系统或者学说，这种系统既有历史的价值，又呈现世界性意义。基于这种创造性的哲学系统，中国哲学可以进一步参与世界性的百家争鸣，通过走进世界的哲学舞台，以不同方式就共同的哲学话题与国际哲学界展开对话、讨论以及相互批评，由此，一方面开阔自身眼界，另一方面又作为哲学大家庭中平等的一员介入世界性的哲学事业。

在中西哲学的以上互动中，需要警惕一种趋向，即对西方文化亦步亦趋，将西方的思想学说作为放之四海而皆准的唯一标准，以此来评判和裁剪中国哲学和中国文化中的观念。这种偏向具有人云亦云、拾人牙慧的特点，它与建构中国自主的哲学知识体系格格不入，同样需要加以抑制。

"做中国哲学"同时需要注意"源"和"流"之间的统一。这里所说的"流"，主要指观念层面的思想演进：哲学观念的衍化往往以思想之流的形式呈现。与之相对的"源"则侧重于社会的变迁、历史的衍化以及时代的发展，它们更多地展开为一个现实过程。哲学的发展既不能离开对观念流变过程的回溯、省思，也需要关注社会领域的实际变迁。从中国哲学来说，先秦时代的礼法之争，主要表现为社会历史层面的变迁，这些变迁为先秦哲学衍化提供了历史背景。明清之际，社会发生了多方面的历史剧变，黄宗羲将当时的历史格局概括为"天崩地解"，这种剧变构成了当时思想发展的重要社会根源。到了近代，社会进入新陈代谢的历史演变中，在这一过程中，哲学的衍化表现为"哲学革命"：冯契先生对中国古代哲学和近代哲学作区分，相对于古代哲学的"逻辑发展"过程，中国近代哲学更多地表现为一种"革命进程"，而近代社会的历史变迁、新陈代谢，又为后者提供了内在的根据。

今天，"做中国哲学"依然应当关注社会的历史变迁，包括

新时代面临的百年未有之大变局，这种变局无疑是重大的历史变迁。在进行哲学层面的创造性思考的过程中，同时需要对人类普遍面临的历史问题以及现代存在的各种困境作出回应，提出应对之道，这既为哲学演进提供了现实之源，也构成了哲学发展的内在动力。从科学领域来说，随着信息科学、生物技术（包括基因工程），以及与之相关的人体增强、人工智能等的发展，一方面，人类的生活面临新的前景，另一方面，人类又需要回答以下问题：现代科学究竟走向何方？如何使之给人类的未来带来正面的意义？解决这些问题既离不开哲学层面的思考，也需要正确的价值引导。

进一步看，在社会领域中，面对各种极端的意识形态偏向，如何对国际政治中复杂的政治伦理问题作出深入分析和合理应

对？怎样既吸取近代以来注重民主自由的价值观念，又指出现有形态下将这种观念当作工具来划分阵营、拉帮结派的历史局限，以一种真正体现人类历史发展的视野，超越以上观念，这同样是"做中国哲学"的过程中无法回避的问题。民主、自由是人类共同的价值观念，但现代西方的政治势力和文化对其作了种种片面化的理解，这种视域无疑需要超越。福山曾提出历史的终结论，其前提是将西方式的意识形态和政治体制终极化，这种看法显然是非历史的。与之相对，哲学的思考应着眼于历史的大尺度、长时间段的衍化，以此梳理近代以来各种纷繁复杂的观念，扬弃其中的各种偏见。这是今天所面临的又一现实问题。

引申而言，哲学领域中的知识系统与更广意义上的近代知识体系具有相关性，"做中国哲学"的过程中，需要对后者加以关注。从近代知识体系看，其基本核心包括两个方面，即逻辑与实证。对逻辑的注重与自觉运用，使知识体系呈现条理化、形式化的特点；实证的视域，则使知识体系始终面向现实世界，避免了反身向内以及玄虚趋向。以上两个方面同时体现了近代自然科学的特点：逻辑的注重与近代科学的数学化一致，实证的立场则表现了基于实验的近代科学趋向。然而，如前文已提及的，在以上两个方面（逻辑与实验科学），中国传统思想都显得相对薄弱。如果说，关注哲学思想衍化之"流"意味着在考察思想流变的同时从形式（逻辑）的维度梳理其内在脉络，那么，指向哲学知识系统之"源"则蕴含着对现实对象的注重；二者既为自主的哲学知识体系的建构提供了前提，也构成了更广意义上自主知识体系形成的条件。

要而言之，哲学的发展既关乎观念层面的流变，需要反思中西哲学历史的变迁过程，也应站在现实的社会背景之中，正视时代所提出的政治、科学等不同领域的问题，并对此作出深层的回应。当代的中国哲学将在这样的创造性思维过程中逐渐丰富自身，在以上述进路"做中国哲学"的过程中，哲学领域中自主的知识系统也将由此不断取得新的形态。

（原载《哲学分析》2023年第2期）

哲学中的教条及其扬弃

哲学中的某种观念或立场一旦被片面强化，便容易衍化为教条。蒯因在20世纪50年代初曾对经验论的两个教条提出批评。[①]事实上，哲学领域中的教条，并不限于蒯因提及的这两重经验论趋向。从更为深沉的层面看，值得注意的是将某种观念归约为教条，这种思维方式本身往往具有教条化的性质。哲学对真实世界的把握，既需要扬弃特定的教条，也应在更普遍的层面超越教条化的思维。

一

哲学领域的抽象归约，体现于不同的方面。在现代哲学中，首先可以一提的，是塞拉斯所谓的"所与的神话"（the myth of the given）。在《经验主义与心的哲学》（*Empiricism and the*

[①] 参见《经验论的两个教条》（Two Dogmas of Empiricism），该文发表于1951年1月的《哲学评论》（*The Philosophical Review*），蒯因批评的两个教条分别与分析命题和综合命题的区分以及基于直接经验的还原论相涉。

Philosophy of Mind）^①一书中，塞拉斯对经验主义的感觉论作了考察，并将其主要理解为感觉材料的理论（the theory of sense-datum），认为感觉材料理论的基本特点，是区分意识行动（an act of awareness）与意识对象，意识行动也就是通常所说的感知（sensing）。^②在塞拉斯看来，知识乃是基于事实（fact）而非部分或特殊的存在形态（particular），而感知则仅仅指向部分，就此而言，感知及其结果不能视为知识。^③与之相对，"所与的神话"在于肯定经验知识有一个基础，而作为基础的感知或直接经验又具有原初的、无问题的特点。按塞拉斯的理解，经验知识离不开语言和概念，"所谓直接经验也以语言运用过程为前提"^④。布莱顿后来将塞拉斯所说的"所与的神话"主要概括为两点：其一，肯定某种知识的存在；其二，认为这种知识不以概念的获得为前提。塞拉斯则对此提出了批评，认为以上两者难以相容，也就是说，没有概念的参与，无法形成知识。^⑤

当然，在塞拉斯那里，"所与"往往被赋予更广的含义。对塞拉斯而言，"许多东西被说成'所与'：感觉内容，物质对象

---

①《经验主义与心的哲学》（*Empiricism and the Philosophy of Mind*）一书初版于1956年，稍后于蒯因在1951年发表的《经验论的两个教条》。

② W. Sellars，*Empiricism and the Philosophy of Mind*（Cambridge：Harvard University Press，1997），p. 14.

③ Ibid，pp. 15-16.

④ Ibid，p. 59，p. 63，p. 68.

⑤ Ibid，p. 122. 顺便指出，对所谓"所与的神话"的理解，往往有不同侧重，齐硕姆（R. M. Chisholm）后来在谈到所与的神话时，曾认为，所与理论的要义在于：第一，以为知识有如某种结构或大厦；第二，强调作为其基础的感觉材料即是所与（R. M. Chisholm, The Myth of the Given, in *Philosophy*, Englewood Cliffs：Prentice-Hall，1964，p. 261.）。这里的关注之点首先是所与在认识中的作用，这与塞拉斯着重指向其构成（无概念参与的纯粹感知材料），似有所不同。

（material objects），普遍，命题，真实联系（real connections），第一原理，甚至所与自身"①。这样，从认识论到本体论，所有哲学讨论的内容，都可以被视为所与。按其本来意义，"所与"涉及本然的存在，而第一原理、命题等，则是在人自身的知、行活动中获得、形成的。塞拉斯将命题、第一原理、普遍性都视为被给予的，而这些对象与感觉内容、物质对象不同，已经包含了不同形式的理性活动，从而不同于本然的存在，以上看法表明，塞拉斯似乎并未自觉地意识到本然对象与现实存在的区分。不过，需要注意的是，塞拉斯又指出，对感觉理论的批评，是"对整个所与框架进行一般批评的第一步（a first step）"②。也就是说，他的"所与的神话"之说，首先指向认识论领域，事实上，它在哲学中的影响，也主要体现于此。

从认识论上看，感觉经验无疑渗入了理性知识，并关乎概念的运用。事实上，科学哲学关于观察渗透理论的看法，也肯定了这一点。然而，感知（sensing）固然不能完全离开概念性认识，感觉内容也主要表现为对部分（particular 或particulars）的把握，从而具有分析性，但这种分析性的感知并未完全离开认识论之域。塞拉斯基本上忽视了后一方面，并由此表现出明显的理论偏向：将肯定感觉经验的认识意义这一看法归结为"所与的神话"，意味着在拒斥忽视概念作用的经验论"教条"的同时，又引向另一教条——消解感觉的相对独立性及其知识内涵。确实，以否定感觉的认识意义为实质内涵，"所与的神话"这一断语已成为一种新的教条。在认识论领域，通过引用"所与的神话"以

---

① W. Sellars, *Empiricism and the Philosophy of Mind*（Cambridge：Harvard University Press，1997），p. 14.

② Ibid.

质疑感觉在把握世界过程中的作用或论证感觉经验的不可靠，也呈现为司空见惯的现象。①

认识论领域另一引人瞩目的观念，是"知道是何"（knowing that）与"知道如何"（knowing how）的区分。自赖尔引入以上分别之后，"知道是何"与"知道如何"的分野，便成为认识论的重要论题。在此视域下，"知道是何"一般被视为命题性认识，并关乎世界"是什么"的问题；"知道如何"则常被归入非命题性知识，其涉及的问题主要是人自身"如何做"。引申而言，与"知道如何"相关的行为之知包括两个方面，即"知道应该做什么"与"知道如何去做"。按赖尔的理解，理智主义及其追随者往往将"知道应当做什么"和"知道应当如何做"这类广义之"知"与实际之"行"加以分离，强调先有前一层面的"知"，然后才发生后一维度的"行"。赖尔把这种观点称为"传奇"（legend）："根据这种传奇，一个人做某事时又思考自己所做之事，这总是成为两件事，也就是说，先考虑某些恰当的命题或规定，然后将这些命题和规定的所涉要求诉诸实践。这也就是先做一件理论工作，再做一件实践工作。"②此所谓"传奇"也可视为教条，这种传奇或教条的内在取向，是割裂行为

227

---

① 在塞拉斯之前，刘易斯（C. I. Lewis）已在《心与世界秩序》（*Mind and the World Order*）中对所与（the given）作了讨论，相对于塞拉斯以"神话"描述所与并对其加以质疑与消解，刘易斯的立场似乎相对温和，不过，他固然肯定了所与和对象的关联，但仍强调认识论意义上的所与离不开概念的建构，并认为所与的内容主要表现为"经过作用的要素或抽象（excised element or abstraction）"，在这方面，刘易斯又呈现出与塞拉斯相近的趋向。〔C. I. Lewis, *Mind and the World Order：Outline of a Theory of Knowledge*（New York：Dover Publications, Inc., 1929），pp. 36–66.〕

② G. Ryle, *The Concept of Mind*（New York：Barnes & Noble Books, 1949），p. 29.

之知与行为过程，未能把握"知道如何"与实际之行的关联。

当然，赖尔同时有逻辑行为主义的倾向，对人的内在心理、意识常持质疑的态度。在他看来，"'在心中'这一短语可以而且应该永远被废置"①，这类看法包含着消解内在意识的旨趣。对赖尔而言，"我们所关注的更多的是人的能力而不是认识了多少对象，是人的活动而不是掌握了多少真理"②。在此，能知与所知，活动与真理呈现彼此相对的两个方面。事实上，在赖尔那里，"知道是何"（knowing that）与"知道如何"（knowing how）的区分蕴含如下观念，即：命题性知识仅仅与前者相关；与之相联系，做什么与如何做之类与行为相关之知，则被置于命题性知识之外。尽管赖尔已注意到：实际知道如何做意味着按相关的行为方式去做已成为行动者的"第二天性"，但他又将关乎"如何做"的知识隔绝于意识之域③，这种看法在肯定与"身"相关的行动技能的同时，多少忽视了行动过程中总是内含"心"及其作用，而并非仅仅表现为"身"的活动。相应于对内在意识的虚无主义理解，赖尔未能充分关注"行动中实际地知道如何"与"观念层面知道如何"的关联。"知道应当做什么"与"知道应当如何做"属广义的规范性认识，这种认识既可以通过化为人的现实能力而影响人实际做的过程，也可以取得命题性之知的自觉形式：尽管在行动过程中，"观念层面知道如何"不一定以明晰的语言形式呈现，但实际地知道如何做，总是蕴含着对"知道如何"之知的把握，后者作为规范性之知在实质层面包含命题

---

① G. Ryle, *The Concept of Mind* (New York: Barnes & Noble Books, 1949), p. 40.

② Ibid, p. 28.

③ Ibid, p. 41.

性内容。以劳动技能的把握过程而言，熟练工人在培训学徒时不仅应以身示范，而且需要比较明晰地解释或陈述相关的操作要领，这种解释或陈述不外乎以语言的形式告诉受训者"应当如何做"，其中所涉及的"应当如何做"的规范性知识则包含命题性的内容。[①]赖尔在扬弃"知道应当做什么"和"知道应当如何做"与实际之"行"分离的"教条"（传奇）的同时，自身似乎又陷于另一"教条"：与侧重于"知道是何"（knowing that）与"知道如何"（knowing how）的彼此分离相应，赖尔忽略了行动过程同样包含观念层面的命题之知。以命题性认识与非命题性认识的分离甚至对峙为新的教条，忽略广义的规范性认识（knowing how）同样包含命题性内容，便容易成为一种思维定势。在当代哲学中，关于"知道是何"（knowing that）与"知道如何"（knowing how）的讨论，依然不难看到这种教条的影响：如果说，确认命题性之知的本源性体现了对"知道是何"的侧重，那么，肯定认识者活动和能力的优先性，则可以视为强调"知道如何"的逻辑引申，两者构成了相异的认识趋向。

二

哲学中的教条不仅存在于认识论领域，而且在政治哲学、伦理学中也不难注意到。就政治哲学领域而言，自柏林提出消极自由与积极自由的区分后，自由的不同形态便成为政治哲学关注的问题。按柏林的解释，所谓消极自由，主要指摆脱外在干预（freedom from）意义上的自由，积极自由则首先源于自我决

---

① 参见杨国荣：《人类认识：广义的理解与具体的形态》，《学术月刊》2020年第3期。

定、自作主宰等意愿，其更一般的内涵则是"自由地走向或达到"（freedom to）。[1]对柏林而言，积极自由更多地呈现负面或否定性的意义，它意味着从一定的价值立场出发，坚持和推行某种观念或主张，并以此来成就个体和社会。这种自由的向度如果片面发展，往往导致对个体的外在强制。在积极地实现某种理念的要求下，这种理念本身可能异化为抑制、干涉、操纵人的思想与行为的工具。与之相对，消极自由则被赋予更为肯定和正面的意义，这种肯定意义主要基于消极自由的两个基本原则：其一，"唯有权利（rights），而非权力（power），才能被视为绝对的，从而，所有的人，不管何种权力支配他们，都有绝对权利拒绝非人道的行为"。其二，"存在着非人为划定的界限，在此界限内，人不应该受侵犯"。[2]可以看到，消极自由的主张以个体权利的绝对化为前提，不受侵犯的界限，实质上也可归属于个体权利的领域。在柏林提出消极自由和积极自由的区分之后，个体权利与消极自由形影相随，贬抑或拒斥积极自由、认同和推崇消极自由，逐渐成为政治哲学中新的教条。

将消极自由视为社会生活中的主导原则，固然包含反对外在强制和干预的意向，但仅仅强调这一方面，显然很难对社会关系作出合理调节。一味肯定消极自由，首先无法避免抽象性、空洞性。在贫困、饥饿、疾病等处境中，人的消极自由并未被侵犯，但依然处于悲惨无助之境。对于社会中的弱势群体而言，积极自由中的丰衣足食，无疑较消极自由中的忍冻挨饿更合乎人性。从个人行为方式看，自我热衷于吸毒，或甘作人肉炸弹制造自杀性

---

[1] 参见Isaiah Berlin, *Four Essays on Liberty*（New York：Oxford University Press，1969），pp. 121–134.

[2] Ibid，p. 165.

爆炸，都是其自由选择，按照消极自由神圣不可侵犯的原理，社会似乎不能对此类"自由"加以干预。然而，这些行为对个体与社会都将带来严重危害，为了建立合理的社会秩序，积极自由意义上的社会干预，显然是必要并不可避免的。当然，积极自由应该有其界限，在无害于他人或社会的前提下，个人信仰何种宗教、从事什么职业、选择什么样的生活方式等，无疑是个人自由，对这类选择应加以尊重，只有当其行为可能给社会带来负面影响（如基于某种宗教信仰而从事恐怖主义活动等）时，社会才应该加以干预。这里涉及公共领域与私人空间的区分：一旦涉及公共领域，超出了其私人选择的范围，社会便可以，而且应该对相关行为加以制约。

以消极自由为绝对正确的取向，常常与推崇所谓"小政府"相关，这种"小政府"观念主要表现为对政府作用和功能的限定，它所体现的是个体本位、权利至上等理念。确实，在企业经营、市场运作、技术改进等领域，政府不应多加干预，然而，由此笼统地通过强调"小政府"而过度地限定政府作用，往往也会对社会发展产生不利作用，后者折射了"消极自由"这一教条的影响。事实上，在军事安全、社会治安、经济的宏观调控、社会保障或社会福利、共同富裕、交通干线及信息网络的基础设施建设、禁猎野生动物、保护历史建筑和文化遗产等方面，无疑需要发挥政府的力量，它体现了政府与积极自由的相关性：在以上领域，政府的作用是不可或缺的，如果以"小政府"为政府不作为的口实，便很难保证社会的健全运行和合理发展。不难注意到，与消极自由相关的"小政府"和体现积极自由的"大政府"，并非截然对立，片面地用消极自由的教条否定后者，无疑将导致负面的社会后果。

同时，自由既关乎外部条件，也涉及人的内在能力，包括人的认识和理解能力、意志决断能力、自我控制能力等，缺乏这些内在条件，自由的真正实现将面临内在障碍。以消极自由为至上或完美之境，其理论趋向在于：仅仅关注如何克服自由的外在阻力，而基本上忽视了如何消除自由的内在障碍。康德在谈到人的自由问题时，已注意到扬弃人的内在感性冲动的问题，对他而言，实践领域的自由既基于理性的自我立法，也以克服内在的感性偏向（inclination）为前提，这一看法当然可以讨论和分梳，但注意到自由与扬弃人的内在限定间的关系，则不无所见。主张消极自由的观念完全忽视通过提升个体的多样能力以克服走向自由的内在障碍，显然是非常片面的。

进一步看，消极自由的实现，无法完全离开积极自由：缺乏前述与积极自由相关的政府行为所创造的不同方面的条件，所谓消极自由很容易流于空洞抽象：没有军事安全，国民就可能成为亡国奴；没有社会治安，社会成员就可能受暴徒的奴役；没有社会保障，民众就可能流落街头；没有共同富裕，弱势群体就可能一贫如洗，如此等等。在以上情况下，也许个体依然可以处于消极自由之境，但从合乎人性的视域看，这种所谓"自由"，是需要"逃避"的。①消极自由并非无根无由，而是有条件的；个体根据自身意愿进行自主选择并以合乎人性的方式发展自身，也需要基本的前提，这种条件和前提的获得，离不开上述视域中的积极自由。从现实的层面看，消极自由无疑有其不可忽视的意义，但它乃是通过积极自由创造了各种必要的社会条件之后达到的。

① 弗洛姆（Erich Fromm）曾著《逃避自由》（*Escape from Freedom*）一书，其中主要分析了现代西方社会的个体孤独、无意义状况导致的自由的异化，这里主要借用其表述，但含义和侧重则与之有所不同。

这里可以区分合目的与合法则，消极自由与积极自由固然都兼涉两者，但比较而言，消极自由更多地体现了维护个体权利这一合目的性，积极自由则首先以尊重现实及其相互关联意义上的合法则（包括社会法则）为关注之点，无论成就自我抑或成就社会，都离不开两者的统一。仅仅以消极自由为教条，似乎容易忽视以上互动。

社会政治、伦理领域中的教条，同时体现于对社会生活中基本价值原则的确认，其中，强调正义构成了尤为引人瞩目的观念。正义观念导源于古希腊，柏拉图、亚里士多德等都已对正义问题作了讨论。自罗尔斯在20世纪70年代出版《正义论》之后，正义理论再度复兴，政治哲学和伦理学中讨论正义问题浸浸然成为时尚，而以正义为社会的基本价值原则，则构成了政治哲学与伦理学中支配性的思想趋向。刘易斯曾将正义提到与善、正当同等的地位："伦理学有三个主要概念：善（the good）、正当（the right）和正义（the just）。"[①]在逻辑上，这一看法表现为肯定正义在伦理学中的核心地位；就价值取向而言，以上论点则意味着赋予正义原则以主导性。从理论层面看，将正义与善、正当等量齐观，很难视为正确的定位：善具有实质的价值内容，正当则更多地呈现形式的内涵，二者分别展现了道德的实质内涵与形式之维，相对于此，正义并没有这种普遍的理论意义。将正义归结为人类社会基本或至上的价值原则，无疑导致了对其不适当地强化。正义原则的这种强化，也可以视为其教条化。

233

---

① 刘易斯：《伦理学理论的转折点》，载《刘易斯文选》，社会科学文献出版社，2007，第294页。该文虽发表于1954年，早于《正义论》（1971年出版），但大致上承了西方哲学的传统，并在某种意义上预示了尔后正义原则的强化。

历史地看，正义原则以得其应得为本原性内涵，以此为规定，正义关乎人的权利："应得"也就是有权利获得。作为应得的依据，权利总是与一定个体相关，并具有个体性的特点。无论是先天禀赋，还是最初的社会背景，其实际的意义都体现于一定个体。然而，个体之间往往存在各种差异，从智力、体力到社会背景，都体现了这一点。马克思已指出这一点，在他看来，个体的权利默认"劳动者的不同等的个人天赋，从而不同等的工作能力，是天然特权"①。事实上，权利往往体现于多样的利益，个体在权利上的差异，也使个体之间形成彼此相分的界限，并导致其在利益上的不一致，个体间在权利方面的这种差异和分别，也使源于个体权利的正义原则更多地关涉个体间的相互分离，而非社会的和谐合一。

正义的以上特点，决定了正义原则本身的历史品格，其内涵不仅应以"得其需得"加以扩展，而且更须由"按需分配"的社会原则加以超越。作为"得其应得"之正义原则的扬弃，"按需分配"以"集体财富的一切源泉都充分涌流"②为前提：一旦社会财富得到充分发展和积累，则资源本身的分配，便可能按照个体存在与发展的需要来实施。在此，资源的发展、积累既展示了更为本源的意义，又构成了实现人的全面发展要求的前提。概要而言，社会生产的高度发展和人的全面发展，使未来社会的"按需分配"在历史根据与价值走向两个方面扬弃了以"得其应得"为内涵的正义原则。这一意义上的"按需分配"不仅扬弃了强化个体权利所蕴含的实质上的不平等，而且为人自身的全面发展提

① 马克思：《哥达纲领批判》，载《马克思恩格斯选集》第三卷，人民出版社，2012，第364页。

②《马克思恩格斯全集》第二十五卷，人民出版社，2001，第20页。

供了前提。①从这一方面看，将正义原则永恒化的教条，显然是非历史的。

三

晚近以来，中国学界的不少论者开始聚焦于"天下"观念：一时间，"天下体系""天下主义""新天下主义"纷纷登场。一些学人认为，"天下"观念蕴含所谓"兼容式的普遍主义"，一旦祭出这一观念，便可解决全球化带来的各种问题，甚至化解国际冲突，走向世界和平。在此观念之下，"天下"或多或少成为新的政治哲学教条，"天下模式"则被视为超越了文化自身认同的局限性和文化地方性，具有所谓"更高的视野"。这种看法显然将中国传统的"天下"观念过于神化了。事实上，作为传统思想的重要构成，"天下"至少关乎以下方面：其一，指人类全体，梁启超曾对此作了如下概述："'天下'云者，即人类全体之谓。""所谓天下者，是否即天下且勿论，要之其着眼恒在当时意识所及之全人类。"②由此可进一步引申为天下为公的观念，它作为社会理想层面的引导性原则，包含超越特定利益、意识等方面的差异和对立的要求。其二，与夷夏之辨相关，指礼义之邦中的成员或进入礼义之域的民众，以区别于尚处于前文明状态（"野"而未"文"）的"蛮夷"，引申为王化之民，从早期的"溥天之下，莫非王土；率土之滨，莫非王臣"③，到后来的

---

① 参见杨国荣：《成己与成物——意义世界的生成》第七章，北京大学出版社，2020。杨国荣：《重思正义——正义的内涵及其扩展》，《中国社会科学》2021年第5期。

② 梁启超：《先秦政治思想史》，载《饮冰室合集·专集之五十》，中华书局，1989，第154页，第2页。

③《诗·小雅·北山》。

"今陛下并有天下，海内莫不率服"①，都以此为内涵，后者同时内含王权至上的理念。其三，大一统意识：天下一统，往往被视为正统的表征，它意味着超越分裂和战乱，形成统一的国家和政权，这一观念可以视为天下为公与王权关切的某种交融和延伸。以"天下"的上述实质含义考察当今世界，则显然无法将其作为万能的观念来解决问题：今天的世界依然表现为某种丛林社会，其间充满利益纷争，一国之中的有序与国际间（世界范围内）的无政府状态，构成了基本的政治格局，这既不同于作为理想目标的大同世界（天下为公），也有别于历史中实际呈现的王权一统、君临天下的政治状况。同时，传统"天下"观念所蕴含的"夷夏之辨"以及"溥天之下，莫非王土"等含义，往往容易引发各种形式的疑虑和误解，其结果更可能是国与国、民族与民族之间的彼此戒备或相斥，而非和谐和沟通。在此前提下，试图以"天下模式"化解国际冲突、走向世界和平，只能是一厢情愿甚至南辕北辙的抽象空谈。

从另一方面考察，"天下"的观念所包含的超越特定地域等普遍性内涵，与现代意义上的"世界"观念并没有根本区别。"天下"一词是中国传统的表述，随着佛教的传入，逐渐出现了"世界"这一概念，汉语中的"世界"一词本来表示时间（世）和空间（界：边界、疆域），佛教传入后则被赋予新的意义，成为既涵盖万物，也包括众生的概念。在现代，"世界"作为world的汉译，获得了更为普遍的含义。比较而言，"天下"固然包含空间上的广延观念、价值观上的人类关切，但并无优越于"世界"的特殊规范意义。事实上，"天下大同"在近代以来的思想

---

① 班固：《汉书·传·董仲舒传》。

演进中便常常被表述为"世界大同"或"大同世界"，近代以来的世界意识（包括自康德以来的世界公民观念）、人文观念，已体现了类似的趋向，在这方面，"天下"观念并没有在实质上提供更具有现实意义的规范功能。试图以"天下"观念拯救现代世界、解决国际冲突，可能赋予了其难以承受的功能。切实地看，如何将中国传统思想中的"天下"观念和现代意义上的"世界"观念加以沟通，或许是更值得思考的问题。今天一再得到关注的"世界哲学""世界文化"等，都以"世界"加以限定，这种现象从一个方面表明，与其拘泥于一定时代的特定表述方式，不如通过传统思想与现代观念的融合，彰显跨越民族、国家界限的宽阔视域。仅仅赋予"天下模式"以万能形态，除了凸显其教条性的内涵之外，并无其他意义。

在更为一般的意义上，问题涉及心与物、主体与客体（主观与客观）、天（自然）与人等关系。在这一方面，肯定"合"、拒斥"分"，呈现为普遍的趋向。以心物、主客关系而言，将笛卡尔以来的近代哲学的主要特点归约为心物两分、主客对峙，似乎已成定论，与之相对的是要求心物、主客由"分"而"合"。同样，在天（自然）人关系上，认为近代的主导取向是以人为中心、强调对自然的征服和支配，由此引发了天人之间的失衡，基于以上前提而批评天人分离、主张两者合一，则是现代哲学的主流看法。现代哲学的以上立场可以概述为凡"分"皆坏、凡"合"皆好。事实上，在心物、主客、天人领域，以"合"否定"分"，已成为哲学的教条，在凡"分"皆坏、凡"合"皆好的思维定势下，人们往往追求和肯定心物、主客、天人之"合"，拒斥和反对其"分"。

在以上教条中，"分"与"合"呈现抽象的形态。这里首先

237

需要对"合"作进一步的考察，具体而言，应区分其两种不同的形态。心物、主客、天人最初表现为原始的合一，在人的意识、精神、认识活动展开之前，心物、主客之间主要以浑而未分为形式；同样，当人尚未完全走出自然并作为自然的他者作用于自然之时，天人之间也处于原初的相合关系之中。随着知、行活动的发展，人不仅在认识意义上更为深入地把握自然，而且在实践意义上进一步变革自然，由此，认识论视域中的心物、主客关系和实践层面的天人关系也以意识与存在、能知与所知的分化和人的作用与人化世界的相对等形式呈现。仅仅执着于以上相分，固然面临诸多问题，近代以来的心物二元论、主体与客体的对峙、天人之间的冲突等，都表明了这一点，现代哲学对"分"的疏离和拒斥，也似乎是因为注意到了这一点。然而，相对于原始的合一，心物、主客、天人之间的分化，无疑又是某种观念和实践层面的突破：它为走出混沌提供了历史的前提，意味着在以上关系中从自发状态走向自觉状态。不过，由原始之"合"到后续之"分"固然体现了认识与实践关系上的发展，但仅仅停留于这种"分"，也将导致上述各种问题，就此而言，单纯地"分"无疑表现为心物、主客、天人关系的片面化。合理的取向，在于既分之后，进一步在更高的层面重建统一。以心物、主客关系而言，所谓统一，意味着通过把握真实的世界，扬弃意识和精神之维的认识与对象（外部存在或客体）的分离；同样，在天人关系方面，两者的合一旨在基于人的作用，使"天之天"化为"人之天"，亦即让本然的存在成为合乎人的需要和理想的世界。这里不难注意到"合"的不同形态：既"分"之后重建的"合"，显然不同于原始的"合一"，而这种差异，又以心物、主客、天人关系走出原初之"合"为前提。从这一方面看，凡"分"皆坏，

238

凡"合"皆好的教条，显然并未把握问题的实质。

可以看到，哲学领域存在不同的教条，尽管内涵各异，其形态也不限于以上所论，但作为教条，又具有相通之处，主要表现为片面化与独断化。从理论的层面看，这些教条提供的往往是扭曲的存在图景；在实践的维度，则常常将人的活动过程引向歧途。

四

作为抽象的观念，哲学上的诸种教条呈现多重偏向，在认识与变革世界的过程中，都难以提供合理的规范。从其形成的根源看，这种教条的发生，又有自身的缘由，这种缘由首先表现为知性的思维方式。哲学教条的共通趋向在于片面强化存在及其关系的某一方面，忽略或漠视其他相关规定，这种思维方式具有比较典型的知性特点。

从康德开始，德国古典哲学便区分了感性、知性与理性。这里所说的理性与通常所说的认识论意义上区别于感性的理性有所不同，它既以超验的理念为形式，又具有扬弃分离的辩证趋向。同样，作为德国古典哲学的重要表述，知性也有二重品格：在超越感性这一层面，知性与通常认识论视域中的理性有相通之处，然而，就其把握对象的方式、过程以及所指向的存在规定而言，知性又不同于前述意义上的理性。

区别于感性和理性的知性首先与思维方法相关。在思维方式这一层面，知性的特点在于"丢掉具体事物所具有的一部分多样性"①，而抽取其相同的（自身同一的）方面。从逻辑上说，这一

---

① 黑格尔：《小逻辑》，贺麟译，商务印书馆，1980，第247页。

思维趋向侧重于"分"或分析，事实上，前面提及的舍弃多样而求其同，即是"通过所谓分析作用"而实现的。[①]然而，在以分析为主要方法的同时，知性未能引入综合和关联的视域，与之相联系，区分与划界构成了知性思维的基本特点。上述方式运用于思维过程，便展现为以下趋向：一是截止运动，即把对象的变迁过程裁割为不同的断层，然后对各个横断面加以研究。二是分解整体，即把完整的统一体分解为不同规定而加以考察。前者主要撇开事物的纵向联系而把各个断面抽引出来加以分析，后者则悬置事物的横向联系而把统一体的各种要素分离出来进行考察。

从把握存在的过程看，知性思维无疑有其意义。相对于感性直观的外在性与混沌形式的整体性，知性既通过截止、分解等活动而深入对象的内在层面，又将"完整的表象蒸发为抽象的规定"[②]，由此扬弃了感性的混沌性。正是基于知性的思维，认识开始摆脱感性直观的外在性与混沌性，从而为把握事物的内在规定以及再现理性的整体提供必要的前提：对过程加以截止，将整体加以分解，构成了把握真实对象的条件。唯有从某一横断面出发，达到对事物的相对静止状态的考察，才能进而向后回溯与向前展望，并理解其变迁和发展；同样，也只有对事物的各个方面、各种规定分别作细致的研究，才能再现对象的真实形态。

然而，知性思维诚然扬弃了对象的外在性与混沌性，但自身又以抽象性为主导品格。如上所言，这种品格主要表现为执着各个规定的自身同一而撇开相互联系："就思维作为知性（理智）来说，它坚持着固定的规定性和各规定性之间彼此的差别，以与

---

① 黑格尔：《小逻辑》，贺麟译，商务印书馆，1980，第247页。

② 马克思：《〈政治经济学批判〉导言》，载《马克思恩格斯选集》第二卷，人民出版社，2012，第701页。

对方相对立。知性式的思维将每一有限的抽象概念当作本身自存或存在着的东西。"①在知性的形态中，对象的各个规定往往彼此分异，其现实的联系则被悬置，这样，如果停留于知性思维，将其视为终极的认识形式，便难以避免各种负面的思维后果。

事实上，在前述各种哲学的教条中，不难注意到执着于抽象规定而形成的片面趋向。在以批评"所与的神话"这一形式出现的教条中，仅仅强调感觉经验渗入概念性规定，由此否定感觉本身的相对独立性及其认识意义，呈现的即是知性思维的抽象性。同样，拒绝承认"知道如何"之知包含命题性内容这一教条，也以单纯强化命题性知识与非命题性知识、活动与真理的相分为前提。类似的思维趋向也存在于政治、伦理的领域，推崇"消极自由"的教条，即以强调消极自由、疏离和责难积极自由为前提，它们在逻辑上以仅仅侧重于自由的一个方面而排斥相关的另一方面为特点。与之相关的是将正义原则永恒化的教条，其前提既表现为个体权利的片面突出，又呈现为正义这一价值原则的抽象化。在心物、主客、天人关系方面，凡"合"皆好、凡"分"皆坏的教条，与对心物、主客、天人关系中"分"与"合"内涵的抽象理解相关。在这一视域中，心物、主客、天人之间合一的不同形态被搁置，统一本身被抽象化为理想之境，其具体性、历史性品格则被消解。从以上方面看，哲学中的诸种教条的形成，与抽象的知性思维方式，存在难以分离的关联。

由此作进一步考察，便可注意到，哲学领域的教条同时关乎更广意义上的学术趋向。以近代以来的中国学界而言，附和所谓热点，从众以及跟风式的"研究"，往往成为各种教条生成的

---

① 黑格尔：《小逻辑》，贺麟译，商务印书馆，1980，第172页。

温床。梁启超在谈到学术衍化时，曾指出："凡一学派当全盛之后，社会中希附末光者日众，陈陈相因，固已可厌。其时此派中精要之义，则先辈已浚发无余，承其流者，不过捃摭末节以弄诡辩。且支派分裂，排轧随之，益自暴露其缺点。环境既已变易，社会需要，别转一方向，而犹欲以全盛期之权威临之，则稍有志者必不乐受，而豪杰之士，欲创新必先推旧，遂以彼为破坏之目标。"①这里虽主要涉及学派流变，但其中也关乎学风上的消极趋向，而"希附末光""陈陈相因"，则可以视为附和、从众、跟风之类"研究"方式的概述。在人人讲"天下"的时风中，"天下主义"或"天下模式"逐渐被奉为"救世"教条；以个个谈消极自由为学术"前沿"，消极自由本身也开始获得了教条的性质，如此等等。这里既渗入了抽象的知性思维方式，也折射了人云亦云、追随学术时尚的浮泛学风。与之相关，时下往往好谈所谓"独立之精神，自由之思想"，但这种表述本身似乎已成为陈腐的套语：在实质上的"陈陈相因"之后，以上标榜更多地呈现某种反讽意义，而其背后，则常常是思想的贫乏和观念的空洞与抽象。事实上，虚华的学风，本身也可视为抽象思维的体现，而不同形式的哲学教条，则表现为其逻辑的结果。

五

以上所述表明，哲学的教条首先与知性化的抽象思维及其衍化形态相涉，这一关联同时规定了克服各类教条的可能进路。概要而言，超越哲学教条的途径表现为以具体的分析、综合的考察扬弃抽象的归类和抽象的分析。

---

① 梁启超：《清代学术概论》，载《饮冰室合集》第八册，中华书局，1989，第3页。

就"所与的神话"这一概述所内含的教条而言，其克服或扬弃既与肯定感觉经验的认识论意义相关，也以具体地分析"所与"的内涵为前提，两者并非相互排斥。这里需要将"所与"放在具体的关联中，避免对其作孤立的考察。在引申的意义上，可以把"所与"（the given）和"感觉材料"（sense data）联系起来。当然，这种联结是以肯定二者的不同内涵为前提的，塞拉斯在肯定所与和感觉材料相关的同时，似乎表现出将二者不适当地加以重合的趋向①，其中包含某种抽象性。按其实质的规定，所与侧重所知（认识对象），可以视为对象的直接呈现；感觉材料更多地与能知（认识主体）相关，主要表现为主体把握的认识质料。将所与仅仅理解为外在的、对象性的规定，而否定其与主体（包括概念形式）关联，无疑是一种偏向；把感觉材料主要归结为主体性的主观规定，认为它只是存在于内而与对象无关，这种看法同样有其片面性。作为认识的现实出发点，所与只有与概念形式相关才有意义；感觉材料则唯有包含关于对象的内容，才构成认识条件。

真实的认识条件表现为所与和感觉材料的结合，二者无法截然相分。与之相联系，感觉经验或感觉材料可以视为对象在一定条件（与人相关的背景）下呈现的属性，从而，在获得感觉材料的同时，人也达到了对象本身。以批评"所与的神话"为形式的教条仅仅肯定概念对经验的渗入，基本上忽视了所与是"客观"的呈现。事实上，作为认识的质料，感觉材料既关乎对象性，而非纯粹的概念投射，又渗入了概念形式，从而不同于光溜溜的实

---

① W. Sellars, *Empiricism and the Philosophy of Mind*（Cambridge：Harvard University Press，1997），p. 14.

在规定；以对象在能知之中的呈现为形式，感觉材料具有个体性，但与概念的关联又使之具有普遍性（可以在共同体中交流、讨论）。关于经验材料，不应简单地否定其认识论上的存在和意义，而是需要指出其中所与（对象的呈现）和所得（语言、概念形式）的结合、感性与理性的相涉、个体性与普遍性的相关等品格。

否定"知道如何"之知包含命题性内容，构成了认识论中的另一教条，解构这一教条，需要从广义的视域考察认识过程。从现实的层面看，人类认识不仅关乎认知与评价，而且涉及规范，后者以引导人的观念活动和实践活动为内在指向。规范性的认识或认识的规范之维主要与"知道如何"相联系，如果对认识过程作具体的考察，便可以注意到，作为广义认识的重要方面，"知道如何"（knowing how）与"知道是何"（knowing that）并非截然相分：与抽象地划界相对，作为对象性认识的"知道是何"与体现于人类活动的"知道如何"具有相互关联性。事实上，所谓命题性知识并不仅仅限于对事物的把握（"知道是何"），以规范性（"知道如何"）为指向的认识形式，也同样包含命题性内容。这里，重要的是超越"知道是何"与"知道如何"的分离以及命题性知识与非命题性知识的对峙，这种分离和对峙体现的是抽象的知性思维形态，其逻辑结果则是形成否定规范性认识的命题意义这种教条，而回到现实的人类认识过程，则是扬弃以上教条的前提。

在政治与伦理领域，如前所述，拒斥积极自由、推崇消极自由成为一种教条。就其实质的内容而言，自由不仅仅以摆脱为指向，而且意味着实现希望达到的理想目标。从这方面看，自由并非仅仅是消极的，而是具有积极的内容：可以说，正是以积极意

244

义上的"实现"为深层旨趣，自由体现了建设性的意义。单纯的摆脱主要表现为否定，并不具有建设性。按其实质的内涵，自由包含否定与肯定双重意蕴，"摆脱"（freedom from）只是从否定的方面呈现了自由的意义，而"实现"（freedom to realization）则彰显了自由的肯定意义。自由的主体是整个的人，而非仅仅是人的某一方面的规定，所谓"意志自由"的表述，具有抽象性。作为具体的存在趋向，自由在社会之维表现为人的解放，在个体之维则以自我实现为内容。事实上，"摆脱"的真正价值指向和历史目标，即在于人的解放；否定层面的"摆脱"与肯定层面的"实现"的以上关联，也从更为深沉的意义上表明："消极"意义上的自由既非自由的全部内涵，也难以成为自由的终极走向。

　　进一步看，在理论的层面，这里同时关乎如何理解积极自由与消极自由的现实关系。积极形式的自由取向如果片面发展，固然可能导致独断与强制的偏向，但消极形式的自由则由于缺乏价值的承诺及忽视规范的引导而容易走向虚无主义。这里，可以关注儒家所提出的"忠"与"恕"的为仁之道。所谓"忠"，即"己欲立而立人，己欲达而达人"[1]，其内在的取向是由己而及人，将自己所接受和追求的价值理想作为自我与他人共同努力的目标；"恕"的含义是"己所不欲，勿施于人"[2]，尽管这一取向也以自我为出发点，但其中包含不强加于人的旨趣。"忠"所展示的是积极的意向，但一味地向他人推行自己的理想，不免走向独断。相对于此，"恕"蕴含的则是消极或有所节制的意味。对于"己欲立而立人，己欲达而达人"的积极取向可能引发的负面

①《论语·雍也》。
②《论语·颜渊》。

结果，"己所不欲，勿施于人"的消极观念似乎具有某种抑制的意义，但以后者为唯一的原则，则容易消解一切价值追求。儒家兼容"忠"与"恕"，将其作为实现仁道的必要方式，无疑有助于扬弃消极自由和积极自由各自的价值偏向。从价值原则看，相对于"忠"与"恕"的以上统一所体现的具体视域，排斥积极自由、仅仅强化消极自由的教条无疑呈现了抽象的进路，克服这种抽象教条的前提，则是关注并置身于现实的存在过程。

　　将正义视为至上甚至永恒的价值原则，表现为政治与伦理领域的又一教条。前文已论及，正义以确认个体的权利为核心，将正义作为基本的价值原则的背后，是个体权利的强化。如所周知，个体之间的权利并不一致，其间存在不同形式的冲突，仅仅以基于权利的正义为原则，固然可以在得其应得的层面形成某种社会秩序，但既难以避免个体之间分化或对立，也无法使这种秩序建立在实质层面的价值和谐之上。在社会领域，首先应当关注的是人不同于其他存在的内在价值，儒家的仁道观念，便以肯定人的这种内在价值为其实质的内涵。相对于"礼"之侧重于社会层面的"度量分界"，"仁"更多地表现为超越外在社会结构中的地位差异而指向人自身的价值。无论是儒家的"人禽之辨"，抑或其仁者爱人的思想，都可以视为仁道观念的展开，而其内在之旨，则是肯定人之为人的内在价值。人所具有的这种价值赋予人以内在的尊严，并使尊重人的存在价值成为基本的伦理要求；相较于以个体权利为中心的正义，仁道更多地体现了对人的这种存在价值的确认，在此意义上，仁道既高于权利，也相应地高于正义。

　　以肯定人的内在价值为核心，仁道趋向于对群体的普遍关切。对儒家而言，"仁民"是仁道的题中应有之义①，这一观念既蕴含着对人之为人的内在价值的肯定，也意味着走出狭隘的自我，以仁道的方式处理群己关系。从内在含义看，"仁民"所指向的主要不是基于个体权利的应得，而是群体的关怀。仁道观念的以上内涵，在儒家那里进一步引向万物一体论。对儒家而言，仅仅关注个体权利，并以个体之间的利益计较为出发点，往往容易引发人与人之间的相互分离和冲突，甚而导致骨肉相残："及其动于欲，蔽于私，而利害相攻，忿怒相激，则将戕物圮类，无所不为，其甚至有骨肉相残者，而一体之仁亡矣。"②人伦与权利的以上关系，也决定了以权利为核心的正义很难成为社会和谐的调节原则。当然，仁道原则并不意味着排斥人的权利。事实上，仁道的内在要求之一，便是不仅仅关注特定个体的权利而是肯定每一个人的权利。仁道观念内含对他人存在价值的确认，同时以个体间的彼此关切和相容为题中之义：在仁道的视域中，个体权利的承诺总是引向兼容他人的权利。从这一方面考察，相对于正义原则，仁道体现了更为普遍的价值意义。可以看到，不仅相对于未来社会的按需分配，正义原则有其历史性，而且在走向未来社会之前，正义原则也蕴含着自身的限度，将正义归结为至上、永恒的原则，显然未能反映现实的人伦关系和社会形态。相对于此，注重正义与仁道的互补和互动，则既为扬弃正义原则的教条化提供了前提，也有助于克服这种价值取向的非历史和抽象性。

247

　　同样，"天下"观念以及心物、主客、天人关系中的诸种教

---

　　①《孟子·尽心上》。
　　② 王守仁：《大学问》，载《王阳明全集》，上海古籍出版社，1992，第968页。

条，其超越也需要基于现实的存在形态。以"天下"而言，如前所述，作为历史中的观念，"天下"有具体的内涵，无论以大同理想的形态呈现，还是表现为现实的政治格局，都有其特定所指，唯有联系不同的历史背景，才能把握其实际内涵，避免将它泛化为现代国际政治关系中的"救世良方"。作为大同的社会理想，"天下"观念多少呈现乌托邦的性质；作为与一统和正统以及夷夏之辨相关的政治形态，"天下"观念则有历史的品格，将其抽象为普遍的政治教条，显然脱离了具体的社会背景。与之相近，心物、主客、天人之间既有相分的一面，也包含内在统一，离开统一谈其相分或离开相分谈其统一，都难以避免抽象的形态。这里，重要的是注重心物、主客、天人关系的具体内涵，并在切实地把握其不同规定的同时，不断在既分之后重建统一。笼统地批评其相分、无条件地礼赞其统一，总是难免引向抽象的教条。

宽泛而言，哲学中的教条并不限于以上所论的各种，从前述所谓内在主义与外在主义，到中西关系上的各种一偏之见等等，哲学领域的教条呈现多样形态。尽管取向各异、内涵不同，但前述各种教条在独断性、抽象性等方面，又呈现相通之处，它们构成了哲学中一般教条的普遍特点。克服哲学中的这类教条与回归具体的存在、扬弃独断和抽象的思维方式，表现为同一过程的两个方面。

〔原载《北京大学学报（哲学社会科学版）》2022年第4期〕

哲学视域中的教育

　　哲学与教育的关系，可以从不同角度加以理解，这里的考察涉及教育过程的若干基本问题。教育活动包含多重方面，从教育的旨趣，到价值的引导；从教与学的方式，到兴趣、愉悦与真理的关系等等，教育过程展开于不同维度，其深层的意义，则可以在哲学层面的分梳中得到澄清。

一

　　教育的宗旨是什么？教育的终极目标体现于何处？这是教育活动展开过程中首先需要解决的前提性问题。从哲学的角度来说，教育的目标是人的完成。这一教育旨趣与人自身存在的本然形态相关：按其实质，人并不具有已完成或既成的性质，其特点体现于生成、变化的过程之中。康德在一部关于教育的著作（*Education*）中曾提到，世间万物中，"人是唯一需要教育的一种存在"①。对康德而言，一般动物只需以本能的方式来运用其

_____

　　① Immanuel Kant，*Education*，trans. Annette Churton（Ann Arbor：The University of Michigan Press，1960），p. 1.

天性，教育过程并不适用于它们。为什么说只有人才需要教育而动物就不需要呢？因为动物基本上都受到所属物种的限制。马克思在《1844年经济学哲学手稿》中指出："动物只是按照它所属的那个种的尺度和需要来构造，而人却懂得按照任何一个种的尺度来进行生产。"[①]这一事实表明，动物总是受到既成存在形态的制约，而人则具有面向未来的开放性。作为一种未完成的状态，人应当如何来完成自身，并进一步达到理想的存在形态？在这里，教育显然是一个不可忽视的方面。

以社会的文明化为前提，教育构成了人完成自身的重要环节，具体而言，这里的完成包括获得人之为人的普遍品格。黑格尔在谈到教育时，曾指出："正是在学校，精神必须被引导到摆脱自己的特异性，知道和愿望普遍的东西、接受现存的普遍的文化。灵魂的这种改造，而且只有这种改造，才称为教育。"[②]这里所说的"摆脱特异性"、接受"普遍性"，以认同社会的要求、规定为具体内容，其过程与个体的社会化具有一致性。与之相联系的是人格的完善。从个体角度来说，自我成就的过程首先与人格的培养相关。当然，人的存在不限于人格，作为人的外在确证的"身"，同样不可忽视。中国传统文化所说的"圣人气象"，便指以"身"为表征的人格呈现出合乎道德理想的外在形态；作为人格的外化形态，"圣人气象"与"身"所展示的形象无法相分。从道德实践的层面看，则有"身"体力行的问题：道德行为并非仅仅限于德性层面的观念性意向，而是通过"身"的作为而形之于外。如果说，人格侧重于人之"心"，那么，"身"则指向人之

---

① 马克思：《1844年经济学哲学手稿》，人民出版社，1985，第53—54页。

② 黑格尔：《精神哲学》，人民出版社，2006，第69页。

"体"，"身"与"心"的双重涵养，构成了中国文化中"成己"的相关方面。

从更为宽泛的角度来说，人的完成又体现了中国文化中的"文野之辨"，其内容表现为由"野"而"文"。所谓"野"，即前文明的存在形态。需要指出的是，从前文明的自然状态走向文明化的形态，包括身心涵养，涉及多重因素，教育则是其中不可忽视的维度。这一事实从一个方面表明，教育的作用和功能在于促使人自身的完成，并推动人走向理想的存在形态。黑格尔曾从教化的角度，考察了以上过程。在黑格尔看来，"教化乃是实体在思维中的普遍性向现实性的直接过渡"，"也就是说，就是它向现实世界的转化"[①]。这里的教化与道德教育相关，其意义则在于使体现文明趋向的普遍精神规定获得现实性品格，成为个体的具体存在形态。在接受教化之前，精神的普遍品格对个体而言还具有抽象的特点，不同形式的社会教化过程，则扬弃了这种抽象性，使之落实为个体的现实规定。正是在这一意义上，黑格尔认为，教化"把一切当作自我来把握"[②]。

251

在实质的层面，"文野之辨"同时表明，人的完成关乎社会品格的形成或"人文化成"，《周易》关于"观乎人文，以化成天下"[③]的看法，已涉及这一点。当人刚刚来到世界时，还只是生物学意义上的存在，人成为社会意义或文化意义上的存在，意味着超越生物学层面的自然形态，走向真正意义上的人，所谓由"野"而"文"，也蕴含以上过程。在人类历史的早期，人作用于自然的技能、调节人伦关系的规范，主要通过群体的传授及社

① 黑格尔：《精神现象学》下，商务印书馆，1981，第43页。

② 同上书，第40页。

③《周易·贲》。

会生活过程中的习行而为不同社会世代所掌握和接受，这一过程可以视为广义的教育过程，尔后在各种形式的学校（包括历史上的庠序、书院等）中展开的教与学，则可以视为狭义上的教育过程。从宽泛意义上的社会传承，到严格意义上的学校教育，构成了从自然到人化的必要前提，人自身则完成于这一过程。

就其内涵而言，人的完成或"使人成为人"关乎内在与外在不同的方面。内在之维首先以精神层面的规定为指向，这些规定包括能力、品格。能力主要表现为人变革对象的现实力量，品格则与前述人格相联系，关乎人的精神定势（disposition），它与下文将讨论的价值取向具有一致性。外在之维则与人作用于对象的过程相联系。人不同于动物之处，在于人能够通过自己的力量，成己（成就自我）与成物（成就世界），从而化"天之天"为"人之天"，亦即使自在的或本然的存在化为打上人的印记的世界，这一过程首先关乎人变革存在的能力，体现于"如何做"或后文将提及的"如何成就"，其中不仅涉及观念的层面，包括理性、情感、意欲、想象、直觉等，而且以实践之维（包括技术的操作以及广义的经验活动）为内容。作为精神定势的品格，所指向的是"做什么"或后文将讨论的"成就什么"，包括行为目标或理想存在形态的选择和确认，人的完成无法离开存在方向的追问：跨入自然界域之后，人将走向何方？这一问题涉及由"野"而"文"、"人文化成"的具体形态，而"化成"本身也展开为一个过程。与之相联系，外在之维的实践则在不同的历史时期，赋予"文"或文明以具体而多样的形态。以此为内容，人的完成也将经历一个过程。

二

作为教育的宗旨，人的完成过程涉及多重因素。当人的内在品格取得德性的形态时，这种品格便关乎人的价值取向。与人的内在品格作为精神定势规定人走向何方相一致，价值取向的引导构成了人的完成过程的基本前提，它同时赋予人的完成过程以自觉的形态。人的存在可以在不同形式下展开：或表现为盲目、自发性的变动，或以比较自觉的方式进行，价值观的引导使人的成长过程具有更为合乎理性的内涵。这里首先关乎"应当"的问题：与"做什么"以及人将走向何方的追问或关切相联系，人究竟应当成为什么？与"如何做"相关，人又应当如何成就？这些问题也是价值引导所不可忽视的。"应当成就什么"涉及的是教育目标，"应当如何成就"则关乎教育的具体途径和方式。在引导人们形成比较健全、正当、合理的价值取向方面，教育作为人成长的重要环节，显然责无旁贷。当然，价值取向上的引导，首先关乎价值观的教育或道德教育，在整个教育系统中，道德教育本身构成了不可或缺的方面。

价值取向的引导，需要避免外在强制，这一进路，也许可以从真理与道理的关系加以阐释。作为广义的认识形态，真理与道理并非与人的存在及其成长毫不相关。当然，比较而言，真理固然形成于人的认识过程，但首先以对象为指向，表现为对实在的真实把握，其内容具有确定性，其接受则具有某种"强制性"：背离真理必将碰壁，这一过程不以人的意志为转移。相形之下，道理主要体现于人与人的关系，其内容具有规范性，其接受则与说服相关。在一定意义上可以说，真理因事（事实）而显，道理则首先因言（言说）而显。真理诚然也关乎语言的表达，但首先基于事实；道理固然也有事实的根据，但往往通过有说服力的言说而彰显，并为人所接受。道德教育基于道德实践，道德实践既以真理为依据，需要服从真理，也离不开讲道理的过程，应以道德为引导。道德行为的选择、道德实践的展开，关涉相关行为和关系的调节或协调，伴随以上活动的，是说理。与之相联系，价值观方面的教育过程一方面要循真理，另一方面又需要讲道理。讲道理所包含的说服性质，体现了广义教育过程的引导趋向。

从根本上说，教育应当使受教育者不断地思考这样的问题：什么是真正合乎人性的存在？终极意义上的价值取向到底应该是什么？如何达到这种合乎人性的、理想的存在形态？在日常生活中，常常会碰到各种相对主义的观念，它们的特点之一，在于强调怎么都行、什么观念都可以加以承认：某人说这个看法比较好，另一个则赞同相反的观点，按相对主义之见，这些不同论点似乎都可以成立，其间似乎缺乏统一的判断标准。事实上，真正达到合乎人性的存在有其确定的准则，包括人的全面发展、走向马克思所说的自由人的联合体等等，不是说什么东西都具有人性化的性质。教育的重要性在于使学生逐渐了解什么样的价值取向是合理、正当的，不能趋向于怎么都行的相对主义。让受教育者对正当的、合理的、合乎人性的存在有深切的理解，这是教育的基本使命。

这里，可以从价值观的角度简要考察时下大家比较关注的语言问题。网络语言盛行，是信息时代令人瞩目的景观，而在网络语言中，充斥着各种不合规范甚至出格的词句和表述形式。按其本来形态，语言本身具有约定性、变化性，不同时代的语言总是在不断变迁，并不存在固定不变的模式。以中文而言，从早期的文言到现代汉语，便已经经历了不少变化，近代以来，如王国维已注意到的，外来语的输入又使这个过程具有更为复杂的性质。但是，从另一个角度来说，语言同时涉及典雅性、纯洁性的问题，不能因为语言具有约定品格、处于不断变迁的过程，就完全放弃典雅和纯洁的追求。现在语言的滥用和误用已到相当严重的程度，甚至鄙俗、不雅的语言表述也可以大行其道，对这种现象需要保持足够的警觉。从前面提到的"文野之辨"来看，这种形态实际上已开始偏离文明化的进程。"文"或典雅、通常所说的语言美，也是文明化的存在方式之表征，在由"野"而"文"的文明衍化过程中，语言无疑构成了重要的方面。这里，同时体现了价值观的独特引导。教育过程应使学生或受教育者在使用语言的时候既具有创造性和灵活性，又比较严谨、规范，不能认为凡存在的都是合理的，把一切都看作是理所当然的东西。维护或捍卫语言的纯洁性、典雅性，既是文明化存在中的重要方面，也从一个角度折射了价值引导的意义。

三

除了价值的定向之外，教育过程和人的成长过程中另一个重要方面，是思维方式的引导。如所周知，有一传统的提法："鸳鸯绣出从君看，莫把金针度与人。"依此，则人按某一程序而作用，由此产生的结果可以任人观赏，但是如何形成这一结果的过程和方式却不能轻易示人，这里的"金针"，属做事的方式，对以上的传统思想而言，方法层面的东西不能随便传授他人。与之相关的另一观念，是通常所谓"教会徒弟，饿死师傅"，这种看法既反映了传统社会的某些特点，也有明显的狭隘性。从现代教育的角度来说，不仅要让人看到不同活动的正面成果，而且要把达到这种成果的方式和途径展示给受教育者。获得知识的具体方法当然会涉及具体学科的特点：每一个学科都有它自身特定的知识、方法问题。如何获得相关知识？也就是说，以什么样的方式获取这种知识？这是每个学科都无法回避的问题。教育者对这个问题同样应给予高度重视，不能仅仅满足于向受教育者传授现成的知识性的东西，要在如何获得这种知识的方式、途径上进行引导。从具体的知识层面来说，任何一种特定学科都会涉及获得知识的具体方法问题，这既关乎特定的学科、技术领域，也与一般的思维方式相关。与之相应，在教育过程中，不仅需要把握相关领域的活动特点和机制，而且应关注如何使受教育者的思维方式在一般意义上得到提升。

与以上互动相关，教育过程同时涉及如下关系。一方面，社会在衍化过程中，总是已积累了种种知识和思想系统，教育过程需要将业已形成的文化成果教授给学生：如果每一结论和观念都需要个体自身去获得，则社会可能会经历无数的重复过程，从而难以实现文明的真正进步。另一方面，在以上教育过程中，个体主要被要求接受前人或他人的标准（standards）和已有结论，而不是自己去达到和表达相关观点，以此为进路，个体的创造性、探索性和批判意识可能会受到抑制。这样，在传授已有知识的教育过程的同时，不仅需要从方法论的层面让受教育者把握获得知识的多样途径和方式，而且需要引导个体形成批判性意向、进行创造性思考。

从哲学的角度来看，这里需要区分知性思维与辩证或理性思维。知性既与感性相对，也区别于理性。近代以来的德国哲学开始明确区分感性、知性与理性，其中的理性与通常所说的认识论意义上区别于感性的理性有所不同，它既以形而上的理念为形式，又具有扬弃分离的辩证趋向。与之相关，在德国哲学的以上区分中，知性也有二重品格：在超越感性这一层面，知性与通常认识论视域中的理性基本一致，但在把握对象的方式方面，知性又不同于具有辩证性质的理性。马克思曾区分感性的具体、理性的抽象与理性的具体，其中的理性抽象与知性思想具有相通性，在从感性的具体到理性的抽象之后不能限定于此，合理的进路在于由此达到理性的具体，以再现事物的真实形态。然而，遗憾的是，在面对复杂的现象时，人们往往止于知性的方式。以近年的防疫而言，其中涉及个体的权利问题，在疫情的衍化和应对中，时而可以看到非此即彼的思维方式：或者层层加码，在所谓防疫的名义下随意封控，漠视个体正当、合理的权利；或者以所谓维护个体权利为理由，无视必要的防疫规定，导致疫情的人为扩散。这里关乎权利的维护和权利的约束，二者构成理解个体权利的相关方面，但在非此即彼的思维趋向中，以上两个方面却更多地呈现对峙与紧张。这种情况从现实的方面，凸显了形成合理思维方式的重要性。就教育的过程而言，既要引导学生在一定的认识阶段中运用知性的思维方式，考察相关对象各个方面的特殊规定，又不能受限于这种方式，而是需要跨越知识之间的分界，从对象的相互关联、发展过程的角度去加以理解，以达到事物的真实形态。

257

要而言之，从哲学的角度来说，教育的过程中不仅需要传授具体的知识，而且应关注如何在方法论的层面加以引导的问题，后者既涉及特定领域的知识获得的方式，也关乎一般意义上的方法论，包括知性与理性之间的合理互动。

四

在教育过程中，兴趣的培养是另一个不可忽视的问题。当代德国哲学家施佩曼曾指出：教育的"根本职责，即教育人拥有兴趣"①，这一看法显然不无所见。确实，引导、培养人的兴趣，是教育的重要职责之一。兴趣至少包含两个方面，其一与知识学习过程的实际效率相关，其二则涉及受教育者本身的幸福感。从第一方面来说，兴趣是成功之母，学习过程如果没有兴趣，便很难持久，更遑论深入而获得成效。在这一意义上，兴趣可以说构成了学习和实践的动力。日常生活中常常会看到这样的情况，以人文学科而言，其中很多内容（如古文字学）似乎枯燥乏味，泡在图书馆、钻进故纸堆，在一般人看来，这些事情难以引起兴趣，然而，为什么从事这一领域研究的学者能够长久地坚持下去？这里的前提在于，相关的学人对这些学科、专业本身充满了兴趣，从而，尽管在旁人看来这是一种枯燥乏味的文字工作，但以上人文学者依然可以兴味十足。这种兴趣，为这些学者的持续工作提供了内在动力。自然科学的研究也是如此，很多研究者从早到晚待在实验室，甚至节假日也从不间断，在常人看来这似乎很难理解，但当事人乐在其中。这种对科学的兴趣构成了其进行科学探索的动力。广而言之，在学习领域，兴趣同样是不可或缺的因素，良好的学习效率离不开学习者的内在兴趣。

从另一方面看，兴趣同时涉及相关主体的幸福感。兴趣既是创造之母和学习的动力，也是获得幸福感的源泉，日常生活中不难注意到这类情况。以欣赏山水而言，对那些缺乏山水意象的人来说，跑很多路去看山和水，似乎只是劳累的活动而没有多少意义，之所以形成如此想法，原因之一是他们对山水或自然景观没

---

① 罗伯特·施佩曼：《道德的基本概念》，沈国琴、杜幸之、励洁丹译，上海译文出版社，2007，第25页。

有兴趣，跋山涉水去欣赏景色的过程对他来说仅仅意味着体力消耗、引发疲乏，其中并没有美的意味。但是，对于那些忘情于名山大川、对山水情有独钟的人来说，这一过程则其乐无穷。在这里，幸福感便与审美兴趣相关。可以看到，兴趣不仅在效率的意义上构成学习、实践的动力，而且对提升人的幸福感有帮助。

兴趣并不是自然天成的，而是需要通过不同方式去培养、引导，教育在这里即扮演了重要角色。一些人对某些领域、专业本来没什么兴趣，然而，经过教育者的循循善诱，他们可能渐渐对相关的对象、学科产生兴趣，并形成内在而持久的学习动力。这里，教育者的尽心培养和引导显然不可或缺。对受教育者兴趣的培养，可以说是教育工作者责无旁贷的职责；培养、引导学生的兴趣，既能够使之具有持久的学习动力，也可以帮助他们在学习和受训的过程中获得幸福感，从而不再把学习看作枯燥乏味的过程。

259

五

教育过程中的幸福感同时关乎愉快感。愉快教育是时下人们耳熟能详的观念，但在肯定教育的愉快性的同时，不能忘却确立真理的权威。前面提到的思维方式和价值观念的引导、学习兴趣的培养等，确实构成了教育活动中不可忽视的方面，然而，从整个教育过程来看，如何在肯定乐与学不可分的同时，确立起真理的权威，使确认学习的愉悦性与承认真理的权威性相互协调，避免两者的对峙，这无疑是需要正视的问题。

就一般的教学过程而言，如果把知识的获得和学习变成十分压抑、令人生畏的过程，那么这种活动将使受教育者失去学习的积极性，这种方式即使强制推行，也难以持久。前面提到的兴趣培养，实际上便涉及这一问题。教育过程需要通过正面的引导，不断培养学生乐于接受各种知识，营造生动活泼的氛围，避免以外在强制的方式进行单向灌输。中国传统的文化和现代的一些教育思想都注意到这一点。明代泰州学派的代表人物王艮，曾作《乐学歌》："人心本自乐，自将私欲缚。私欲一萌时，良知还自觉。一觉便消除，人心依旧乐。乐是乐此学，学是学此乐。不乐不是学，不学不是乐。乐便然后学，学便然后乐。乐是学，学是乐。于乎，天下之乐何如此学，天下之学何如此乐！"[1]从现代教育学的角度看，"乐学"无疑可归入愉快教育之列。对泰州学派而言，学习应该是一个快乐的过程，"乐学"意味着将学习理解为一个愉悦的过程。近代以来，美国的实用主义教育学家，如杜威，便曾批评仅仅"培养机械的技能"[2]的教育体制，与之相对的是注重兴趣与能力发展的关联，反对压抑人的兴趣[3]，这种看法也蕴含对教育愉快性的肯定。现在提倡的"减负"，实际上也与调动学生的学习积极性相关，其中同样渗入了"乐学"的要求。

然而，在教育的领域，如果仅仅讲兴趣，重愉快，也可能产生一些消极的影响。只有兴趣和愉快，没有普遍原则的规范、引导、约束，首先容易使教育过程变得无序化。现代德国哲学家雅斯贝尔斯注意到这一点，他特别提到了前面所说的美国实用主义的这种教育方法，认为"美国的学校教育已被杜威害人的基本

---

① 王艮：《王心斋全集》，江苏教育出版社，2001，第54页。

② 杜威：《新旧个人主义——杜威文选》，上海社会科学院出版社，1997，第197页。

③ 同上书，第213页，第220—221页。

原则弄得乱七八糟"①，这一评价也许带有过度否定的成分，但其中显然包含需要重视的见解：它至少看到了单纯地讲兴趣、愉快可能会导致教学过程的失序。事实上，仅仅迎合受教育者的乐学追求，强调愉快、自由、民主的教育方式，确实会带来很多问题。

与以上偏向相对，在教育过程中，需要确立真理的权威。真理权威的确立在教育过程中具有十分重要的意义。这里需要把"权威"与"强权"区分开来：一讲到权威，就容易陷于现代西方意识形态意义上的所谓"权威主义"，事实上，权威与强权并不是一回事。教育过程无疑需要避免强权的侵入，因为强权往往意味着外在的强加和灌输，从教育的角度看，这种方式容易扭曲人的天性，剥夺人的学习自主性，就此而言，强权确实要加以拒斥。但是，教育领域中真理的权威不同于前述独断性、专制性的强权。所谓确立真理的权威，其指向之一在于唤起对真理的敬畏感，鼓励对真理的追求。从这方面来说，将真理视为权威、倡导遵从真理的精神，显然是必要的，从早期的儿童教育到之后的成人教育都是如此。这里所说的真理，是指已从逻辑、实践等不同方面得到验证的理论：尽管认识具有过程性，但一定历史阶段中已被证实的理论，应当确认其真理性，这种真理性同时展现出一定的思想权威性。在人与世界的互动中，既要合目的，也要合法则，后者意味着遵循已被正确把握的客观之道，这是获得预期成效的基本前提。在教育过程中，如果只讲个体愉快而不讲真理的权威，仅仅迎合人们避苦求乐的天性，便可能导致雅斯贝尔斯说的那种乱七八糟的教育格局，而追求真理、获取真知的教育精神

261

---

① 雅斯贝尔斯：《什么是教育》，生活·读书·新知三联书店，1991，第68页。

则可能受到削弱。从整体上看，乐学、愉快的教育和确立真理的权威两者需要并重，不能偏废。

进而言之，无视真理的权威，单纯循乎一己意愿，则不仅教育过程可能导向无序化，而且很难形成正确的价值观念和良好的思维方式。从价值取向和思维方式来看，确定真理的权威同样不可或缺。接受正当、合理的价值观与承认、敬畏真理的权威是相互关联的。在当代技术不断发展，社会发生深刻变化的背景之下，确立真理的权威不仅涉及教育过程，而且与宽泛意义上人的存在过程紧密相关。如前所述，教育的终极追求是人的完成，以上关联从更本源的层面表明了确立真理权威的必要性。

（本文系作者于2022年11月6日在华东师范大学"教育学与哲学对话"活动中的演讲记录，原载《浙江学刊》2023年第3期）

道德引导与人的完善

道德引导涉及多重内涵，包括确立存在的价值目标，并以此规范人的知行过程；关注道德引导的内在根据和外在条件的互动，并确认其过程性。同时，人的完善需要从德性、理性能力、人格形态等方面的相互关联上，进一步把握其系统性。要而言之，人格的完美性与道德引导具有多方面性，存在内在的关联。

一

道德引导以培养完美人格为指向，人格之美的具体内容表现为德性与能力的统一。德性的深层内蕴体现于对人自身为何而在（人生目的）的追问，这种关切所涉及的是人之为人的本质规定以及人自身的存在意义。从"人之所以异于禽兽者几希，庶民去之，君子存之"①到"为天地立心，为生民立命，为往圣继绝学，为万世开太平"②，德性既确认了人不同于其他存在的本质

---

① 《孟子·离娄下》。
② 张载：《张载集》，中华书局，1978，第376页。

规定，又从人是目的这一维度肯定了存在的意义。以此为内涵，德性同时从精神世界的内在方面规定了人存在的价值方向，并引导其在成己成物的过程中展现人自身的本质力量，以避免异化为外在的手段和工具。

德性固然包含价值的内涵，但如果离开人的内在能力及其在知、行过程中的具体展现，仅仅停留于观念追求的层面，则容易使精神之境流于抽象、玄虚、空泛的精神受用或精神承诺。历史地看，以心性之学为主要关注之点的理学在某种程度上便表现出以上倾向。理学中的一些人物固然谈到人的成长，但往往将其限定于德性涵养等伦理之域，与之相联系的人的能力，也主要围于以伦理世界为指向的德性之知，而未能展现人的全部本质力量。以此为价值立场，德性每每呈现思辨化、玄虚化的形态。所谓"为天地立心"等虽然体现了某种精神旨趣和追求，但当这种旨趣和追求脱离了现实的历史实践过程时，便常常显得苍白、空泛。历史上，理学一再以所谓"内圣"为理想的人格之境，这种人格每每主要以精神世界中的穷理去欲为指向，人的多方面发展及变革现实世界的过程则难以进入其视域。在这种抽象的世界中，德性往往被理解为个体的精神"受用"，其特点是隔绝于现实的认识和实践过程之外，仅仅以反身向内的心性涵养和思辨体验为其内容。这一意义上的德性，显然难以被视为健全的精神形态。

另一方面，人的能力虽然内在地展现了人的本质力量，但这并不意味着其存在与现实作用必然合乎人性发展的方向。正如在一定的历史时期，劳动的异化往往导致人本身的异化一样，人的能力也包含着异化为外在手段和工具的可能。在科学技术的层面，便不难注意到这一点：与对象化的思维趋向相联系，科学更侧重于对世界单向的发问与构造，由此往往导向对人自身存在意义的淡忘。就人的存在而言，科学本身当然并不仅仅表现为负面的形态，然而，当对象化的思维趋向引向对人自身的理解时，人是目的这一价值原则往往会变得模糊，而人本身也容易在被对象化的同时面临物化之虞。与之相联系的，则是人的能力的工具化趋向：当人本身渐趋物化时，人的能力也将逐渐失去作为变革世界和自身成长内在根据的意义，而仅仅被视为指向科学对象或达到某种科学、技术目标的工具和手段。

可以看到，人的能力离开了人的德性，便往往缺乏内在的价值承诺和理想的引导，从而容易趋向于工具化与手段化；人的德性离开了人的内在能力及其现实的历史作用过程，则每每导向抽象化与玄虚化。合理的人格取向以人的德性与能力的统一为前提：一方面，通过人是目的这一本质规定的凸显，人的能力展示出内在的价值意义；另一方面，人的德性在基于人的能力的价值创造过程中，又不断超越抽象、玄虚、空泛的精神受用。人的德性与能力的这种具体统一，使人格逐渐趋向于完美之境。道德引导既应注重培养个体健全的价值观念，也需要提高个体在价值层面的鉴别能力，在这一过程中，德性与能力也呈现了相互的关联性。进一步看，在自觉进行价值取向方面引导的同时，需要从更广的角度，切实提升个体认识世界与认识人自身的能力；价值取向与理性能力的统一，也从价值目标上规定了人的价值方向。以成就完美人格为实质的旨趣，道德引导的展开，无疑应致力于两者的融合。

二

如何通过道德引导的过程，使以上人格形态获得现实品格？这一问题涉及多重关系。从中国文化的角度看，关乎性与习、本体与工夫、知与行等不同方面。孔子曾提出一个著名的命题，即"性相近也，习相远也"①。从人格培养的层面看，所谓"性相近"，就是指每一个人都有相近的本质（性），因而都具有达到完美人格的可能和根据；"习相远"中的"习"，主要指习行，它构成了达到以上人格的外在条件。对孔子而言，人固然皆可成圣，但唯有通过后天的习行以及社会环境的制约，这种可能才会转化为现实。后来孟子把孔子所说的"性相近"引申为"性本善"，并突出了成人过程的内在根据；荀子则将相近之性与"性本恶"联系起来，并着重由"习相远"而强调"化性起伪"，由此强调成圣的外在条件。广而言之，对中国哲学而言，个体在人格上达到完美之境，既基于知，也依赖于行。荀子已对此作了明确的阐述："行之，明也。"②性习之辩与知行之辩，又和本体与工夫的相互作用相联系。在人格培养的领域，所谓本体主要指由个体的内在道德意识所构成的精神结构，工夫则以人的道德实践活动为内容。根据中国哲学的以上看法，人格的培养一方面需要以既有的道德意识为出发点，另一方面又离不开道德实践的展开，二者的关系具体表现为本体与工夫的互动："合着本体的，是工夫；做得工夫的，方识本体。"③以上看法的重要之点，在于既肯定内在道德意识在人格培养中的作用，又注意到外在的实践工夫在人格培养中的现实意义，从而避免内在道德意识（本体）的抽象化。

从道德引导的角度考察，中国哲学的以上思想表明，道德涵

---

①《论语·阳货》。
②《荀子·儒效》。
③ 王守仁：《传习录拾遗》，载《王阳明全集》，上海古籍出版社，1992，第1167页。

养应当从对象的内在意识出发，充分考虑个体自身的意愿，而不能仅仅着眼于外在教化或灌输。所谓本有之性、内在本体，都可以视为人的已有规定，它们既构成了个体成长的根据，又进一步展开为人的内在意识。就道德引导的过程而言，尊重对象的内在意愿，意味着注重道德制约的引导性。道德涵养基于道德实践，道德实践既以真理为依据，需要服从真理，也离不开讲道理的过程。道德行为的选择、道德实践的展开，关涉相关行为和关系的调节或协调，伴随以上活动的，是说理。与之相联系，道德引导的过程一方面要以真理为依据，另一方面又需要通过讲道理，以说服相关对象接受道德原则的范导。

以知与行、本体与工夫的互动为内容的道德引导，并非一蹴而就，而是具体展开为一个过程。历史地看，孔子已提出了两种类型的人格典范，即圣人与君子。尽管圣人与君子同为理想人格的具体形态，二者的内涵在某些方面也交错重叠，但分属两个序列。所谓圣人，按照孔子的理解，即是理想人格的完美化身，它构成了人格的最高境界。从逻辑上说，凡人皆可以成圣，但就现实性而言，圣人又是一种很难达到的境界。孔子本人即从来不以圣人自诩："若圣与仁，则吾岂敢？"[1]即使像尧舜这样的明君，孔子也不轻易以圣相称。按照孔子的理解，作为理想人格的体现，圣人的特点在于既具有内在德性，又展现了外在社会作用，他不仅包含完美的品格，而且在现实的社会层面致力于群体价值的实现，从而表现为内圣与外王的统一。在这里，圣人同时呈现了某种引导的意义：作为理想人格的完美体现，人们不断地趋向于这一目标。孔子对圣人的如上设定表明，人格理想的追求本质

---

[1]《论语·述而》。

上是一个无止境的过程，人们不可能一劳永逸地达到某一个终点。同时，圣人作为一种引导的目标，为人提供了精神发展的方向，使人始终受到理想的鼓舞，从而能够避免世俗的沉沦，不断实现精神的升华。从现实形态看，作为道德引导的目标，人的成长和完美人格的形成，往往会经历各种反复，应当允许个体的彷徨、迷惘，并针对不同情况，耐心地讲理、说服。道德引导的过程需要持之以恒，并对这一过程的长久性具有充分意识。

三

从实质的内容看，道德引导呈现综合性，并涉及不同维度。以人格之境的提升为指向，道德引导首先关乎内在精神形态的完善。然而，人的精神形态本身并非单一的规定，而是具有系统性。完善的道德意识，总是包含理性的明觉，它既使德性不同于盲目的冲动，也使之区别于自发的形态。这种自觉的规定离不开知识的积累、理性能力的发展。事实上，在广义的学习和社会教育过程中，认识世界与认识人自身，便构成了重要方面。按其实质，德性提升与理性品格的发展作为人自身成长和人格培养的相关方面，无法截然相分。与之相关，在注重道德引导的过程中，不能忽视认识的深化。如前所述，广义的道德引导以形成德性与能力统一的人格为价值目标，这一指向同时规定了道德与认识的关联。缺乏认识的内容，便难以提升人的理性能力，由此形成的人格常常流于空疏、抽象。

完善的人格，同时应当包含美的意境。从人与世界的关系看，审美本身便构成了不可或缺的一个方面。教育系统的美育，既以提升审美旨趣和审美能力为指向，又关注人的审美情操。历史地看，中国哲学对审美艺术在人格培养中的作用，已给予了多

268

方面的关注，孔子便提出了"文之以礼乐"的观念，其中包含通过审美活动以陶冶人的情操之意。孔子很注重审美活动在成人过程中的作用，曾主张"兴于诗，立于礼，成于乐"①，亦即通过礼乐教化来培养完美的人格。同样，荀子对艺术审美活动在成人过程中的作用也作了具体的考察。按荀子的看法，在人格涵养的过程中，音乐构成了一个重要的方面："夫声乐之入人也深，其化人也速。"②相对于其他艺术形式，音乐更能展示主体的心路历程，也更容易激起心灵的震荡和共鸣，而在内心的深层感染中，主体的精神便可以得到一种洗礼和净化。从更广的视域看，乐甚至有移风易俗的作用："乐者，圣王之所乐也，而可以善民心，其感人深，其移风易俗。"③所谓移风易俗，就是影响或改变一定的社会文化氛围，这种社会文化氛围反过来将进一步制约个体的内心世界。在价值的层面，审美活动的融入，同时关乎真、善、美的统一，并使人的德性扬弃了片面性而趋向于完整的人格。

人格的以上统一，主要以内在心性和精神为关注之点。"心"与"身"无法相分，人的具体存在不仅仅涉及内在品格和价值取向，而且与人之"身"息息相关。人格固然不同于体格，但完整的人格无法略去体格。事实上，在人对世界的作用过程中，作为感性活动的实践，便以"身"为内在环节，正是"身"的参与，使人的感性实践区别于单纯的观念活动。而本然意义上的"天之天"转换为合乎人的价值理想的"人之天"，也离不开"身"所参与的感性实践。完美的人格不仅仅表现为品格的健全，而且体现于体格的康健，现代教育以德智体美为指向，也体

①《论语·泰伯》。
②《荀子·乐论》。
③同上。

现了这一点。"心"之美与"身"之美相互关联，这里的"美"不仅仅指外在形态，而且关乎身心的统一。道德引导不宜仅仅关注内在之心，而是应当关切身心的健康。所谓扬弃存在的片面性，也包括避免"心"与"身"的单一发展，其中蕴含着对"身"与"心"统一的肯定。中国文化较早时期已将"美其身"作为价值目标，荀子已肯定："君子之学也，以美其身。"①这一观念也表明了以上趋向。具体而言，其中关乎与"身"相关的"四体"："君子之学也，入乎耳，箸乎心，布乎四体，形乎动静。"②所谓"入乎耳，箸乎心，布乎四体，形乎动静"，也就是中国文化所注重的身心之学，其特点在于肯定"学"的过程不仅仅限于口耳讲述之间，而是需化为个体的行动意向，"箸乎心"便意味着所学的内容内化为自我的内在意识。从中国文化对道德行为的理解看，也就是确认对礼义规范的把握，最后应转化为个体自觉的道德要求，而非仅仅停留于外在的言说。以此为前提，内在的道德意识进一步落实于践行的过程。在这一意义上，身心之学所引向的是实际的道德实践，它意味着个体的内在道德意识最后付诸实践、体现于践行的过程，由此使德性化为德行。

德性或道德意识与"身"存在多方面的关联，"身"首先引向"行"：通常所谓"身体力行"，便表明"行"的过程总是与"身"联系在一起，就此而言，"身"与实践具有内在的相关性。通过"身"与"心"、"知"和"行"的互动过程，不仅个体的言行举止将逐渐合乎规范，而且由"身"所展现的行为本身，也可以获得规范的意义：所谓"身教"，便体现了这一点。从道

① 《荀子·劝学》。
② 同上。

德引导的角度看，说理固然不可或缺，前面提及的讲道理，便涉及德性涵养中言说这一面，然而，仅仅注重言说，容易流于外在的说教。道德引导过程中，更具有实质意义的是通过"身体力行"的身教，以展现道德实践中的示范意义。道德实践涉及如何做的问题，其中既关乎对道德规范的理性把握，也离不开"见贤思齐"的形式，后者便以"贤者"的实际示范为前提。这里既体现了"言传"与"身教"的统一，又从一个方面表明，对道德引导而言，与"身教"相关的"身体力行"并不仅仅具有外在的意义，而是构成了其必要的环节。

（原载《中国德育》2022年第21期）

如何理解"以事观之"

承陕西社会科学院王西平同志的雅意，发来其商榷文章《事物、存在与思想：以〈老子〉观之》，其中涉及我讨论"事"的哲学意义的若干文章，并对这些文章中若干观点提出不同看法。尽管相关论述在我的《人与世界：以事观之》①一书中有更为系统的展开，而王西平同志可能未及阅读此书，但他所提出的问题仍有相对独立的学术意义，在此谨作若干回应，希望有助于对相关问题的进一步理解。

一

在《"事"与人的存在》②一文中，我曾指出："在实质的层面，人因事而'在'。这里所说的'事'，泛指人所从事的多样活动。它既关乎日用常行，也涉及更广领域中人与物之间的互动和人与人之间的交往。这一意义上的'事'因人而有，并与人无法分离，'作焉有事，不作无事'，'举天（下）之事，自作为事'。

① 该书由生活·读书·新知三联书店于2021年出版。
② 载《中国社会科学》2019年第7期。

人的存在伴随着人的活动，'事'则由此而生。世间本无'事'，'事'源于人之'作'。就人与物的关系而言，本然之'物'既不同于'事'，也未涉于'事'，其形态主要与尚待人作用（'俟用'）或可能为人所作用相联系，唯有当人实际地作用于'物'，相关之'物'才进入'事'。'事'发生于人之'作'，这同时表现为'事'不同于'物'之所在。"王西平同志在《事物、存在与思想：以〈老子〉观之》（以下简称《事文》）一文中，对此提出了如下异议：

> 从"实质"的"层面"说，是不是"人因事而在"？这是一个值得讨论的问题。人，在生下来之后的婴幼儿和日暮垂年阶段，是没有作"事"能力的，这个时候他（她）仍然存在，不能说不是"人"。

这里的关键，在于对"事"的理解。作为人之所"作"，"事"并非凝固不变，仅仅以某种现成的形式存在。与人自身的存在经过一个从早年到晚年的过程一致，人所作之事也存在相应变化。在婴儿阶段，尽管人在某种意义上似乎没有自觉意识，但并非完全游离于"事"之外。根据儿童心理学的实证研究，儿童在尚未形成语言能力时，已经开始从事各种活动，如抓取玩具、寻找食物等，这些活动，可以视为最初的做事过程，其中包含着皮亚杰所说的行动逻辑，这种行动的逻辑具体表现为：在抓取等活动中，包含先后、左右等时间和空间上的有序结构，这种有序结构随着心智的发展而逐渐内化为思维的逻辑。与之类似，老年人也许不像年轻人那样从事创业、劳动等活动，但依然会做力所能及的家务事或其他活动，对脑力劳动者而言，可能还会进行各种形式的创作。

所有这一切，都可以看作是广义的做事过程，人在不同年龄阶段的存在形态，也通过这些不同的"事"而得到确证。

我在以上文章中，同时提及："世间本无'事'，'事'源于人之'作'。"《事文》对此提出以下疑问和评议：

> "世间"指的什么？指的就是现实世界，当然包括自然界。自然界每日每时都在发生这样那样没有人参与的"事"，例如地震、各种自然灾害、日食月食等等，再如眼下正在全世界蔓延的疫情，这些都是"事"，皆不是因人而发生，怎么能说"'事'源于人之'作'"？这里有一个关键的问题，就是不能无视本然世界"物"之"动"所生成的"事"之存在。这些"事"的发生，都会波及、牵扯人的生存，需要人类去抗击、抵御，人作之"事"也就相应发生了。杨教授说，"世间本无'事'，'事'源于人之'作'"。"疫情"的发生是"人"作出来的吗？病毒毒株是不是"物"？它虽然不等同于"事"，然而，由它之"动"而进入"人"体，进而广为传染，这能说是"也未涉于事"吗？说"物"之"形态主要与尚待人作用（'俟用'）或可能为人所作用相联系"，其实，病毒毒株不是"尚待人作用"，而是它主动向人发起进攻，首先作用于"人"。这个时候，"事"已经发生了。等待"人"作用于病毒毒株的时候，那已经是马后炮的防疫、抗疫之"事"了！"事"，不仅仅是发生于人之"作"，广义地说，却是"事"发生于"物"之"动"。事、物相连，组成汉语"事物"一词，"事"由"物"而起，无

"物"则无"事"。可见中华民族语言构成的精妙!

　　以上看法，似乎对"物"与"事"有所混淆：以"地震、各种自然灾害、日食月食"为事，实际上是将自然的变化混同于人所作的事。我曾提及物理事件与人所作之事的区别："物理事件如果发生于人的作用之外，如因云层自身互动而形成的降雨，可视为自然现象；物理事件如果发生于实验或人工条件之下，则非纯粹的自然现象，而是融入于'事'并成为与人相涉的广义事件的构成，如人工降雨，便属后一类事件。"[①]至于"疫情"，则需要作更具体的分析：病毒本身是自然之物或自然现象，但病毒之感染人并逐渐衍化为流行之疫，则与人所作之"事"（如与某种动物的接触、实验室的各种操作等，目前的溯源问题，即涉及此）相关，不能笼统地将其归为"物"。

　　"事"与"物"是考察"事"之时涉及的基本对象，我曾在不同场合谈到二者的关系：尽管"事"在因人而作这一意义上不同于本然之"物"，但二者并非毫无关联。"事"非凭空而起，而是以"物"为对象；"物"则通过人之所作而进入"事"，由此扬弃其本然形态。在《人与世界：以事观之》中，我已指出了这一点，不妨摘引如下："事物是经过人的作用并打上了人的不同印记的对象，这种对象以合乎人的需要为指向，从生产活动所需要的各类劳动工具，到满足人安居与出行所需要的房宇、舟车，从文化领域的书画，到日常生活中的服饰，事物展现为多样的形态。在引申的意义上，事物也指综合性的社会现象，'旧事物''新生事物'等，这一类事物同样是人的活动的产物：在因

275

---

① 杨国荣：《人与世界：以事观之》，生活·读书·新知三联书店，2021，第32页。

'事'这一点上，二者具有一致性。"①

关于"事"的传统含义，我曾引上海博物馆藏战国楚简《恒先》中的"作焉有事，不作无事"这一界说，《事文》对此提出如下评议：

> 杨教授所引《恒先》中的文字，前后补全，应为："采物出于作，作焉有事，不作无事。举天之事，自作为事，用以不可赓也。""采物"，指华彩的物品，出于人的制作。制作便有"事"，不制作，便无"事"。这是说的"人"作"事"。后几句说"天"作"事"。"举"，"总括"的意思。"天之事"，即天作之事。自从天作了，就成为"事"。日月星辰、山川河流，往复循环，人类日用，不可更（赓）改。战国时期，"天"指的就是宇宙，亦即自然界，都是物质性的存在。所谓"天"作，实际就是"物"动之"作"。《恒先》的作者，分清了"人"作与"天"作之别。可是，杨教授却就其原文掐头去尾，断章取义地视为"人"作"事"，来印证他的观点。粗疏读之，会被蒙蔽；精细地审思，则可分辨出破绽！按照《恒先》的真义，与杨教授文章立论的主旨恰恰相反！本然世界和现实世界的存在，应该分清"物"作之"事"与"人"作之"事"的差别。

以上所论，涉及不同问题。关于"事"的传统解释，包含多重方面。《恒先》所作解释，也涉及此，所谓"采物出于作"，

---

① 杨国荣：《人与世界：以事观之》，生活·读书·新知三联书店，2021，第31页。

即体现了"事"的根本特征（人的活动）。其中提到的"举天之事"中的"天"，抽象而言包含多重含义，《事文》认为"战国时期，'天'指的就是宇宙，亦即自然界"，恐需再思考：如冯友兰等已注意到的，先秦（包括战国）之"天"，既指自然之天，也指与天命相关的超验之天，后者与主宰意义上的天相近，如果将"举天之事"理解为"天"作之事，则这里的"天"相应地既可以指自然之天，也可以理解为超验之天（主宰之天），后者意味着"天"的人格化，这种人格化也可以视为人的品格和作用的超验化或形而上化。从现代行动理论（the theory of action）看，"作"如果视为行动，属有意识的活动，自发或无意识之举，不能视为"作"，在这一意义上，"作"意味着对"自然"的超越。以此而言，将"自然"（大自然）意义上的"天"与"作"联系在一起，似乎具有悖反的意义。根据上文的前后语境，更为合理的解释可能是将其中的"天"与"天下"联系起来，在此意义上，所谓"举天之事"，可以理解为天下之事，而"自作为事"则是强调天下所有之"事"，皆因人之"作"而发生。广而言之，在谈到传统哲学关于"事"的解释时，我曾一再提及韩非的如下论点："事者，为也。"[1]这里的"为"与"作"意义相通，这种解说表明，将"事"区别于自然的变迁而与人的活动联系起来，构成了中国哲学在更为普遍层面的传统。

277

二

作为以上讨论的延续，《事文》从老子哲学出发，对有关

---

[1] 杨国荣：《人与世界：以事观之》，生活·读书·新知三联书店，2021，第3页。

"事"的问题提出了进一步的评议：

　　《老子》第二章有论，"万物作焉而不辞，生而不有，为而不恃，功成而弗居"，这是说宇宙万物默默地做事，做成了，也不居功自恃，显示了其无私无我的高尚品格。《恒先》说"举天之事，自作为事，用以不可赓也"。这是对《老子》学说的演绎。它们所说之"事"，都是指有意义、有价值的"事"。从人类社会的层面说，就个体人而言，日常的吃喝拉撒睡，算不算"事"？当然，也算"事"。但是，人们的习惯却不将其看作"事"。譬如，熟人见了面问对方："最近干什么？""没事，在家闲着呢。"如果将其看作"事"，那就得回答："事情挺多的，吃喝拉撒睡，休闲自陶醉。"这不是在说笑话吗？然而，杨国荣教授的文章，却有新说法：作为人的广义活动，"事既展开于人存在的整个过程，也内在于人存在的各个方面。凡人之所作，均可视为事；人之所作方式不同，事之形态也各自相异。从日常生活中的饮食起居，到制天命而用之、赞天地之化育的过程，人存在的多样方式与事的多重形态呈现某种一致性。……在广义的视域中，即使休闲、消遣，也难以与事截然相分，这不仅在于从有张有弛的角度看，休闲为做事提供了前提，而且作为人之所作，休闲既不同于对象意义上的物，也有别于纯粹的观念，而是可以看作'事'的特定形态。"杨教授这两段文字之后的论述中说：针对亚当·斯密将劳动理解为对人具有否定意义的活动这一看法，马克思指出："一个人'在通常的健康、体力、精神、技能、技巧的状况下'，也有从事一份正常的劳动和停止安逸的需要，这在斯密看来是完全不能理解的。诚然，劳动尺度本身在这里是由外面提供的，是由必须达到的目的和为达到这个目的而必须由劳动来克服的那些障碍所提供的。但是克服这种障碍本身，就是自由的实现，而且进一步说，外在目的失掉了单纯外在自然必然性的外观，被看作个人自己提出的目的，因而被看作自我实现，主体的对象化，也就是实在的自由——而这种自由见之于活动恰恰就是劳动。"杨教授理解了马克思这段话的意思，他说："作为人的基本活动，劳动同时表现为人所作之事，与劳动相对的安逸则处于事之外。从事劳动属广义的做事，在以劳动为形式的做事过程中，人同时扬弃了虚幻性而获得了真实的存在感；安逸在此意味着置身事外，其结果则是引向空虚。"这就是说，马克思将"安逸"不看成"做事"，而是处于"事"之外。可见杨教授的"凡人之所作，均可视为事"的立论主旨是难以成立的。

为了使《事文》意义完整，以上作了较为繁复的引述。首先，作为传统哲学文本，《老子》的表述有其特点，对"作"的理解也与现代哲学有所不同。在"万物作焉而不辞"的论点中，"作"被界定为自然的变动，这一意义上的"作"，显然有别于人之所"为"（韩非所谓"为也"）。它表明，老子对人的自觉活动与自然对象的变动，尚未作严格区分，这与老子"人法地，地法天，天法道，道法自然"的推论大致一致。现代哲学的讨论，可能无法延续这种模糊性，而是需要作比较明晰的分梳。

关于"安逸",宜作具体分析。如果将"安逸"视为"休闲"这类人的特定活动的方式,无疑可归入广义之"事",然而,如果"安逸"仅仅表现为"无所事事",则显然不能将其等同于作为人之所"为"或人之所"作"的"事"。以上引文中的"安逸"与"事"(劳动)相对,因而不同于人所"为"或所"作"之"事"。这种情况与"休闲"相近:休闲既可作为与娱乐活动相关的"事"(以上所说的休闲即就此言),也可表现为"无所事事",辛弃疾所说的"闲愁最苦",即与后一意义上的"闲"相关。所谓"凡人之所'作',均可视为'事'",其中的"作"或"为",都与有意义的活动相涉,与无所事事相应的"安逸"则不属于这类活动。我在《人类行动与实践智慧》[①]以及《人与世界:以事观之》中,对此都有所阐释。这里同时需要留意,语言的运用并非凝固僵化,同一语词或表述(如这里涉及的"安逸"),可以在不同意义上使用,其具体含义的把握,则需要联系相关语境。

广义上的语境,与具体的存在背景相关,在谈到"物"与"人"的关系时,我曾提及,"物不会自发地满足人,唯有通过人作用于物的做事过程,物才能成为合乎人需要的对象"。《事文》对此也提出了不同看法:

> 日光,空气,山河,大地,谁能说不是"物"?可它们不断地在自发满足人的日用需要,根本不存在"通过人作用于物的做事过程",却始终是"合乎人需要的对象"。

[①] 该书由生活·读书·新知三联书店于2013年出版。

作为"物"与"人"关系的一个方面，日光、空气等与人的互动，无疑应作具体分析。一方面，这些对象确为人所需，而且其满足人之需要的过程，也似乎自然而然，无须以人之所"为"或人之所"作"为条件；另一方面，在日光、空气满足人的需要的过程中，人与它们的关系更多地表现为自然物之间的互动。作为生物，人需要空气和阳光，也就是说，此时人与对象（日光、空气）之间，主要表现为自然物的互动或新陈代谢意义上的物能量交换：人乃是以自然物（亦即自然中的一员），而不是自然的他者的形式，与自然相互关联。然而，作为社会存在，人具有不同于自然的品格，其需要的满足过程也有别于自然意义上的物质交换，从实质的层面看，这一过程始终离不开人自身的所"作"或所"为"。事实上，在人的存在过程中，空气、阳光等自然对象之满足人的需要不仅涉及新陈代谢意义上的自然之维，而且与人的多样活动相关。度假时在山林和海滩呼吸新鲜空气、享受日光之浴，与劳动场所呼吸沉闷空气、处于昏暗空间，便既展现了人做事的不同方式，也彰显了人与世界相异的价值关系。

三

在《存在与生成：以"事"观之》①一文中，我曾表述了如下论点："在本体论的层面，可以区分本然世界（primordial world or original world）、实在世界（real world）与现实世界（actual world）。这一视域中的本然世界不同于虚幻的世界，而具有实在性，在此意义上，本然世界与实在的世界呈现相通性。然而，就其尚未与人之所'作'相涉，从而仍处于人的知、行领域之外而

---

① 载《哲学研究》2019年第4期。

言，它又有别于人生活于其间的现实世界。"《事文》对此作了如下评说：

> "虚幻的世"，就是不存在的世界。可是，杨教授以此来区别"具有实在性"的世界。他所说的"具有实在性"的世界（即他所说的"实在世界"），就是指"宇宙大爆炸"之后形成的有实体的存在。在此一存在之前的存在，杨教授视之为"虚幻的世界"，那就是根本不存在。这样的论定，与现代科学的实证是完全背离的。

应当指出的是，认为我所说的"实在世界"仅仅是"宇宙大爆炸"之后形成的有实体的存在，并特别强调"在此一存在之前的存在，杨教授视之为'虚幻的世界'，那就是根本不存在"，这样的论定与我的实际看法相去甚远。事实上，我所说的"实在世界"并非仅仅限于所谓"宇宙大爆炸"之后形成的有实体的存在，在相关的论文和著作中，我一再明确指出，"实在世界"主要指不依赖于人而存在的世界，在这一意义上，一切未进入人的知行之域和已经进入知行之域的存在，都是"实在的世界"。认为我所说的"实在世界"仅仅是"宇宙大爆炸"之后形成的有实体的存在，也许确实"与现代科学的实证是完全背离的"，但这并不是我的观点，将其作为我的看法严加驳斥，可能有点像与堂吉诃德的"风车"作战。

在从形而上的层面考察人与世界之时，我曾运用了本然世界、实在世界、现实世界等概念，并对其作了具体分梳。《事文》对这些概念以及它们蕴含的思想作了多方面的质疑：

> 杨教授提出了几个概念——本体论、本然世界、

实在世界、现实世界。这些概念，他都没有对其内涵的清晰划界。譬如说实在世界，在我们汉语来说，应该分为真实存在和实体存在两种。前者，不论是有形还是无形，只要存在，就都是真实的存在；后者，只是指实体的存在。而杨教授所指，则只是后者。我认为，本然世界从宇宙产生之前的虚空原本之存在就开始了，直到当下的宇宙总体，包含现实世界，都是按照老子所说的道法自然的规律，自然而然演进变化。本然，就是没有人的参与、作用，宇宙万物自己原本这样自律地发展变化。杨教授说"本然世界与实在的世界呈现相通性"，其实，"本然世界"与"现实世界"也有相通性。在现实世界，每日每时发生的各种各样"自然"，都是在受自然而然规律的支配，就是社会发展也不例外。现实世界，按照杨教授文章的论述，指的是有人存在的世界。这里牵扯到对"世界"的定义。《楞严经》说："世为迁流，界为方位。汝今当知，东、西、南、北、东南、西南、东北、西北、上、下为界，过去、未来、现在为世。"这指的是无所不包的宇宙时空。在中国，则一般指的是人类赖以生存的地球。杨教授将本然、实在、现实统称为世界，也讲得通。但在具体论述时，应该加以分别。可是，他在文章的摘要中说"现实世界以人为主体"，我认为此说不妥！我们平常说的"全世界人民"，世界与人民，哪个是主体？人民依赖地球而生存，地球当然应该是主体。没有地球，就没有人。人可以说是社会的主体，却绝对不是"现实世界的主体"。地球承载着"现实世界"，作为现实存在的地球，其上与人共在的还有山川湖泊大海、众多的动物植物。人可以通过做事改变世界面貌，为我所用，但要受自然规律的强力制约，说主宰尚不可能，何况要去作主体？人之做事，始终要处理好与大自然的关系，不能片面夸大人的作用。现在地球气候变暖，北极冰川融化，海平面升高，极端天气增多，自然灾害频繁，早应该引起人类的反思和高度关注！人应该摆正自己在自然界中的位置，正确认识自己与自然界的关系，尊重自然，爱护自然，不能强居其上。当然，人类也必须不断地积极尽力去做这样那样改造世界的事，同时要分清好坏、利弊，以有利于人类长远发展、幸福生存为目的。

与前面一样，为了呈现《事文》的全貌，对原文作了较为完整的引述。关于本体论、本然世界、实在世界、现实世界概念的具体含义，我在不同的论著中，都有比较明晰的说明，如"本体论"在《道论》一书中即作了详尽的解说①，这里不再赘述。从词源上说，"世界"获得与"天下"相通的意义，确实与佛教的传入相关，当然，在佛教传入之前，相关的语词已经出现，但这些语词可能更多地指疆域等。至于本然世界、实在世界、现实世界的含义，在前文所提到的论文中也有较为清晰的解释，在此不妨重复一下：所谓本然世界，主要指尚未进入人的知行之域，没有在观念和实践的层面为人所作用的存在；实在世界，如前所述，在宽泛意义上指不依赖人的存在；现实世界，则是进入人的知行之域，为人所作用，并对人呈现多重意义的存在。本然世界与现实世界都具有实在性，因而都可以归入实在世界，不过，本

①杨国荣：《道论·导论》，北京大学出版社，2011。

然世界固然呈现实在性，但因其尚未进入人的知行之域，故除了实在性，我们难以对它作更多的讨论，其意义也无法向人显现。现实世界则是进入人的知行之域、人生活于其间的存在，这种世界不同于本然的存在，其形成包含人的参与，中国哲学所说的"赞天地之化育"，便表明了这一点。如上所言，本然世界与现实世界都具有实在性，从而二者都与实在世界相通，但本然世界与现实世界不能这样简单地论定：二者的根本区别，在于本然世界未经人的作用，也未向人呈现其意义；现实世界则经过人的作用，打上了人的印记，也向人敞开其不同意义。与之相应，在现实世界中，人的作用处于主导地位，在此意义上，可以说"现实世界以人为主体"；在本然世界中，人则尚未出场，说"地球当然应该是主体"似乎过于笼统、抽象，不甚确切，因为"主体"具有自觉的价值意识和价值目标，地球显然缺乏这种自觉的价值意识，所以对于地球而言，"主体"这种表述似乎没有意义。同时，需要强调的是，所谓"现实世界以人为主体"，并未在实在的意义上否定地球之类的存在，事实上，我一再强调，作为现实世界主体的人的活动，以合目的与合法则的统一为基本要求。合法则，即意味着尊重包括地球的自然法则。就主体活动而言，合目的与合法则都不可或缺：没有合目的，便只有自然的变迁而难以呈现对自然的作用；没有合法则，则人的活动将因背离自然法则而失利，地球气候变暖、北极冰川融化、海平面升高、极端天气增多、自然灾害频繁等现象，主要由此引发。比较而言，"道法自然"主要侧重于后一方面，但仅仅肯定这一面，容易导致只承认自然的变迁，无法把握变革自然的活动。

在《存在与生成：以"事"观之》一文中，我曾指出："以过程为视域，可以进一步注意到，事物的存在形态既是开端，又表现为终端：变化和生成无法从'无'（非存在）开始，它总是以已有存在或存在的既成形态为开端；同时，与空洞的时间流逝不同，这种变化和生成又引向多样的结果，后者可以视为一定变化过程的终端，作为新的存在形态，这种结果又构成了后续变化过程的开端。对开端的抽象追溯，往往导致逻辑上的无穷后退并进而消解存在本身，庄子曾作过这一类的追溯：'有始也者，有未始有始也者，有未始有夫未始有始也者。有有也者，有无也者，有未始有无也者，有未始有夫未始有无也者。俄而有无矣。'这里的'始'属于与时间相关的开端，'有无'则涉及本体论层面的存在与不存在。从'始'（开端）向前不断上溯，最后达到的是终极意义上的'无'，而存在本身则由此也趋于消解。"《事文》引述了以上段落，并提出了如下看法：

> "变化和生成无法从无（非存在）开始"，这是不是针对《老子》第一章'无，名天地之始'？不能肯定。但我必须指出，老子所说的是特指性的"无"，人的肉眼看不见的"无"，不是非存在。相反，却是"有物混成，先天地生"的"有物"。杨教授后文所引《庄子·齐物论》中那一段"绕口令"式的话，却完全是针对老子的。庄子极力要否定老子所说天地生成之前有"始"有"物"。杨教授说："从始（开端）向前不断上溯，最后达到的是终极意义上的'无'，而存在本身则由此也趋于消解。"这种逻辑推理，不符合真实存在。按照现代科学理论和高能望远镜观测，宇宙空间无限大、无限远，根本划分不出"始"（开端）的分界线，也不可能向前不断上溯，最后达到什么终极意义上的无，并且不存在

"存在本身则由此也趋于消解"的现象。这完全是不顾科学实证的"虚幻"空论，没有什么实际意义！思辨性的逻辑推理，都必须经过科学和事实的验证，符合者，则能成立；不符合者，最后必被实证和真相推倒！

以上又作了繁复的多重引述，旨在展现《事文》的原义。首先需要澄清，《老子》第一章所言"无，名天地之始"中的"无"包含多重意义，它既指存在的终极本原，在此意义上不同于"不存在"，又相对于特定的对象而言：特定对象有具体规定，"无"作为存在的本原，则没有这一类特定规定。①以上述意义的"无"为天地之始，多少表现出思辨的形而上学趋向，"变化和生成无法从'无'（非存在）开始"这一看法，虽然并不是针对《老子》第一章，但意义显然与其中的思辨趋向不同。同时，应当指出：形而上层面的逻辑论述，不同于物理学意义上的假说，"从'始'（开端）向前不断上溯，最后达到的是终极意义上的'无'"，这是引庄子之论为内在逻辑，在形而上的层面，这种推论完全合乎逻辑。《事文》认为"按照现代科学理论和高能望远镜观测，宇宙空间无限大、无限远，根本划分不出'始'（开端）的分界线，也不可能向前不断上溯"，这里提及的所谓"科学"说法，可能只是各种宇宙假说中的一种，事实上，前面《事文》一再提到的"大爆炸"宇宙说，即以肯定存在有开端为前提，只是它认为宇宙的开端不是"无"。这里，需要区分形而上层面的逻辑论述与自然科学意义上的假说，哲学应当以科学为根据，但不宜还原为科学。《事文》在赞赏老子以无为"始"（开端）的思辨论说的同时，又肯定"现代科学"的假说，逻辑

287

---

① 参见杨国荣：《老子哲学讲演录》，中国人民大学出版社，2021。

上似乎不甚自洽。从形而上的层面看，确认"变化和生成无法从'无'（非存在）开始"，恰恰是基于现代科学提供的事实作出的平实之论，不同于所谓的思辨论说。

（原载《武汉科技大学学报》2023年第2期）

附录

传统思想与当代中国

《上海文化》：

这些年明显可以观察到，儒学的社会影响和认同正在不断扩大。您在《再思儒学》一书中很早就认识到儒学复兴将成为趋势。在传统文化、儒学越发受到重视的今天，您觉得儒学可以为思考当代问题提供的主要理论资源是什么？

杨国荣：

儒学现在成了新的显学，这段时间很多人从不同的角度提到儒学，其中包括多方面的内涵。谈儒学在当代的意义，还是需要从儒学本身出发。如我以前所述，儒学的基本内涵或核心方面体现于仁和礼，考察儒学在现代的意义不能离开儒学的这一核心。仁和礼本来是传统的概念，各有其主导的意义，如仁的含义在于肯定人之为人的价值；礼则更多地表现为规范系统，以及伦理和政治的制度。

从儒学的以上两个核心方面来看，前面提及的是其传统的含义，这些含义在现代依然有独特体现。以仁而言，它以尊重人的内在价值为出发点，其价值取向与现在经常提到的"权利"形成某种对照：权利侧重于个人利益的追求。从社会的交往看，如果仅仅关注个体权利，便可能导致人与人之间的冲突，甚至由冲突走向对抗。要避免这种趋向，便需要以仁道高于权利的眼光来看待权利问题。从社会关系的协调、建立合理的社会秩序这一角度来说，首先需要肯定人的内在价值，而不能仅仅赋予个体的利益以至高无上的地位。我的基本看法是，应当肯定仁道高于权利。也就是说，从儒学的现代意义来看，儒学关于仁道的很多论述在今天依然是不可或缺的。

另外，民主作为在政治体制上区别于传统社会的重要方面，在今天受到越来越多的重视。但如果把民主变成工具化、形式化的东西，会产生很多问题，这一点我们从国际上的不少现象中便可以看到。民主现在常常成为意识形态的工具，很多打着民主旗号推行某种政治观念的人，总是在这一旗号之下来打压一切与自身意识形态相左的思想。在此背景下，需要注重揭示民主的实质性内涵。民主的重要方面是如何使民主仁道化，从民主和仁道的关系来说，民主的仁道化，意味着不能借着民主的旗帜做出反人道的事情，这是从儒学的核心之一——仁的观念来看。目前中东等地存在借着"民主"的名义制造深重人道灾难等现象，如果真正出于仁道的关切来实行民主，便应当避免这些问题。实行民主，一定要关切广大人民的实际利益，让他们真正能够得到生存和发展的可能，从这一角度出发来实现民主，不同于抽象的意识形态操弄。儒学在现代的政治意义之一，便是为民主与仁道的结合提供传统的理论前提。

从个体的价值取向或价值意向来看，对每个人而言，如果真正形成仁道的意识，便有助于建立比较合理的价值取向——懂得尊重他人，认识到他人是自己的人类同伴，这些日常观念具有内在价值，需要加以肯定。由此，人与人的交往过程便会向和谐的方向发展。从这些方面，不难看到儒学仁道观念的现代意义。

儒家另一个核心观念是礼，它所体现的具有历史印记的方面，如尊卑差序的等级制度，无疑具有历史的限度，但是其中所具有的规范意义仍值得注重。礼所蕴含的规范意义现在看来依然是不可或缺的，它可以引导社会走向比较合理的秩序。礼的内在要求是建构秩序，其核心就是秩序化。当然，秩序的内涵在不同时期有不同的内容。从现在来看，一方面，要注重礼所肯定的秩序化以及通过规范对于人的行为言行举止加以引导和规定；另一方面，礼的一些具体规定又有历史的痕迹，无须拘泥。总体上，一个社会对其成员的行为方式作一定的规范性引导，这有很重要的意义。从现在来看，既要进行必要的道德教育，也需要注重文明规范的引导。

从日常生活存在的方式来看，一方面我们要提倡高尚的道德，另一方面，不能忽视文明规范在引导行为方面的底线作用。现在社会上出现一些不太和谐的现象，很多是因为最基本的文明规范未能获得自觉的意识和遵循，从这一角度来看，不仅比较高的道德规范需要遵循，人与人之间基本的文明交往方式也要注意。我们都知道，礼的基本要求是"由野而文"，"文"主要标志文明化的状态，表明行为受到社会规范的约束。从人格的培养、人的行为方式来看，"由野而文"这样的要求在不同时代都是存在的。从这一意义来说，礼的意义需要高度重视，无论是社会文明秩序的建立，还是更深意义上道德规范的引导，都与礼相关，从中也可以看到儒学在今天的意义。

总之，儒学在现代的意义并不是空泛抽象的，需要落实在以上这些具体的方面。新儒家仅仅讲"生命的学问""精神境界"等，未免显得空洞苍白。应当将儒学的核心方面与当代的历史现实结合起来，使之落到实处，这样才会有切实意义。

《上海文化》：

您对于传统的一些概念时常作"不拘一格"的阐释，这样做确实是在一定程度上"打开"了某些传统概念所蕴含的潜能，使传统"活"在了当代。在思考当代问题时，您认为能够不断回溯传统并激活传统的关键是什么？

杨国荣：

这里涉及几个问题。首先是概念或观念的理解。以往的观念既有传统意境下的特定意义（前面提到的仁和礼，便有它特定的语境意义与历史的印记），也包含普遍内容，对后者需要特别留意。特殊的历史形态和普遍的内涵之间是相互关联的，正因为传统的观念之中包含着普遍意义，因而它们具有一定的解释空间，可以在今天作进一步的引申发挥，也就是说，它们有着在不同历史条件下进行引申的可能性。

那么，如何使传统概念、传统观念中一些具有普遍性的东西，在今天焕发新的生命力呢？这里涉及多重因素：一方面，需要有历史的视野，我们不能完全离开具体的历史语境去把握传统，不能抽象化地泯灭它本来的具体含义；另一方面，还应有理论的关注和视野。事实上每一个时代都有其理论的背景。如所周知，儒学在历史上经过了一个发展过程，先秦之后有以董仲舒为代表的两汉经学，魏晋出现了玄学，之后是隋唐佛学、宋明理学等。为什么儒学在不同的时代有不同的发展形态？主要是因为不同时代的人有自身特定的理论视野，能够对传统儒学作出自己的解释。不同时代有不同的"现代"意义，可以说两汉有两汉的"现代"意义，魏晋有魏晋的"现代"意义，同样，儒学在今天面临类似的问题，有其特定的"现代"意义。

谈及今天的"现代"意义，理论视野也很重要。历史上的文献包括儒家的文献都作为既定的文本存在于历史之中，为什么不同时代的人会在其中读出不同的意义呢？缘由之一，在于他们所处的背景和理论视野不一样。如果缺乏一定历史背景下隐含着的理论视野，那就很难读出儒学在相关背景中可能呈现的内在含义。唯有形成新的视野、新的理论背景，才能读出儒学中可能具有的新内涵。

此外，需要对现实加以关注。观念并不仅仅是抽象的，而是有一个"源"的问题。观念的演变转化主要表现为"流"，即思想之流，但思想之流不能离开现实的土壤。每个时代一方面有它自身思想的流变，另一方面又植根于当时特定的社会背景，对儒学核心观念的理解同样如此。社会历史在今天的具体内涵，包括政治、经济、科技等，相对以往的时代来说发生了很大的变化，对此，需要认真考察。如果离开了对具有特定内涵的历史背景的理解，关于儒学现代意义的阐发可能变得很抽象。

可以看到，探讨以上问题不外乎这样一些方面：历史的关注、理论的视野，以及对现实的分析和考察。历史视野和理论视野对于我们今天的解释和创造性转化都是很重要的，现实的分析和考察同样不可或缺。

《上海文化》：

这些年您提出了从"事"的角度来理解人和世界。我们的观感是，您的思考越来越贴近中国传统，同时越来越带有个人的色彩。可否请您为我们简要分享一下，这种变化是如何发生的？

杨国荣：

"事"这一概念从总体的背景来说，与我的整个研究进路相关。我的研究进路包括两个方面，一是"史"和"思"的统一；

一是中西哲学之间的互动，即所谓学无中西。在这一方面，我确实一以贯之，基本上没有离开这一框架：无论是对"道"的讨论还是对"事"的考察，都是如此。从这一意义来说，认为我现在的研究比较贴近于传统，也许反映了研究视域的某些变化，但也不尽然。事实上，上述两重基本的进路，在不同的问题上可能有不同的体现，但即使在以往，我也既注重于包括西方在内的理论视野，又注重传统的资源，现在依然如此。

　　具体到"事"这一概念，确实有其独特性，因为这一概念没有一个对应的西方语词。但是我在其他地方提到过，我们不仅要注重"事"的独特性，也要注意这一概念的普遍性。就如"哲学"的英文是Philosophy，这一概念在汉语里一开始是没有的，日本的西周最早用现代汉语的"哲学"去翻译Philosophy。但是，没有"哲学"这一词，不等于我们没有这一观念。这里需要区分特定的"语词"和一般的"观念"。以往中国哲学中的"性道之学"，实质上就是一种哲学观念，这和sophia指向智慧以及Philosophy涉及对智慧的追求是一致的。"事"这一概念也是如此，这一词是中国特有的，西方语言中没有跟中国的"事"完全对应的词，但不能说西方人不做"事"，或完全没有因"事"而生发出的各种观念。事实上，"事"本身是具有普遍性的。

　　借助于"事"的概念可以对很多问题给出具体的解释，体现出中国传统中包含着非常深厚的哲学智慧。诸如此类的概念在中国哲学中还有很多，概念及背后隐含的意义都值得挖掘。我们要注意从中国传统概念中去挖掘深厚的哲学意涵。过去习惯于仅仅盯着西方哲学，确实西方哲学从古希腊一直到近现代有很多有价值的东西，但不能说东方就完全没有这方面的内容，中西哲学之间存在互动的关系。对东方哲学的概念或观念，也需要高度重视。中国传统哲学中诸如"事""几""数""运"等概念，包含深沉的意蕴，但如果缺乏西方思想作为参照，其内在意义便不容易彰显出来。

西方哲学显然仍有重要的意义。一方面，我们要注重从西方哲学的理论资源出发，对中国哲学加以阐述；另一方面，我们需要对已有的中国哲学作系统的梳理和深入的阐发。这两方面都很重要。就这一角度而言，对"道""事""几"等概念进行理论阐发的空间还是很大的，我只是初步地做了一些工作。这样的工作，不能简单地将其归结为从西方回到中国。事实上，中西之间的互动是我一以贯之的主张，只是在不同的时间侧重点有所不同，如此而已。以往我们对中国哲学已有资源的关注不是很充分，实际上中国哲学中很多意义深厚的资源有待深入发掘、总结，不是说它们以前不存在，现在突然出现了。

"史"和"思"之间的互动、学无中西的观念，贯穿于我40多年的哲学研究过程。从这一意义上说，对"事"的注重不是简单地回到传统，这与康有为、严复他们那代人不太一样，他们确实有点儿由西入中的意味，比较而言，我一直持开放的视野：一方面，对西方哲学的资源始终十分注重，并给予理论的探析；另一方面，对中国已有的传统也从不漠视。

这里我还要补充一点，我所说的开放视野与西方汉学家不太一样。汉学家经常怀有猎奇的、类似文化人类学专家去原始部落挖掘新奇东西的心理。同时，他们通常缺乏足够的哲学训练，基本上是以历史或者类似的特定人文学科为背景。当然，我对概念的梳理并不是刻意标榜与西方概念的不一样，正如前面所说，"事"在西方语言中找不到对应的词，但不是说西方人不做"事"。我注重的是兼用中国哲学和西方哲学去阐发概念的理论意义，而不是寻求与众不同的、与西方完全异类的方面。对我而言，仅仅标新立异意义不大，重要的是揭示概念的普遍内涵。特殊性和普遍性需要沟通起来，这一点，对中国哲学与西方哲学都一样。一方面，不能说所有的文化都是雷同的，需要承认其特定的语境和特殊性；另一方面，又应关注其中包含的普遍意义。西方哲学是特殊性和普遍性的结合，中国哲学同样如此，切不可把中国作为异类的、可作猎奇性探讨的文明，西方汉学家多少有仅仅热衷于挖掘其中与众不同之处的趋向，我不太认同他们这种做法。

《上海文化》：

正好我们谈到了会通中西的问题，作为参与世界哲学争鸣的"事中人"，可否请您谈谈会通中西的视野是如何影响到您的哲学思考的呢？

杨国荣：

我一直有这样的看法：人类文明自从近代以来，已逐渐进入接触、会通、融合的时代。以前，中西、中印基本上在相互隔绝的状态下发展，没有遇到相互融合的历史契机，各自独立衍化也是历史使然。但到了近代以后，不同文明彼此相遇了，各自的观念、脉络开始被相互了解，在这种背景下，我们就有了更多的思想资源，需要开放视野。不管是中国文化还是西方文化，包括其中的哲学，都是人类文明发展的成果，需要在这样的开放视野中来看待，不能以非此即彼或者厚此薄彼的状态去理解。作为人类文明在不同背景下发展出来的成果，它们都是今天建设新的文化成果时可以运用的理论资源。在文化已经开放、大背景已经打开的前提之下，如果我们封闭自己，局限在已有的某一传统之下，显然是非历史的。

主流的西方哲学家长期以来对东方文明不屑一顾，基本上不把中国哲学视作哲学，除了像夏威夷大学处在中西之间，还把中国哲学放在他们的哲学系里，其他的像哈佛、牛津、斯坦福、普林斯顿、剑桥的哲学系里都没有中国哲学这门课。他们也许教授印度哲学，但不教中国哲学。这既表明了他们对中国哲学的轻视，也限制了他们自身的思想资源。西方哲学这种偏狭的思想趋向，常常使自身失去内在的创造活力。西方的哲学界自从20世纪20—40年代的哲学家去世之后，在50年代和60年代的学人中，已很难看到真正意义上的哲学家。现在也许有很多研究哲学的学者，他们的逻辑训练非常出色，很多分析也十分精致，但这些人往往缺乏哲学思辨的气象，还不能视其为哲学家。这里的缘由当然是多方面的，其中之一便是其理论资源相对枯竭，老是在单一的西方传统中打转，以致难以呈现新的生命力。如果让其他文明进入他们的视野，我想西方思想是能够被再度激活的。

在这方面，中国学人本来似乎具有优势：近代以来，中国的思想家都热忱地学习西方思想，并在中西思想的会通中建构新的思想系统。但可惜的是，随着中国文化的发展、国力的增强，一些中国的学者开始主张回到传统，似乎100多年来，西方话语都是对中国文化的曲解，这种观点类似于西方哲学家不把中国哲学作为哲学，无疑将影响思想的创造性。现在亟须的是以世界哲学的视野，把东西方文明的成果都看作人类文明的成果，而不是仅仅追求某种单一的传统。只有在会通背景之下，才能不断有新的思想创造。现在经常听到回到经学、国学的主张，这似乎并未反映健全、合理的学术态度。20世纪20年代以来，熊十力、梁漱溟等尽管被视为所谓"文化保守主义"，但事实上他们还是吸取了很多西方哲学的观念。如果没有这种吸取，就很难有近代思想的创造。我们可以把熊十力、梁漱溟的思想与马一浮作一比较：马一浮拒绝一切西方的东西，尽管他到过美国，但除了重复宋明理学的老调，在思想上几乎没有提出任何新东西。刻意地排斥包括西方的外来文明成果是十分消极的态度，现在需要的是在世界文化和世界哲学的视野下，把整个人类文明成果看作今天文化建构的重要理论资源。

王国维在20世纪初的时候，已十分敏锐地提到这一点，他说"中西二学，盛则俱盛，衰则俱衰"，并肯定"学无中西"。我觉得王国维确实是一个很有眼光的人，100多年前已经有这样的视野，着实不易。

《上海文化》：

过去您经常谈到全球化对中国文化的意义和影响。今天越来越强调文明互鉴，您认为中国文化在保有自身独特性的同时，能在哪些方面对当代世界文化的发展贡献极富价值的思想资源？

杨国荣：

这是一个大题目，可以从不同的角度去考虑，或从已有的中国文化人物、学派的特点里去挖掘。如果总结先秦儒家以及道家、墨家、法家、名家的思想成果，便会发现其不同的理论内涵。中国文化在衍化过程中，历经汉、魏晋、隋唐、宋明等各个时代，都不断丰富并取得新的形态，经历这样的过程之后再回过头去看看，由此积累的成果到底有什么样的意义？解决中国文化到底可以贡献什么东西这一问题，需要不同领域的学者一起做深入的研究。当然，从大的方面来说，可以注意到儒道互补，在价值观念上，儒家注重人道原则，道家注重自然原则，后者主张的所谓"为无为"，核心就是合目的性和合法则性的统一。人类行为当然有自身的目的，这一目的体现在通过变革对象，使之合乎我们的需要。然而，在这一过程中，不能违背自然本身的法则。这一观念对于今天处理人与自然之间的关系，尤其是生态问题，具有十分重要的意义。近代以来，人类社会为什么会出现很多问题？原因之一在于人们仅仅注意行为的合目的性而忽略了其合法则性。前面提到的，从儒家思想延伸而来的仁道和权利的关系、仁道和民主的关系、人道和社会和谐的关系都有其意义。这是从儒家以及道家的方面来说。

另外还有儒、法的关系。儒家注重礼，法家注重法。从社会秩序建构来说，礼以说服性的方式来引导人的行为，法则用强制性的方式来规范人的行为，这两者都是现代社会秩序建立所必不可少的。礼、法的这种互动，从一个方面体现了儒、法的相互作用，这也构成了传统在今天的重要意义。

韩愈曾提出一个重要的观点，即"儒墨相用"。韩愈作为儒家道统的创始人，对墨家思想体现了一定的宽容性。在《读墨子》一文中，韩愈指出："孔子必用墨子，墨子必用孔子；不相用，不足为孔、墨。"这一"儒墨相用"的看法已注意到儒家和墨家并不相互排斥。今天看来，墨家提出的很多观念仍需要加以关注。墨家提倡"兼爱"，体现了人道的观念，超越了"亲亲"而展现了更广阔的视野。尽管宋明理学家批评墨家是"二本"，不是"一本"，然而，从另一个角度来看，"兼爱"的观点无疑扩展了人道的意义。

诸如此类，都可以贡献很重要的思想资源。至于具体的内容，可能需要基于对不同学派、人物的多方面研究，结合当代社会发展的历史需要，进一步加以把握。我相信这方面的空间很大，过于抽象的泛泛而谈也许没有太大的意义。

《上海文化》：

现在越来越多的人明确地认识到科学、技术对日常生活的"专制"。当生活世界也被卷入技术所规定的"轨道"之中，人文研究中的对生活世界的敏锐感知和折射是否正在钝化？进而另一重焦虑在于，人文研究是否已然无法对抗或者缓解"科学世界的自我衍化"了呢？

杨国荣：

科学发展是无法回避的现象，近代以来，科学发展一直在加速。看看现在电脑、手机的更新就可以知道，大致两三个月就可以更新一代，人工智能、信息技术、生物技术的发展与人类生活的关系也越来越密切。一方面，要避免对技术持疑虑或疑惧的态度，这是非历史的。因为科技浪潮浩浩荡荡，是阻挡不了的，不必以抵触的态度去对待。另一方面，不能过度放任科技无序发展。以基因技术而言，确实有很多积极的地方，比方说可以避免疾病，使人类寿命延长、智力增强等，这都是我们希望看到的正面的东西，但同时，负面的结果常常伴随着科技发展而出现。如果技术使人变成"超人"，那么，"超人"与人类的关系该怎么协调？生物技术和人工智能的结合确实有可能产生"新型人类"，应该如何看待这种趋向？这无疑值得思考。

在这方面，需要注意价值的引导。不能简单地鄙夷、否定、疑惧和批评，这样做显然没有太大意义，但也不能听任其无序发展。科学的发展不能失控，任何科学技术都有某种自组织的形态，可以按照自身的惯性一代一代发展下去，如果不加调节，可能出现"超人"对人类的支配、控制。以前传统儒学中有所谓的

"人禽之辨"，现在则需要进一步关注"人机之辨"。不仅是人要与动物区分开来，人和机器之间的关系也需要好好思索。通过深切研究，从伦理的、价值的方面对于科学发展作必要的引导是不可或缺的，不然就容易失控。人工智能的无节制发展，可能最后导致机器人拥有自身目的，而一旦机器有了自身目的，就可能后患无穷。现在机器人仍是工具，主要是为人所用，机器人一旦有了自身目的，便可能把人类作为工具使用，很多科幻作品已对此作了描述，这对我们是一种警醒。如何避免科技的消极结果，显然需要关注。不能完全拒绝包含基因技术在内的科学技术，也不能任其无限制膨胀。如何引导科技发展，如何把握适当的"度"？在这方面，人文学科无疑有存在的意义。科学技术自身很少直接考虑以上问题，这些问题是人文学科无法回避的，从事哲学研究的学人更需要好好思考，怎样引导科技的进步。查尔斯·珀西·斯诺提出两种文化论，把科学和人文看成互不相关的两重世界，现在恐怕需要改变这种观念。尽管哲学家对具体的科学活动的机制所知甚少，但是这不妨碍他们从价值上对其进行引导，包括预测科技对人类可能造成的后果。这里需要的不是简单的限制、否定，而是引导。

人文学科所探究的人的生活、人的存在是多方面的，技术所关注的主要是人类的生活如何更方便、更舒适，人类如何更长寿等方面的问题，但人本身还有人文的关切和需要，这方面不是科学能够完全解决的。光读科幻小说、看科幻电影会觉得乏味，因为我们还需要儿女情长、风花雪月所代表的东西，以及生命的意义、宗教层面的终极关切。人对于超越性东西的关切始终存在，这些仅凭科学技术是无法解决的。这需要人文的力量从多方面加以关切，不断阐发创造性的见解，这样人的存在才能更加丰富和有意义。

科学只代表意义的一个方面，而人所追求的意义是多方面的，科学不能解决和覆盖所有的意义。除了科学所涉及、关注的意义之外，人类的存在还有其他多方面的意义。人文学科不仅可以对科学发展作价值上的引导，而且对于如何丰富人的生活、人的意义追求同样不可或缺。从这方面看，人文学科大有用武之地。

《上海文化》：

您认为在当代中国，成为或者作为一名哲学家而非只是了解哲学具体领域的专家，应该具备怎样的素质和特点？

杨国荣：

这涉及哲学本身的内涵问题和哲学存在的理由问题。哲学本身表现为对智慧的探索，而这不同于对知识的追求。专家是知识型的，但知识都有界限，每一个学科都有自己特定的对象和界限。人类除了对知识的把握之外，还要追求跨越界限，从更相关联的统一形态中去理解世界。这一任务主要便由哲学来承担。简单来说，就对象而言，哲学总是要关注宇宙、人生的根本性问题，进行终极追问。而科学或知识追问的是有界限的具体问题，并不涉及根本性的探索。每一种自然科学诚然都面临"具体的知识怎样获得"这一类问题，但不会在普遍的层面追问"人类的认识是否可能、如何可能"这样的认识论问题。

现在的问题在于，从主流的、以分析为主要形态的哲学研究来看，哲学越来越趋向于技术化，追问的都是一些技术性的问题，而且主要运用语言的逻辑分析等特定的方式。诚然，分析哲学似乎也关注伦理学和形而上学等哲学问题，但其研究的具体进路有点不食人间烟火的味道，主要是在语言的范围内打转，甚至在伦理学和政治哲学这些本来与人的生活实践密切相关的领域也

303

是如此。以罗尔斯的哲学而言，他对伦理学、政治学的研究基本上是沿着分析哲学的方式来展开的，其基本的方式是思想实验，先设定一个所谓的"无知之幕"，然后在"无知之幕"之下，达到所谓的"原初状态"，并进一步在这一状态下探讨以什么样的条件、用什么样的方式达到所谓的"社会正义"。这种进路不同于关注、解决现实生活中的实际问题，事实上，罗尔斯所在的美国社会，存在着大量非正义的社会问题，诸如种族歧视、社会撕裂、贫富分化等，这些现实问题基本上都在罗尔斯的视野之外，其研究完全沉浸于抽象的思想实验、逻辑分析、先验预设。一旦回到现实之中，这种研究便立刻显得苍白无力。在我看来，哲学研究也需要植根于现实问题，不管是政治哲学还是社会伦理的研究，都需要从现实问题出发去考虑。对现实问题，哲学不仅需要加以关切，而且关切的方式不能仅仅是逻辑预设、思想实验。遗憾的是，现在西方主流的哲学研究似乎过于偏重这一方面。

与之相对的另一偏向，是过于思辨化。在现象学中，多少可以看到这一点。分析哲学主要表现为技术化的进路，视"道"为"技"，把对宇宙人生终极问题的追问变成技术化的东西。现象学的思辨则往往停留在混沌的、云遮雾罩的形态之下，这同样难以对问题有正确的把握。技术化和思辨化这两种极端都不是哲学应有的进路。庄子曾提到"道"和"技"的区分，以"庖丁解牛"而言，庖丁解牛的技艺之所以能够达到炉火纯青的境界，就在于已经达到"道"，而不是停留在"技"的层面上，这就是所谓"技进乎道"。传统哲学很早就意识到了"道"和"技"的区分。庄子曾批评"道术将为天下裂"，所谓"裂"，意味着各自抓住一点，"道"的那种全面性、统一性由此被淹蔽。现在同样可以看到类似的趋向，今天西方之所以出不了大的哲学家，除了仅限于单一传统，未能运用多样的智慧之源外，也与以上思维进路相关：没有基于现实存在真切地对人和世界进行考察，仅仅限定于逻辑的设定或云遮雾罩的思辨游戏，显然无法形成深沉的哲学系统。

这里顺便可以提到"专家"和"哲学家"的区分，从20世纪以来中国哲学的衍化中便可以看到这种区分。以对西方哲学的把握来说，可以有专家式的理解，也可以有哲学家式的领悟。像熊十力、梁漱溟这些人，从专家的角度来说，他们对西方哲学的了解似乎不值一提，他们对康德前批判、后批判完全没有概念，对《纯粹理性批判》不同版本之间的区分也不甚了解，但他们对西方文化中那些主流的、关键的东西往往有所把握，这种把握甚至比专家们更为深入，这里不难看到专家和哲学家的区分。从对总体的把握、对根本路向的了解来说，哲学家显然超过专家，后者往往只见树木而不见树林，偏离了哲学原本应有之义。

《上海文化》：

我注意到最近在年轻人里，哲学变成一股潮流，很多人愿意主动去学习哲学。您认为在当代，哲学对青年的吸引力在哪里？在您看来，当代人是否需要深入而全面的哲学教育？

杨国荣：

现在年轻人关注哲学、大学入学选择哲学作为第一志愿的情况确实越来越多。从社会经济发展的角度来看，为什么20世纪90年代以及21世纪初的时候，很多人都学商科和理工科？因为这些专业的学生毕业以后在经济上可以有很大的改善。现在尽管依然会有贫富之间的差别，但这已不是最迫切的问题，哲学这一类似乎无关实用的学科，也就慢慢受到了重视。从大的社会背景来看，这一现象放到20年前是很难想象的，这也是历史的发展使然。

另一方面，也要从人的需要以及哲学的本性来考察。人的需要不只是功利性这一面，人还有对于宇宙、人生的关切，包括对一些大的问题的兴趣和好奇。古希腊的柏拉图和亚里士多德都认为哲学起源于好奇。哲学是人的多方面兴趣中重要的一端。人类的很多追问只能通过哲学的方式来解决。前面提到，不管是自然科学还是社会科学都有特定的界限，界限之外的问题，既不在这些学科的视野之内，也无法由这些学科本身来解决。从这一角度来看，可能人们对哲学感兴趣是内在需要使然。古希腊的德尔菲神庙有"认识你自己"的神谕，亦即要求认识人自身。人类内在地具有认识世界、认识人自身的需要，中国古代的"性道之学"与"人禽之辨"也指向什么是存在的根据以及人是什么这一类问题。一旦大浪淘沙，功利的潮水过去，一切沉淀下来，这些永恒的问题便开始重现浮现，人们也不得不去追问这些无法回避的问题。这是从人类自身的认识发展趋向来看。

从功利性的角度来说，哲学可谓"无用之用"。相对于数学、物理、化学，哲学显得很"无用"，但这一"无用"恰恰是"无用之大用"，它没有具体的功用，但是有超越具体功用的"大用"。在《逍遥游》中，庄子曾以大瓠和大树为例，讨论无用与有用的问题。大瓠（葫芦的变种）既不能盛水，也不能"剖之以为瓢"；大树同样难以取材，工匠也无法用它来做各种器具，从以上方面来说，二者似乎都是"无用"之物。但是，把瓠剖开放在江湖中，使之如同一叶扁舟，人可置身其间，随意荡泛；大树则可"树之于无何有之乡、广莫之野，彷徨乎无为其侧，逍遥乎寝卧其下"，让人感受自由之境。这同时展示了"无用之大用"：哲学如同大瓠和大树，虽不解决特定问题，但可以引导人自由地探索宇宙、人生的根本问题。

当然，以上说法还比较抽象，具体而言，哲学的意义主要体现在两个方面：一是价值观的引导，一是方法论的引导。在价值观的层面，问题既涉及对象世界的变革，也关乎人自身的存在。从对象世界的变革看，价值观的引导包括指出科学技术到底应当向何处去，其价值意义何在；就人自身的社会交往而言，价值观的引导则意味着通过人道原则和自然原则的统一，建立和谐社会以及合理的交往关系。在方法论的维度，问题则与普遍、必然的知识如何可能相关。德国古典哲学曾区分了感性、知性、理性三种形态：感性主要与直观相关，知性更多地与概念的分析相关，理性则涉及形而上的追问。知性思维的特点是划界，知识的进路主要是知性的进路；理性则强调跨越界限的思维，其中包含辩证思维的要求。认识世界与认识人自身既要求面对现实，从现实出发，也需要进行严密的逻辑分析，没有逻辑分析便只能面对混沌未分的对象，从而流于抽象。知性可以帮助人具体地去把握一个一个的对象。当然，不能限定于知性的界限，应超越知性而达到理性的层面。感性、知性、理性的相互作用，体现了哲学在思维方式上的引导意义。

正当的价值取向与合理的思维方式对真实地把握现实、变革对象而言都是不可或缺的。哲学要求从人性的层面、世界的高度考察问题，其中包含价值观的引导。同时，受过哲学训练的人，处理具体问题也有优势：哲学专业的学生看起来不涉及具体的学科，但到了一个工作场所之后，往往马上就可以上手，而且后劲很足，他们一般思维缜密，提出方案、解决问题的思路都很清楚，这表明，思维方式上的哲学训练很重要。这也从不同方面体现了哲学包含"无用之大用"。

（本文系2022年1月《上海文化》对作者的访谈，
原载《上海文化》2022年第4期）

具体形上学：智慧的追寻

【题记】2023年2月20日，陈赟教授、洪澄博士与博士生杨超逸一行前往杨国荣教授寓所，就相关的学术问题进行采访。采访中的问题由陈赟提出，杨超逸作了录音记录，并在采访后整理成文。

问：

杨老师，您从20世纪90年代后期开始在学术上有一个明显的变化，此前关注从历史之维来进行哲学的追问，自那以后更注重理论的维度，"具体形上学"系列著作，是哲学创作的系列成果。这些著作一以贯之的问题意识是什么？或者说怎么来理解这五部哲学创作之间的关系？

答：

我想可以先简单谈谈刚才提到的一个现象，即从20世纪90年代末开始，我的哲学思考由历史对象转向理论问题。在一定意义上确实可以这样看。当然，我在其他地方也提到，即使在关注历史对象的时候，也常常渗入了相关的理论性观念，这也是我们这里（华东师范大学哲学系）的一个传统。我真正开始比较集中地对理论问题进行探讨，是在20世纪90年代后期。如果留意一下，便可以注意到，在我的伦理学著作《伦理与存在》之前，我至少对两个理论问题作了比较集中的探讨。一是"主体间关系"问题，主要在《主体间关系论纲》（发表于《学术月刊》1995年第11期）中阐述，其中讨论的不仅仅是历史中的哲学，还有当时大家比较关注的主体间性问题，其中也涉及后期维特根斯坦、列维纳斯、马丁·布伯和哈贝马斯等哲学家对主体间关系的论述。对于近代以来哲学家们在主体间性问题上的所见与所蔽，我在该文中以论纲形式作了一个回应。另一问题则关乎人的存在，在20世纪90年代末出版的《科学的形上之维》中，最后一章《回归具体的存在》便对此作了理论性层面的概要探讨：这一论述同样不限于历史的考察，而是在梳理了近代科学主义的衍化过程之后，从理论上对如何理解人的存在作了思与辨。就《伦理与存在》这一系统的道德哲学著作而言，虽然该书是2002年1月出版，但实际上从1998年开始，在对科学主义的讨论告一段落后，我便着手研究相关伦理问题。从过程来看，大概可以看到以上的变迁。

310

　　至于这些思考与具体形上学之间的关系，我倒没有特别留意。我一直认为，现代的哲学研究，无须追求体系化，而是应当关注系统性。所谓系统性，简单而言，就是对所讨论的每一个问题都需要进行梳理和论证，在论述时应当言之成理、持之有故，同时注意大处着眼、小处入手，进行细致辨析和系统阐释，不能仅仅独断地提出某种论点，或单纯地列举互不相关的看法。我不太赞成体系化的虚架子。从历史上看，黑格尔的思辨哲学是从精神出发最后回归精神的"宏大"体系结构，我觉得这样的体系在现代已经没有太大必要了。从这一意义上说，刻意将"具体形上学"的五部书塑造成什么体系，并不是我所关切的问题。

　　从内在理路看，以上五书都有各自的问题：第一部以伦理关系与道德实践为对象，第二部则涉及总体上的形而上学问题。顺便提及，我对形而上学问题的论述与一般的教科书不太一样。教科书上的形而上学问题，都是从诸如时间、空间、实体等讲起，我不太在意那些问题，更多地是从人类的形而上关切出发。在我的著作中，形而上的对象和我们把握形而上学的方式与进路是统一的，名为《道论》的这部书在相当意义上可以看作我对如何做形而上学的思考。此后的著作《成己与成物：意义世界的生成》着重讨论意义理论，这有它的偶然性，也有它的必然性。从偶然的方面看，我本来拟接着《道论》，从总体上对"哲学究竟是什么"等问题作些讨论，后来应罗蒂之邀到斯坦福大学作学术研究，在与罗蒂的交谈中感受到，他对以上问题似乎不以为然，这促使我重新思考研究计划。考虑之下，觉得罗蒂所言有道理：沿着"何为哲学"继续讨论，可能与《道论》大同小异。从必然性上说，《道论》以形而上学为论题，而按照海德格尔的看法，形而上学的根本问题是意义问题，我的第三部著作所考察的，便主要是意义理论，其副标题"意义世界的生成"也表明了这一点。

在研究过程中，我既上承了中国哲学的相关探索，也延续了自己以往的工作，并重思当代哲学的相关进路。我们都知道，意义理论是当代世界范围内哲学的核心问题之一，无论是分析哲学之关注语言，还是现象学之以意识为出发点，其背后的实质问题都与意义追问相关。意义问题确实很重要，我在书里提到人是意义的存在或追求意义的存在，但是究竟怎样去理解意义，以往哲学与当代哲学都存在不同的看法，其中包含很多需要重新思考的问题。在我看来，对意义问题的真切探讨，需要联系人类自身的活动以及这种活动的展开过程，其内容具体表现为中国哲学所说的成己与成物。基于这一事实，我把意义问题的探讨和人类成就自身与成就世界的现实过程联结在一起。在研究的过程中，既对西方哲学作了回应，又对中国传统哲学作了梳理，此外，马克思主义的观念也是我探讨相关问题的重要资源。从中可以看出，我不是在刻意追求思辨性的体系化。

第四部著作（《人类行动与实践智慧》）涉及行动理论，与意义理论的考察存在前后关联。前面提到，对意义理论的讨论，最终落实于人类成己成物的活动过程，这一活动过程和人类的行动过程密切相关。从哲学的层面看，行动理论是当代哲学，特别是分析哲学系统中的一个重要方面，如所周知，分析哲学包含行动理论（the theory of action）或行动哲学（the philosophy of action）的讨论。我对行动问题的研究，一方面延续了前述意义世界的考察进路，另一方面也在更深层面上表现为对现代西方行动哲学的回应。从理论上看，我对行动的理解与西方哲学有很大差异。现代西方的分析哲学倾向于在逻辑与思想实验的基础上理解行动，未能关注行动与整个人类实践生活以及意义生成之间更深沉的关系，我的考察则基于后者。同时，我将实践智慧引入人类行动的讨论，这既上接了亚里士多德以来的传统，又与康德、黑格尔、马克思的哲学发展一以贯之。相形之下，现代西方哲学论述行动理论时，往往忽视实践智慧的问题，事实上，深入地理解实践与行动问题，便不能不谈实践智慧。我对实践智慧的理解也受到中国传统哲学的影响，从我提到的"神而明之，存乎其人"中，便不难看到这一点：实践智慧与人的存在不能分离，这也从一个方面展现了与广义上西方哲学的相异之点。

在此之后，2021年我出版了《人与世界：以事观之》，如书名所示，此书大致试图基于"事"来讨论人与人的世界。就这一研究与前述思考的关系而言，"事"可以说在更综合性的层面对行动和意义做了总体性的概括。我在该书的前言中提到，"事"

是中国哲学特有的概念。这一概念与philosophy类似：世界上不同的民族都有自己的哲学观念，但philosophy是西方人所特有的，相关的智慧追求在中国传统中主要表现为"性道之学"；同样，世界上所有的民族、所有的人都需要做"事"，离开"事"，人本身便难以生存，但用"事"这一概念来表述这类活动，只有中国才有。在西方哲学中，有affairs或engaging、to do thing，前者（affairs）呈现名词性，后者（engaging、to do thing）具有动词性，比较而言，中国传统中的"事"既是动词性的也是名词性的，从而表现为一个综合性的概念。从这一概念入手去讨论人类活动与人的存在，有助于更深沉地理解人与人的世界，本书以此为主题，也是出于这一考虑。

可以注意到，这几部著作都没有刻意地去形成某种形式化的结构体系，但其中仍有一以贯之的主脉，这就是具体形上学。简要而言，这些著作的主题是人与人的世界，《伦理与存在》侧重于存在的道德之维，并主要在社会领域中考察人与人之间的关系；《道论》从形而上学的层面，展现了以道观之与以人观之的统一；《成己与成物：意义世界生成》注重从人自身的成就与世界的成就过程中，把握世界与人的存在意义；《人类行动与实践智慧》以行动和实践智慧为指向，具体地分梳作为意义世界形成方式的人类活动及其展开过程；《人与世界：以事观之》肯定人的行动体现于综合性的"事"之中，而世界与人的存在则基于人所作的"事"。总体上，以上思考主要围绕如何理解人与人的世界、怎样成就人与人的世界。在我的哲学思考中，具体的、现实的、真实的这三个概念是可以互用的，正如在康德哲学中，先验、普遍、形式具有相通性一样。"具体的"考察之所以又是"形而上的"，主要在于对这些问题的讨论并不限定于琐碎的细节或枝节的表层之上，而是试图揭示出其中具有普遍性的问题和意义。

问：

记得您在《具体形上学·引言》中说，它们共同的旨趣是走向真实的存在。是否可以说，真实的存在就是意义的存在？或者说，具体形上学是否就是一种意义本体论？

答：

意义问题可能只是哲学关注的一个方面。从形式层面来说，具体形上学的概念本身具有开放性，它不会终结或限定在某一个方面，否则就趋向于封闭。如上所言，具体形上学同时涉及更广的哲学问题，意义世界只是其中之一。伦理与存在、形而上学、行动与实践智慧、"事"及其展开固然都关乎存在意义，但无法简单地将它们化约为意义理论。

问：

传统形而上学往往与超越性相关，而超越性又有宗教背景。陀思妥耶夫斯基甚至认为，如果没有上帝的话，人怎么可能会存活下去呢？具体形上学如何处理超越性问题？

答：

这个问题稍微有些思辨性，它可能涉及几个层面，包括对形而上学本身的理解以及形而上学是不是一定具有终极性的根据以及宗教性的问题。

首先，从形而上学的关切来说，如前面提及的，通常形而上学关注于时间、空间、运动或终极存在的讨论，但这些问题并非我的关切所在。在我看来，就对象世界而言，形而上的存在本身表现为中国哲学所说的体用、本末的统一，同时它又展开为一个过程。形而上的对象世界，并非限于某一方面的抽象规定，也非凝固静态。这个世界就是现实世界，其中体现了本末、体用、道器的统一。海德格尔曾区分了对存在的知识性的把握（ontically）与本体论的理解（ontologically），前者近于"器"层面的讨论，后者则关乎"道"的意义，事实上，对世界的理解，便表现为以上两个方面的统一。

第二，我区分了本然世界与现实世界。历史上很多具有形而上学趋向的思想家，往往是把本然世界看作至上或本真的世界，或者将其视为人之外的终极存在。按我的理解，真正有意义的存在，是通过人自身的作用而形成的现实世界：对人呈现多样意义的对象，乃是在人的知、行过程中呈现于人之前的现实存在。对于还没有进入人的知行领域的本然世界，我们至多只能说它存在或"有"，如果对其作出更多的规定，则意味着将其纳入了知行领域，使之成为具有现实形态的存在。本然世界和现实世界的区分，也蕴含着我对形而上学意义上存在的理解。

第三个方面涉及把握形上世界或存在的进路。从这一方面来看，形上与形下是不能分离的，没有一种脱离形而下的形而上进路。如果用截然相分的方式看待世界，难免会陷入思辨的境地。智慧固然有不同于经验世界之处，但是对智慧的把握离不开经验知识。对形而上的世界也是如此，"哲学之为哲学"的形上层面追问是必要的，但这种追问若脱离形下的世界，就会陷入思辨的窠臼。这也是我试图避免的。

与之相关的是"以人观之"的问题。形而上的视域表现为"以道观之"，但这种"观"，归根到底是"人"之观，也就是说，是人"以道观之"。形而上的视域，总是同时表现为人的视域。传统的抽象形而上学往往离开人的存在而观照外部世界，由此形成各种思辨的存在图景。对我而言，世界的意义总是呈现于人，人则是在自身的知、行活动中把握存在，这种形而上学的进路，不同于对世界的思辨构造。与之相对，你提到的陀思妥耶夫斯基的观点，所谓如果没有上帝的话，人怎么可能会存活下去，这种看法是一种典型的思辨追问。

在后形而上学的时代重提形而上学，似乎有一种不合时宜的、落伍的感觉：因为形而上学好像早已成为陈旧的观念。然而，事实上并非如此。哲学作为哲学，无法离开形而上的关切。形上关切在一定意义上表现为考察世界的总体视域，其进路之一在于从过程和整体的统一中理解世界，这同时体现了从哲学的角度来把握世界的视域。现代科学和各个知识分支都着重于从某一方面来理解世界，但如果停留于此，将导致庄子所说的"道术将为天下裂"，即整个存在分裂成为不同的碎片。从总体上来理解世界，除了哲学之外，没有其他学科能够取代。在世界被人的视域加以分解之前，其本身并不是以这种分离的形式存在的。我们虽然不能停留在庄子所说的混沌之上，但也不能止步于道术将为天下裂的人为处境之中。把握具体真理固然不容易，但追求具体真理的自觉意识依然很重要。没有这种视域，真实的具体世界便无法进入我们的视野。这也是我为什么一再强调形而上学不能被放弃的原因之所在。

就形而上学是不是一定具有终极性的根据以及宗教性的问题而言，历史上与现代很多学人都认为，宗教是至高无上的东西，一旦与之相关，便至矣，尽矣，无以复加，你提到的所谓"超越性"，也许体现了这一进路。但我并不这样认为。对于人类存在来说，宗教的关切的确在相当长的历史中是不可或缺的，在应对人类精神危机等方面，宗教层面的终极关切可能是需要的。但是，从哲学的视野看，显然既不能停留在个体性的、体验性的层

316

面之上，也没有必要设定一种终极意义上的存在。历史上，基督教曾预设上帝创世和上帝存在，这样的观念在面对现代科学的发展时，显然已缺乏说服力。这种宗教意义的存在，在哲学层面无疑很难得到切实论证。这并不是否定宗教，对宗教观念保持某种敬意是需要的，但是从理性地认识世界这一角度来说，宗教观念无疑具有思辨的、超验的性质，这一视域中的存在固然神秘莫测，却缺乏真切实在性，只能满足人的某种虚幻需要。总之，无须设定一个在万物之上的终极存在，很多哲学家，如海德格尔、哈贝马斯等拒斥形而上学，在一定意义上便是试图与这种超验观念保持距离。

总之，"超越"不能被神化，大致来说，它的意义包括两个方面：其一，西方基督教论域中的"超越"（transcendent），这种所谓"超越"被赋予绝对意义，与"内在性"（immanent）相对；其二，日常语言或通常表述的"超越"（beyond）。前一"超越"具有宗教领域中的思辨意味，其特点在于疏离形而下的经验世界、仅仅执着于形而上的超验对象；"没有超越者的超越性"这一类"超越"，可能与之相关。这种视域中的"超越"也许只有以体用一源、形上与形下无法截然相分这样的"具体形上学"观念加以回应。通常所说的"超越"则既存在于经验世界，也可以从形而上的视域考察。

问：

是否对"超越性"保持了其名位，而意义已经变更？那么，这个名位究竟承担什么功能？是意义的统摄功能，还是终极根据，抑或满足人的终极关切？

答：

我倒不大赞成这种看法，即设定一个终极存在，在各种意义呈现之后将它们统合起来。这仍是旧形而上学的概念，现在似乎并不需要它。你的问题似乎仍未脱离思辨的视域，从思辨的形上学出发考察存在，也许可以提出这一类问题，但这大致仍是站在思辨哲学立场上的发问。事实上，"道"的观念所蕴含的"超越性"，不同于前述宗教意义上的"超越"，如果一定要说"超越"，则这种"超越"只具有相对的意义，其内涵主要是：当我们将"道"理解为世界的总体原理时，便不能将其还原为特定之"器"。然而，这一意义上的"道"，依然无法游离于具体的世界或形而下的存在。在区分"道"与"器"、肯定"道"作为普遍的规定"超越"于"器"的同时，不能否定"道"的"内在性"，否则，便容易陷于思辨的幻觉。肯定这一点，也是我不同于基督教视域或思辨哲学之处。这里可以重申：从对世界的理解来说，宜回到前面所述体用一源、本末一致、"道""器"不分的观念，不需要在此之上再设定更终极的存在。现实世界本来就是具体的。康德把现象和物自体区分开来，这一视域中的物自体与物理（世界）和上帝的理念相关，如黑格尔已指出的，现象与物自身之间不应截然相分。人为作出这种区分，意味着承认在我们眼所见、耳所闻的世界之外，还有一个超越存在。从现实的角度看，我们所见的世界就是真实世界，不是说，在此之后还有一个虚无缥缈的存在。

问：

刚才您讲到的本然世界，是否只能作为理论的出发点，而不是作为最终的目的？

答：

本然世界和现实世界的区分，是基于现实存在形态而言的。一方面，从终极意义上说，不能否认在我们知行所及的这个世界之外，有着实在的存在。以洪荒之世而言，此时人类还没出现，但不能说洪荒之世不存在，尽管由于人类尚不存在，它并未对人呈现出什么意义。另外，射电望远镜视野之外的河外星系，人类尚未能把握，但也不能说它不存在。就此而言，本然世界主要和还没有进入人的知行之域的对象相关。作为尚未对人呈现存在意义的存在，它或可以作为哲学的出发点，而无法成为最终的目的：哲学意义上的"最终目的"总是相对于人而言，而不能归之于上帝。在哲学领域，"最终目的"之类的提法似乎宜慎提：除了人自身是"目的"之外，其他的所谓"最终目的"，总是难免流于思辨领域。从认识世界的角度看，哲学所要把握的"最终"存在，无非是现实的世界。

问：

很多人将今天的状况诊断为精神性缺失的问题，以至于生活在过于琐碎、泥于日常的"末人"时代。杨老师，您怎么看这些问题？

答：

尼采等哲学家很喜欢讲精神性的存在以及对人类的精神性关切，以此作为依托来解决当今物欲横流的问题。这一问题当然并不是什么新问题。事实上，历史上的理学家便已对当时类似的各种现象进行批评，他们提出天理与心性，也是希望以"道心"这类精神性追求来医治物欲横流的世界。从人类生活的角度来看，刻意描述、设定、追求、崇尚这种精神性的实体或存在，意义不大。当然，从另一个方面来说，仅仅停留在琐碎的、物欲的层面之上，也会把人降低为物。

这里面包括两个方面，一方面人不是物，如果仅仅从物质需要和感性的层面理解人，便容易把人物化。但不必由此走向另一种极端，像前面提及的理学以及现在一些注重精神实体的哲学取向，把精神性追求视作至高无上的"神圣"关切，以此来贬抑多样的现实生活。简要而言，一方面应避免人的物化，另一方面需避免人的神化。人非物，也非神。把人物化，将走向经验主义；把人神化，则容易走向超越的宗教哲学或神秘主义。真正现实的进路是肯定人的内在价值、承认人的尊严。儒学很早便认为人是天地之心，这是必须肯定的。拒斥物化与拒斥神化，可能是我们现在需要关注的两个相关方面。至于具体通过什么样的方式，这需要探索，并不是说，目前就有一个现成的精神模式，可以使我们找到依托。也许可从以往很多哲学家的探讨中获得若干启示，但这依然需要探索。正如在政治上，应当追寻合理的治理社会方式，使社会的存在成为合乎人性化的存在一样，在精神层面，也需要探索理想的形态。

从现代思想看，福柯提出"人死了"，福山也曾认为"历史已终结"，这些看法都缺乏现实意义。说"人死了"，显然未能注意人在创造现实世界中展现的力量，比较而言，儒学肯定人能够"赞天地之化育"，亦即确信人生活于其间的世界是人所参与建构的，这相较于阴暗、消沉的"人死了"的思辨断言，无疑更展现了积极、现实的方面。至于所谓"历史终结"的断论，更是远离事实的呓语：连言说者自身也无法坚持。人类文明才几千年，相对于绵长的历史进程，只能说处于开端，"终结"云云，只是井底之语，将此作为文明宣言，完全没有必要。

问：

如何理解具体形上学的具体性？

答：

具体性的问题，本来是开放而非封闭的。比如说关于对象世界，我在《具体形上学》的总序言以及《道论》的序言中，对这个问题作了比较多的讨论。总体来说，第一，对象世界是多方面的统一；第二，这种统一呈现过程性而非静态的。同样，对意义世界的探讨也展开于多重方面，不能限定于语言与意识之上。如果一定要概括一下，那就是前面提到的具体性、现实性、真实性三者统一。真实世界就是现实世界，也是具体世界。在精神层面上也是如此。把它分解为几个方面，也许有其意义，但这不是我所关心的问题。当然，以前的讨论事实上已涉及不同维度，而具体性则是其核心的方面。真实、现实、具体三者的统一在不同的对象上可能有不同的表现形式，但其内在含义是一以贯之的，不存在根本上的冲突或者差异。

问：

《具体形上学·引言》说："具体形上学既基于中国哲学的历史发展，又以世界哲学背景下的多重哲学智慧为其理论资源。"您如何看"世界哲学"？

答：

这一点或可从狭义和广义上说。就广义而言，世界哲学当然应该包括中国哲学。但是从狭义上说，当世界哲学与中国哲学相对时，它可能比较多地指西方哲学。中国哲学与世界哲学，实际上包含以上两重含义。从更广意义上看，中国哲学、西方哲学，包括马克思主义哲学，都属于世界哲学。世界哲学的视域，既没有否定中国哲学之意，也不存在仅仅突出西方哲学的取向。在当今的时代，中西两大思潮已经相遇，任何哲学的思考和建构，如果仅仅单一地上溯某种传统，都很难有什么生命力。我们需要形成更为宽广的视野，将中国哲学和西方哲学都纳入世界哲学的视野中，这样，哲学的建构才可能具有理论意义。这也意味着从人类认识世界的视域来考察问题。

问：

世界哲学是一种具体形态的哲学，还是不同形态的哲学在其中展示自己的一个平台？

答：

确实，对这个问题可能会产生疑惑。按我的看法，世界哲学不能被理解为一种单一的、其大无外的体系。在一定意义上说，世界哲学是在现代不同哲学传统已经相遇的背景之下形成的哲学。世界哲学也可以看作世界视域之下的哲学建构，而非单一的系统。这种建构可以多样化，一方面，人们自觉地以多重视野来进行思考，而非单一地沿着某种传统；另一方面，在此视野下建构起的东西，仍会受到各种传统以及建构者自身个性与经历的影响，从而具有多样化的特点。世界哲学与个性化的哲学是并行而不悖的。

问：

世界性的视域是否可以分解为两个方面：一方面是世界性的生存处境和世界性的、人类共同面对的哲学问题；另一方面是各大文明中已有的多元哲学传统，同样构成世界性的不可分割的方面，也要向它保持开放？

答：

一方面，在历史已成为世界历史的背景下，现代社会逐渐发展为所谓地球村，人们开始面临着共同的价值、经济、政治、军事的问题，作为相互关联的方面，很多事往往牵一发而动全身。从存在境遇看，不同形态之间往往彼此相通，不再像过去那样，以各自封闭的方式存在；就哲学思想的衍化而言，人们用于建构世界哲学的理论、智慧资源也相互贯通，可以共享共用，以上两

322

个方面呈现相关性。就世界哲学与哲学的个性化并行不悖而言，一方面，我们面临的问题具有世界性，另一方面，各个民族、各个国家又有各自的特点。在经济问题上，现在世界范围内整体经济不很景气，但每个国家陷于困境的原因是千差万别的；就哲学的发展而言，尽管所有的哲学资源都向人们开放，但是，每一个人都受到各自教育传统、社会背景的制约，从而，所受影响具有差异。以中国哲学家的研究而言，他们总是对中国哲学更觉亲切，对其了解也更深入一些。要而言之，在确认哲学的世界性的同时，不可用独断的方式，将世界哲学理解为其大无外的单一体系，把所有的思想内容都归入其中，这容易把哲学引向封闭的体系，使之既没有意义，也无生命力。所谓"开放性"，包含以上含义。

问：

我们是否可用康德使用过的森林与独木的比喻来说明世界哲学？世界哲学实际上是各种不同形态的哲学、各种不同个性的哲学竞相互动、共同成长的一个平台？

答：

是否可以用康德的例子去形容，这是可以讨论的问题。形象性的比喻都会有它的限定，容易引向某种特定的理解。我的理解还是刚才提到的，我们面对的问题是相通的，运用的智慧资源则是开放的。同时，它依然会有多样性、个体性的形态。冯契曾提出"世界性的百家争鸣"，一方面整个世界构成了哲学舞台，就像先秦时期一样；另一方面，每一哲学家都从各自角度出发，提供各种意见，参与讨论，由此形成多元化的、丰富多彩的情景。其中，每一种真正有创见的哲学传统和哲学理论，都有其发展的空间，也有其合适的地位。离开了不同哲学系统的互动，也就没有世界哲学。这里不存在某种哲学形态的孤立衍化，而更多的是在"争鸣"中的共同发展。

问：

世界哲学是做哲学的一种视域或者方式，而不是一种哲学形态的成果吗？或者说是一种做哲学的方式？

答：

这两者不能截然相分。比如维特根斯坦哲学和黑格尔哲学都是具有世界性意义的，这种意义表现为对哲学的发展提供了不同的资源。我一直比较欣赏王国维在20世纪初提出的"学无中西"的观念，在他看来，"中西二学，盛则俱盛，衰则俱衰"。所谓"学无中西"，从哲学的视域看，就是一种世界哲学的观念。在类似的意义上，不仅维特根斯坦和黑格尔的哲学具有世界意义，孔子和老子的哲学也具有世界意义。他们既是已经形成的哲学形态，也展示了"做哲学"的不同方式和进路，其"世界意义"同时体现于以上方面。

问：

具体形上学基于中国哲学的发展。是否可以把它分解为两个层面：一个是基于两千年来中国哲学的发展；另一个是基于现代中国哲学的进展，甚至具体到从金岳霖到冯契的哲学演进脉络？

答：

总体上，我是基于中国哲学的背景，同时体现自己哲学的个性特点。具体形上学是一个一般的表述方式，它可以有不同形态。一个西方哲学家也可以有其具体形上学，但是由于他的背景与我不太一样，其中无疑存在个性的差异。我的具体形上学是基于中国哲学的发展，这也从一个侧面展示了与之相关的特点。这里，我并不刻意从古代哲学或现代的某一传统出发，将自己仅仅限定于单一的进路。对我而言，在哲学上需要比较开阔的视野，没必要做限制性的理解。

这里或可考察哲学研究的具体方式。当代哲学常常呈现抽象化与理想化的进路，以哈贝马斯而言，他曾提出所谓"交往行为理论"，要求通过对话和讨论达到某种共识，这里既涉及广义的社会领域，也关乎道德选择。从道德实践看，按哈贝马斯之见，达到普遍同意需要具备以下条件：首先，每一个具有言说和行动能力的人都能够加入道德讨论；其次，每一个参与讨论者都能表达自己的意见，包括提出议题（topic）、检查讨论的前提和假定等。这一看法将道德实践主要与语言行为主体间的沟通和交往联系起来。由此，主体间的语言能力、言说权利被置于重要地位。事实上，在我看来，让每一社会成员都参加道德交谈或讨论，并不具有可操作性：在逻辑上也许可以如此预设，但在现实生活中缺乏实际意义。就广义的社会共同体来说，合理、有效的讨论前提，主要不在于哈贝马斯所说的两个方面，而是首先需要把握公开、透明、真实的信息，如果关乎历史，则应了解真实的历史过程〔如在中国问题的讨论中，将历史上的中国称为"帝国"（empire），显然就是一种误导〕；同时，需要进行透彻、公正、全面的说理（非出于某种私利、遮遮盖盖）。透彻、公正，意味着对相关方面的通透了解；全面，则是对事件来龙去脉的全面知晓。以晚近的俄乌冲突为例，不能仅仅根据俄罗斯的军事行动而简单立论，而是需要结合苏联解体后北约的步步东扩、乌克兰力图加入北约以及与之相关的俄罗斯失去基本的安全屏障、美国借机强化北约组织以及自身在欧洲的主导地位等事实，来考虑事件的前因后果。就现行的道德实践而言，引导这种实践活动的道德规范乃是基于历史的选择，这种选择具有超越个体性

325

的特点，亦即并非由个体在所谓"讨论"中提出，然后由共同体认可。正因为它是在历史实践过程中形成、确立的，因而个体对这种规范往往有一个重新理解、评价，或再选择、变通的过程。也就是说，道德共识和主体认同，并不仅仅限于主体间在语言层面的所谓"讨论"。从研究哲学、认识世界的角度看，仅仅停留于主体间的语言沟通，以此为所谓程序合理性的体现，显然难以避免抽象性。与之相对，具体形上学更多地着眼于现实的存在本身，而非形式层面的语言和程序，这一进路既上承中国传统哲学，也延续了从金岳霖到冯契的哲学衍化。

问：

如果从哲学家的视域出发，您可以对整个中国哲学的发展历史作一种概括性、总体性的理解吗？

答：

不仅世界哲学中包含不同的传统，每一种哲学，甚至每一学派的理解都会有差异。不同的人对同样的传统、对其中人物的理解都可能不同。刚才提到的冯契先生对中国哲学的概括就代表他个人的理解。讲到中国哲学的传统，这不是铁板一块、只能作一种理解。如果认为只有特定的人的理解才符合原意，这就陷入独断论。历史的解释具有开放性，不同哲学家可能各自把握了其中的一个方面，这种理解的不同，既体现了对象的个性差异，也蕴含了理解者视域的分别，这是很正常的现象。

至于我个人对中国哲学的总体理解，可能比较接近于冯契先生的进路，具体的解释当然不完全一样。在我主编的《中国哲学史》的导论以及发表的若干论文中，我表述了关于中国哲学的大致看法。简要而言，对中国哲学史的具体解释可以多样化，但其基本的脉络在于，不能仅仅停留在经验性的资料梳理上，而是应

326

揭示其中的普遍意义，从哲学层面对以往哲学进行概述。重要的是读出中国哲学文献背后的普遍意义：哲学的普遍意义和哲学的特定形态，这两者不可分割。这涉及我一直说的认同与承认的关系问题：认同意味着在普遍性维度肯定某种哲学是哲学大家族中的一员，承认则是确认其个性特点，两者不可偏废。解释可以多样化，不是说只此一家、别无分店。但是从进路上说，既要面对中国哲学的个性特点，承认它与西方哲学、印度哲学等的差异；又要揭示出在不同之中的普遍意义。否则，哲学研究便仅仅是历史梳理而失去其理论意义。当然，这种理解也许侧重于"程序性"，而非实质的内容。事实上，对中国哲学或西方哲学任何总体上的实质概括，可能都会有"以偏概全"之虞，以前所谓中国哲学注重"合"，西方哲学注重"分"；中国哲学重人，西方哲学重自然等"总体性的理解"，都难免有以上之弊。

问：

我阅读《具体形上学》时有种感觉，比如在自由与真善美的关系中，您的核心还是以自由来统摄真善美。是这样吗？

答：

我倒没有刻意地考察对真善美的理解和对自由的理解的差异。从最一般的层面来说，真善美是人类面对的一般价值：讲认识论的问题，便应真实地把握世界；谈审美问题，便需把握美的规定和特点，以自然美而言，应肯定"天地有大美而不言"；就善的追求而言，问题便关乎一般的道德规范。这些都是最基本的价值，哲学家都会考察这些问题。至于自由问题，首先应当从"人的自由"这一角度加以理解："人的自由"这一表述较"意志自由"更确切。意志只是人的一种规定，不具有独立品格。自由的主体是整个的人，而非人的某一规定。从价值的维度看，现在相对主义盛行，似乎怎么都行（anything goes），无法判断和评价好坏。但是，是非、善恶还是有普遍的判断标准，这种标准最后可以归结到自由与人性。我近几年一直讲"合乎人性的存在"和"自由存在"这两个概念，这同时可以视为价值判断的普遍标准。在相当长的历史时期中，人的存在具有"非人化"（dehumanization）的特点。历史发展应该以不断回归人性化为趋向。与之相关，判断某种学说或政治行为到底是好还是坏，需要看它是不是有利于人类社会走向更合乎人性的状态，是不是有助于人类更接近真正的自由之境。只有合乎以上标准的，才具有进步意义，不能说"怎么都行"。在这一意义上，自由与人性也具有更根本的价值意义。

谈到自由，便应肯定其客观标准，这里或可用时间这一概念来说明。人类最初的生存方式是日出而作，日落而息，其生活过程和劳动过程几乎是重合的。随着社会的演进，人们逐渐有了自由时间，可以在满足自己衣食住行的必要劳动之外，享有某种余暇（free time）。近代以来，开始实行每周7天工作制，后来变成6天，现在则是5天，在不远的将来，可能只需每周工作4天。随着自由时间的增加，人们有更多的机会发展自我，这是自由的核心标志。马克思以自由人的联合体为未来的理想社会形态，从以上意义来说，无疑有其根据。人类从有文字以来，文明社会仅有几千年时间，现在只能说处于文明社会的开端，地球和太阳系还会存在几十亿年，与之相比，人的文明衍化只是弹指一挥间。现在自动驾驶、人工智能、ChatGPT都出来了，越来越方便，文明的未来发展不可预测。当然，对进步与否，仍可加以判断：真正能够促进人类自由、使社会合乎人性，这是判断进步的基本标准。在这一意义上，价值有普遍的衡量尺度。

问：

是否可以说人性比自由更深一层？或者说，人性本身就比自由处在更基础性的位置？

答：

也许可以这样理解。真正意义上的自由，总是体现了人之为人的根本规定。人不同于物之处，在于能够不断超越自身限制，按任何物种的尺度进行创造（马克思），这种克服自身限度的创造过程，同时表现为走向自由之境的过程，在这一意义上，人性和自由是相得益彰的事情。时下常常喜欢跟着柏林、哈耶克讲自由，并趋向于亦步亦趋地推崇所谓消极自由，这种看法既多少将自由问题意识形态化，也容易陷于抽象性。事实上，真正体现人性化的自由，总是既关乎所谓消极自由，也与积极自由分不开。我以前曾从中国儒家的"忠"（己欲立而立人，己欲达而达人）与"恕"（己所不欲，勿施于人）的互动讨论两者关系。"恕"固然表征了自由的消极之维，但自由不仅仅包含这一层面的意义，而是同时有着与"忠"相关的积极的内容，后者体现了自由的建设性内涵。在社会之维上，自由意味着人的解放与自我实现，从以上角度理解自由，则自由显然具有积极意义。对自由的理解，无疑需要这一视域。离开了人的积极创造，所谓自由就是空洞抽象的。

问：

黑格尔讲哲学是时代之子。一谈到时代，就会涉及现代或现代性。那么您怎么看现代性？

答：

如何理解现代性，是时下的重要论题。现代性本身是一个开放的概念，通常将其与启蒙、理性等连在一起。从这一角度来说，我赞同哈贝马斯的观点，即现代性是尚未完成的事业。现代性对进步和理性的肯定，都有积极意义和正面价值。笼统地否定现代性，本身是一种偏向。当然，现代性也有其限度，与之相关的单纯地强调征服自然，也曾经并仍然在某些方面给人类生存带来众多危机。这里需要从具体的方面来看。回到刚刚提到的问题，现代性中有利于人类进步、有益于人走向自由的境界的趋向，显然应该肯定；至于它可能导致人类生存的各种危机，则应该保持必要的警惕。抽象地谈现代性的好或坏，恰好与具体形上学的进路格格不入。

问：

如何定位现代性？

答：

实际上，一讲到现代性就加以批评的人，似乎忽视了现代性本身的多重内涵。任何技术的进步，都是与现代性紧密相关的，可以说，我们现在还走在现代性的路上，包括ChatGPT等人工智能还在不断发展的过程中，这些新技术体现了现代性所推崇的理性、进步的观念。一般而言，在承诺一个普遍目标之后，如果朝向或接近这一目标，那就意味着"进步"。当然，不能像马丁·布伯、布拉德雷等人那样，将价值目标仅仅预设为趋近于超验的上帝，以为与超验的上帝合二为一才是进步。现在很多学人，包括波普尔以及所谓后现代主义者批评进步，可能与以上超验的"进步"观念相关，就马丁·布伯、布拉德雷等哲学家将"进步"超验化而言，这种批评有一定的历史理由。然而，因此否定所有的进步，这就走向了与超验预设相对的另一极端。事实上，除了超验预设之外，进步还可以具有更为现实的社会意义：如果一种社会形态比另外一种形态更合乎人性，则当然应该肯定其进步意义。

人类生存发展的每一步都与理性密切相关。当然,理性本身,包括认知理性和价值理性,确实需要加以引导。顺便提及,我不太赞同"工具理性"和"价值理性"的表述:谈到工具,显然无法离开价值,工具的好用与否、效率如何,都关乎其价值,在此意义上,"工具理性"与"价值理性"无法截然相分。比较而言,"认知理性"与"价值理性"则有实际的区别。"认知理性"更侧重对事实或实在的把握,其意义与真假有着更多关联,这与"价值理性"首先指向对错、善恶无疑有所不同。因此,与其讲"价值理性"与"工具理性"的二分,不如说"价值理性"与"认知理性"之别。当然,理性不能盲目发展,"认知理性"应该受到"价值理性"的引导,这是我比较赞同的。以原子能理论而言,相关理论可以用于建造核电站,为人类提供能源,也可以用于核武器的制造。前者造福人类,后者则趋向于毁灭人类,这里可以看到理性的不同意义。

问:

关于现代性后果的消极方面,已有的检讨将其归结为历史主义(相对主义)、虚无主义、技术专制等。您怎么看?

答:

你所提到的相对主义、虚无主义、技术专制等,确实是现代社会面临的问题,这里不一定过多地关注某些人物(如韦伯、尼采、海德格尔等)的某些看法。关于相对主义,前面已提及,其要义之一在于否定一切价值准则,由此走向"怎么都行"。后现代主义对理性、逻各斯、进步等问题的解构,则往往引向怀疑确定性、否定理性准则,由此不免引向相对主义。至于虚无主义,其实质在于消解意义。历史地看,权威主义常常趋向于意义强加。在否定权威主义价值观念时，往往容易趋向另一极端，即由意义的强制走向意义的消解，后者进一步引向虚无主义：虚无主义总是走向否定一切意义。同时，随着科学技术的发展，技术逐渐走向社会的前台，从经济、政治、文化到日常生活，技术都成为不可忽视的方面，技术专制则是随之形成的一种现象。这里重要的是以"具体形上学"的视域考察以上趋向：其中的关键，在于具体考察，而非抽象肯定或抽象否定。以相对主义而言，需要如实肯定理性、确定性、逻各斯的二重性，既非简单颂扬，也非一概排斥，相对主义的问题是仅仅持后一立场；对虚无主义，则需要对意义作具体分析，避免意义的强加与意义的消解，虚无主义的理论渊源之一，在于过于趋向意义的消解；对技术，同样需要具体面对，以技术支配人类生活的取向当然需要扬弃，但不能由此浪漫主义地拒绝一切技术。前面提及的人类生存发展的每一步，都与理性、技术的演进密切相关，也表明了这一点。

　　引申而言，这里可能需要留意一个问题，即避免语言游戏或概念游戏，按其实质，语言游戏或概念游戏与脱离实在的抽象考察属同一过程的两个方面。在我看来，现在很多学人，包括所谓后现代主义者，在哲学上故弄玄虚的成分很重，其"理论"往往云遮雾罩，思辨晦涩，远离现实。以德里达而言，他曾提出"言说"（口语）与"书写"（书面语）之别，认为言说与倾听具有在场（presence）性质，而这种所谓"在场"性又构成了逻各斯中心主义的特点之一。对德里达而言，写作的特点是重复（repetition）、不在场（absence），而西方哲学的传统总是贬抑写作（writing），推崇言说（speaking）。这种看法实在有点费解，甚至似是而非。历史地看，西方似乎并不存在推崇言说的传统：任何言说在未被记载下来的情况下，往往不会留下历史印痕；相反，写作以及与之相关的各种文献，往往实实在在地保存下来，并对社会、文化的发展形成实际的影响。德里达认为，历史过程中世俗的言说被置于写作之上，这显然与历史的发展实际并不一致，有点"为赋新词强说愁"的意味。简要而言，西方思想中存在所谓口语优先或口语中心以及与之相关的推崇"在场"性，这种看法多少属语言游戏层面的人为构造，看似思辨有趣，实则不合乎思想史事实。

马丁·布伯关于我（I）与你（thou）关系的讨论，也有类似趋向。在马丁·布伯看来，我与你的关系不同于我与它（it）的关系，我与你的关系可与整个存在并提（be spoken with the whole being），而我与它的关系则缺乏这种性质。事实上，存在具有多重性，既有我与你的关系，也有我与它的关系，任何一种关系都不足以与整个存在相提并论。列维纳斯的"face"之说也与之相似，在他看来，邻人的脸（the face of neighbor）对我来说就是一种责任。事实上，道德涉及人与人之间的多重关系，包含着对他人的责任。就此而言，他人的存在对我就是一种无声的要求，而"face"之类的表述则显然有点抽象玄虚，近于语言游戏。

333

对世界和人的把握，应当回到现实生活，这里，重要的是考察一种理论对现实生活的解释力度与范导社会前进的意义。理论需要通透，对现实社会和世界具有解释力度，对社会发展有切实的引领作用，而不能停留于语言层面的构造，仅仅满足某种思辨的兴趣。对前面提到的技术、进步、理性、确定性等方面的理解，也需要基于对现实的具体分析，如此，才能避免因抽象强化现实过程中某一方面而引向相对主义、虚无主义、技术专制。

问：

您个人的哲学探索与创作始终保持着稳定的、不断推进的节奏，给人的感觉是您总是精力特别旺盛，始终保持对哲学问题持续不断的创造性活力和激情。这是如何做到的呢？对哲学从业者或是年轻学生，您有什么建议？

答：

从学术角度来说，保持一定的创造力或精力，需要具有学术兴趣。通常说兴趣是创造之母，有一定道理。学术兴趣可以使人在研究领域持之以恒、乐此不疲。我对哲学问题的思考一直保持了相当的兴趣，阅读、思考大致构成了日用常行的两个主要内容。很多人认为哲学高深莫测、乏味抽象，但是在我看来，徜徉其间，其乐无穷。当然，一些具体的问题常由各种机遇引发：有的时候阅读过程中产生了某种灵感或洞见，进一步追思，便可能对相关问题作更广、更充分的辨析；研究过程中也会有某些外在原因的触发，比如参加不同的学术会议，便需要为此考虑与会议主题相关的问题，这也可以引发新的学术见解。保持学术兴趣，可以使人活到老学到老，若没有兴趣，则可能什么事情都干不成。当然，学术兴趣与自己的学术积累具有相关性：没有一定的积累，便会停留在比较贫乏的思想状态，所思所想都会受到限制，难以形成新的问题领域。积累越多，未知的领域越广，兴趣就会越浓厚。这是一个相互促进的过程。

问：

对于一个志在从事哲学创作的青年人来讲，您认为哲学史的训练，特别是对哲学史上的重要人物和文本进行个案研究，这对哲学创作而言是一种不可或缺的训练吗？

答：

可以这样理解。刚才提到的"兴趣"属泛泛而谈，具体来说，形成一定的视域或意识可能也很重要。我之所以既对哲学历史感兴趣，又对哲学理论十分关注，是因为既上承了冯契先生的哲学进路，也可以追溯到黑格尔以来的传统。与以上学术背景一致，在我看来，从事哲学思考之时，历史视域与理论关切都不可或缺。如果没有对理论问题的兴趣，仅仅停留在哲学史的材料上，对哲学问题的理解便很难有所推进；同样，哲学的理论问题若没有哲学史作为支撑和依托，则相关问题的讨论可能只是天马行空式的，缺乏具体的依据。另外，我以前已提到，关注时代的变迁也十分重要。如前面所述，现在不需要回到亚里士多德或黑格尔的时代，去拼凑一套封闭式的体系，这种形式化体系往往很快会被推翻，难以长久，但是，以往哲学家所探讨的问题、所形成的看法，则可以作为历史发展过程中的思想资源，为后人不断回顾、反思。哲学研究中，历史意识与理论意识都不可偏废。仅仅展现历史意识，便无法从浩瀚的文献中发现普遍的理论内涵；光有理论兴趣，则容易使研究缺乏历史依据并失去厚重感。我自己对这两方面比较兼顾，这也许是能够在哲学领域中有所建树的原因之一。

问：

对于年轻的博士生、硕士生而言，您认为当务之急是做什么？

答：

一方面，如我一再强调的，还是需要多读中外经典，同时，对当代哲学的研究成果也要留意。在当代西方哲学中，查尔斯·泰勒、罗蒂、诺奇克一辈人的工作有重要意义；对当代中国哲学而言，冯契和李泽厚需要关注。中外经典包含深沉意蕴，每读一遍都会有一些新的体会。像康德、黑格尔的著作，我自己已读了很多遍；中国哲学中的《论语》《庄子》《孟子》等，也是每读一遍都收获甚丰。中国哲学可以说是无尽的思想宝藏，其中有很多言简意赅的表述，包含不少令人回味无穷的意义。近代思想家如严复等人晚年回归、沉浸于其中，不是没有理由的。最近因参加有关"功夫哲学"的会议，重温中国哲学的相关论述，包括张载对"不思不勉"的解释，便觉甚有意味。张载在阐释"思"和"勉"时，曾概要指出："勉盖未能安也，思盖未能有也。"意即如果停留在"思"和"勉"的状态中，仍需要努力而为、勉力而行，则可能既无法达到自由的化境，也难以使道德意识实有诸己（所谓"未能有"）。相反，若言行举止自然而然、不假思为，则表明规范、原则已融入个体意识，成为其第二天性，行为也能够从容自由。当代哲学家麦克道威尔曾重提"第二天性"，这与中国哲学的上述讨论可以说是不谋而合。

（原载《哲学中国》第5辑）

伦理问题及其他

【题记】2023年3月29日，付长珍、刘梁剑对杨国荣教授作了访谈，论题所及，包括实践智慧、德性与规范、伦理与道德、伦理学核心问题、伦理学史书写、伦理学知识体系的当代重建等。本文系访谈记录。

一、伦理学与实践智慧

付长珍（以下简称"付"）：

杨老师好！非常感谢您对重大项目"伦理学知识体系的当代中国重建"的支持。能否请您谈谈伦理学与实践智慧的关系？

杨国荣（以下简称"杨"）：

"实践智慧"涵盖的面比较广。当然，伦理学是实践学科，通常讲的实践哲学也包括伦理学，"实践智慧"则是其题中应有之义。我在《人类行动与实践智慧》中已提到，实践智慧的基本特点在于把普遍和个别沟通起来。实践智慧包含普遍原则，而"原则"是涵盖万有的，不可能兼顾任何一种特定的情境，人的实践则展开于一个个特定的情境之中，如何把普遍的规范或原则与具体情境中的行动沟通起来？这是"实践智慧"面对的关键问题。这里重要的是我所说的"存乎其人"，因为没有一般的程序或形式可以完全左右这一过程。实践智慧的特点就在于它不能完全被程式化或形式化。所谓"存乎其人"，主要指通过行动者自身的综合能力，将相关方面沟通起来。仅仅强调普遍原理或仅仅着眼于特定情境，都无法实现结合。真正要把这两者沟通起来，还需依靠具体的实践者或行动者。对道德领域来说，实践者就是道德主体：正是道德主体，将普遍原则与具体情境沟通起来。按照形式主义的观点，这一过程好像缺乏确定性：形式主义喜欢程序化、有规有矩地展开相关活动。但在实践智慧的层面，恐怕很难做到这一点。实践智慧在某种情况下与实践推理有相通之处：实践推理和逻辑推理不同，逻辑推理通常或者以归纳为方式，或者运用演绎的方式，前者表现为从个别到一般的推论，后者则是从一般到个别的进展。尽管方式不同，但都具有程序化的特点。实践推理则与之不一样，它首先需要确定行为的目的，然后选择恰当的手段、环节，以通过这一过程来达到相关目的，在这一意义上，实践智慧与实践推理确有某种一致之处。当然，相较于实践推理，实践智慧的面更广一些，作为逻辑推理的引申，它不仅限于某一领域。此外，非程序化也在逻辑上带来了不容易把握的特点，从而对实践主体提出了更高的要求。

付：

如果聚焦德性与实践智慧，是不是可以更好地沟通中西伦理学资源？

杨：

德性与实践智慧无疑有相互关联的一面，德性在于成乎其人，德性伦理与规范伦理最大的区别在于，德性伦理将成就人作为重要之点，肯定首先需要塑造完美的品格，以此担保人的所作所为合乎道德；规范伦理则重视成就行为，具体关注行为怎么样展开、以什么规范加以引导等等。在此意义上，德性伦理与实践智慧确有相关性。至于德性伦理如何把中西沟通起来，我觉得这里可能要具体分析。从德性伦理的角度来说，中、西方都有相关思想，并非只有中国伦理注重德性。在现在的西方哲学中，斯洛特讲情感和德性，麦金泰尔要求回到亚里士多德，都表现出注重德性的意向，可见，在西方思想中，也存在肯定德性的传统。从中国的主流倾向来看，重视培养人的德性构成了其重要特点，从早期的儒学到宋明儒学都体现了这一点。儒学中当然也存在区分，比较而言，陆王心学更注重尊德性、程朱则兼顾道问学，后者对知识进路较为注重。但总体上，这两者并非截然相对，即便程朱一系的伦理学，对于德性也是予以肯定或认同的。所以，仅仅从德性伦理与规范伦理的分别来区分东西方，可能存在困难。问题不在于中国伦理讲德性，西方伦理不讲德性，更需注意的可能是东西方所注重的德性蕴含何种差异。事实上，即使在中国哲学中，对德性的理解也各异，如陆王一系和程朱一系便并不一样。我在《伦理与存在》中曾提到德性和规范的关系，这确实是伦理学中一个比较恒久且绕不开的问题。

从历史上看，哲学家或伦理学家各执一端，有的讲规范，有的重德性；从理论形态来看，德性最早与传说中的完美人格（如古希腊的英雄、中国的圣人）相关，他们都被赋予完美的德性。这种德性在凝结之后，经过进一步抽象化，便可把其中体现的德性提升为普遍的规范。也就是说，德性由此取得了普遍规范的意义。再进一步，则需要将这种一般规范具体落实到一个一个的个体之上，使之内化为人的德性。这里既存在着互动，又表现为理论的某种"循环"。可以看到，从起源来说，德性和规范无法相互分离：在德性抽象化为一般的规范、规范内化为一定德性的循环过程中，不难注意到这一点。

付：

如果要在世界哲学的视域内思考中国伦理学知识体系重构，那就需要既能体现中国性，又能体现时代性，关键是能否找到一个理论结合点呢？

杨：

这也是一个问题，中国伦理学放在世界哲学的视域中，呈现什么样的品格？不同的文化传统及其哲学思想都有各自的特点，如何对此加以概括？这是需要我们认真去做的一项工作。从总体上，中西哲学中都各有关注伦理、规范、理性、感性以及其他特性的一面，关键在于，如何具体把握其不同的趋向和意义。康德哲学对理性原则、规范给予了比较多的分梳；休谟区分了两种德性（artificial virtue与natural virtue），同时，对情感作了更多的关注，而情感是构成德性的重要内容。中国哲学也是如此，刚刚提到的陆王与程朱，都涉及德性与规范的问题，但是，具体的理解又有所不同。光靠一个抽象的德性概念去区分出中西的差异，可能并不容易。在比较中西思想时，人们常习惯于说中国如何、西方怎样，但其实每一种抽象概括背后都存在很多问题。有些学者认为中国人讲"合"，西方人讲"分"，其实，可以找到很多西方思想家讲"合"的例子，而中国哲学中如名家学派、朱熹也重"分"（所谓"铢分毫析"）。我个人不太倾向于作这种宏大叙事的概括，因为这无助于具体把握相关问题。

付：

杨老师，您在和李泽厚先生的对谈中，特别提到伦理和道德的关系问题。厘清伦理和道德的分野，是否是伦理学研究的一个元问题？

杨：

关于伦理与道德的关系，晚近一直存在争论，李泽厚便对这两者作了很细致的区分。从历史上看，中国伦理中"道德"不是morality（道德）的意思，而是"道"和"德"两者的结合。Morality和ethics（伦理）这一意义上的道德与伦理，在中国传统中并没有很严格的区分。

在西方，这一区分倒是很早就开始了。远的不说，近一点，康德和黑格尔便各重一端：康德讲道德，黑格尔重伦理，两者的理解确实有分别。康德所讲的"道德"，按照黑格尔的理解属于"当然"，康德推崇道德律令，侧重于"应当如何"；在黑格尔的视野中，"伦理"首先与家庭、市民社会、国家等相关，这些都属现实的形态，黑格尔以"伦理"为主题，确实体现出对现实生活、人伦关系的注重。在这里，伦理和道德形成了如下区分：伦理意味着现实形态——伦理关系，道德则主要关涉作为当然的普遍规范。

在晚近的中国哲学中，李泽厚也对两者作过区分。当然，我不太赞成他的看法。按我的理解，从历史上来讲，不论是在希腊语境还是拉丁文所表达的思想形态之中，道德和伦理之间都没有根本的分别。中国人很早就谈伦理，讲人伦关系。所谓人伦之理，首先就要承认人伦关系，这一点和黑格尔很相近：伦理就是人伦关系中的普遍原则。比较而言，"道德"这一概念相对宽泛一点，一方面，它与道家所讲的"道"和"德"有关联，"道"首先表现为形而上的存在原理，这一普遍之道内在于个体之中，或个体由"道"而有所得，便是"德"，这一关系的背后所体现的，是道德和现实生活并非完全无关。中国哲学认为"德"意味着"有诸己",即普遍的原理为个体所把握,并内在于个体之中,就形成"德"。这一意义上的"道德"与现在所说的morality尽管侧重不同,但有一定的相近之处。从历史上看,在西方话语中,道德与伦理一开始都与习俗、日常行为方式相关,二者没有严格区分,后来哲学家们逐渐有所偏重,前述康德与黑格尔即是一例。黑格尔讲伦理,康德则重道德,后者的《道德形而上学》(*The Metaphysics of Morals*)进一步将道德分成两个部分,一是权利的学说(doctrine of right),一是德性的学说(doctrine of virtue),权利学说与法哲学相关,德性学说则侧重于伦理学。尽管作为中国传统概念的"道德"与morality有某种相近之处,但中国人在morality意义上讲道德,是比较晚近的,先秦很少直接以此说道德。

刘梁剑(以下简称"刘"):

杨老师的《伦理与存在》一开始讨论了道德与伦理的区分,其中也引用了威廉姆斯关于二者的区分。

杨:

我的著作的标题是"伦理与存在",但后面的副标题则加上了"道德哲学研究",从这方面看,我对两者没有作很严格的区分。事实上,我在以上书中明确说,这两个词之间并没有特别严格的意义差异。威廉姆斯把苏格拉底的"人应该如何生活"作为伦理学的一个重要方面,这是他的一家之言。语言的特点是约定俗成,如果以某种方式去约定,则只要一以贯之,就可以如此运用。但是,不管讲伦理也好,道德也罢,实际上脱离不了伦理关系、道德行为的基本方面。也许从一般意义上讲,伦理更侧重于人伦之理,在中国人所说的人际关系或黑格尔所说的现实社会关系中,同时蕴含着制约行为的一般的理——伦理;道德则表现为对人的具体要求，并以"当然"的形态呈现。但考察伦理与道德，两者都不可完全偏废，同时，道德实践最后还是要回到人的生活之中来。康德重形式、先验，不大讲现实的东西，这是一种偏向；黑格尔固然较重现实的内容，但侧重于思辨意义上的注重。

总之，我个人并不很倾向于对伦理与道德作严格的区分。尽管我尊重历史上这些哲学家所作的区分，但是觉得这种区分的意义不大。

付：

现在学界有一种倾向，即把伦理学等同于道德哲学或道德理论。我想伦理学的研究不能化约为道德哲学所讨论的理论问题，特别想听听您的意见。

杨：

我想这里还是要作一区分，即道德哲学或伦理学与道德家的分野。道德家侧重于颁布各种律令，这种形态近于宗教，如"摩西十诫"便带着宗教意味。伦理学与道德哲学则不以颁布律令为指向。历史地看，什么样的律令能成为道德律令，这不是某个人能够决定的，而是需要经历历史的选择。中国人的"礼"为什么几千年来经久不衰？这与它在历史上所具有的维系社会秩序等作用无法区分，正是这种历史作用，使之慢慢被中国人接受。这是历史选择的过程。当然，从伦理学和道德哲学的角度上讲，这种历史选择的过程包含着反思和辨析。从现实过程来说，道德律令的形成、接受离不开历史选择的过程，其中当然也包含伦理学和道德哲学的工作。从中国哲学的衍化来看，早期儒家、宋明儒学以及现代新儒家，都在不断从各自的角度对相关的规范（包括"礼"）进行辩护、论证；从西方传统来说，从亚里士多德到柏拉图，一直到康德、黑格尔以至现在（包括哈贝马斯、罗尔斯等），也从不同角度在做相近的工作。当然，伦理学家与道德家（如摩西）不一样，他们不是去颁布某种规范系统，而是更多地从理论的层面进行论证和讨论。伦理学、道德哲学的工作之一，是对已经存在的或者被历史所选择的规范，进行理论上的辨析、解释。

刘：

现在学界有不少关于工夫论的讨论。工夫论的兴起是否意味着，伦理学及哲学除了理论运思的维度之外，还可以纳入生活方式的实践维度？

杨：

一些学人，如倪培民，专门讨论工夫论，这也许有其学术价值，但我对工夫论持保留意见。在我看来，工夫哲学试图将具体的修行、修炼的方式，提升和扩展为涵盖万有的哲学形态，这恐怕存在理论上的问题。工夫确实有其哲学意义，但工夫哲学对工夫的观念泛化，则是我无法接受的。我在有关的讨论会上也表达了这一看法。

二、伦理学的核心问题域

付：

杨老师，您的一系列论著贯穿着一个内在主题，即从"以道观之"到"以事观之"，再到"以人观之"。我也在思考这个问题，伦理学最本质的追问还是"人是什么"的问题。

杨：

"人禽之辨"是个关键，其实质是追问"何为人"。康德四个问题的最后一个也关切"人是什么"。不管是哲学还是伦理学，都无法摆脱这个问题，伦理学则更集中地追问这个问题。

付：

那如何体现伦理学和哲学其他领域的差异呢？

杨：

这里涉及不同哲学领域，如本体论、美学、认识论等。本体论侧重于追问何物存在、如何存在等问题；美学关注对象的审美品格以及人的审美过程；认识论以认识世界与认识自己为指向。相对于以上学科，伦理学则主要以人自身的品格以及如何做为关注之点，包括如何在人与人之间建立协调的关系，使社会形成一定的道德秩序。王阳明曾指出："致吾心良知之天理于事事物物，则事事物物皆得其理矣。"在这里，"吾心良知"以德性为内容。对王阳明而言，德性的形成和人格的培养构成了出发点，但仅仅限于这一方面是不够的，还要进一步使事事物物"皆得其理"，后者意味着落实于社会人伦关系，由此形成一定的社会秩序。如果问伦理学追求什么，那么，简要而言，一是成就自己，使自我的内在德性臻于完善；另一是建立普遍的社会道德秩序。可以注意到，从"行"或"做"的层面，讲成己与成物，与本体论、美学、认识论等，具有不同的侧重之点。

345

付：

所以冯契先生的"智慧说"最后落脚到人的自由和真、善、美。

杨：

冯先生的真、善、美是接着康德讲的，人的自由是近代以来马克思主义比较注重的问题。事实上，马克思很早就以自由人的联合体作为未来社会的理想形态，可以看到，自由并不是西方近代启蒙哲学的专利。真、善、美的理想是近代以来康德哲学所追求的，中国哲学在实质上同样如此。就此而言，冯先生的思想是试图整合中西方不同传统，包括马克思主义传统。现在也可以接着这一传统继续来讲，不必另起炉灶：真、善、美等本身是人类社会的最基本的价值。当然，在具体的价值层面，不同时代可以赋予它们以新的内容，在世俗领域，与孟子所说的"可欲之谓善"一致，甚至可以将"吃得好些、穿得好些"的追求作为"善"的体现。总体上，真、善、美是人类在形而上层面所追求的价值，人类发展、衍化最终要达到的理想是自由的不断实现。

刘：

具体形上学有别于抽象形上学。与之类似，是不是也有具体伦理学和抽象伦理学的区分？康德那里特别讲形式化的一面。

杨：

康德所重的是形式化的先验伦理学；黑格尔则试图回到现实，当然，他是在绝对精神思辨的框架底下回到"现实"，从而难以做到真正地走向现实。也就是说，尽管黑格尔对康德有很多批评，但他所追求的现实也不是真正意义上的社会实在，还是在思辨之下的一种存在形态。现在显然无法继续这一进路，也就是说，不能将思辨的形态当成现实形态。

刘：

杨老师，您刚刚提到了"人禽之辨"，现在有很多文章提到了"人机之辨"，认为现在我们讨论"人是什么"有必要考虑这样一个新向度。

杨：

现代科技发展很快，包括元宇宙、ChatGPT等，面对诸如此类的现象，有人欢欣鼓舞，也有人惶恐不安。在我看来，既不应盲目乐观，也不需要忧心忡忡。人类会走自己的路，这些东西的发展固然需要引导，但不会把人类毁掉。我是谨慎的乐观主义者。科技的发展，包括基因、克隆、人工智能等，这些都是人类走向自由过程中出现的插曲，要从这一角度去理解科技发展，而不能以可能要走向人类毁灭这一悲观心态去看。至于具体如何从哲学上去分析，我想现在还不是很成熟，要对此有一种哲学上的解析，为时尚早。黑格尔说："密纳发的猫头鹰要等黄昏到来时，才会起飞。"现在对科技进展议论纷纷、评论漫天，所谈东西都是大同小异，很多内容我不以为然。我在最近一篇关于如何走向具体世界的文章中，对"元宇宙"的表述提出了不同看法，认为这一概念玄之又玄，有点夸大其词、故弄玄虚的意味。metaverse（中文译作"元宇宙"）之中的meta确有"元"的意思，但在汉语中"元"有在一切之前的意思，现在所说的"元宇宙"，其实是人的创造物，属于人化的世界，它的特点是虚拟实在与现实世界的沟通，作为现代信息技术、人工智能等的产物，它并不是在一切人之外或超越于人的存在。"元宇宙"的提法容易给人一种误导，认为这是一种其大无外的原初存在形态。

现在对很多现象常常过度渲染、人云亦云，当然，也不宜把这些东西一棍子打死。科技进步是人类自由的必要条件，是人类进步的成果和进一步发展的前提，对此，无须忧心忡忡。现在一些论者往往喜作惊人之语，仿佛人类现在危机四伏，行将毁灭，似乎尼采所说的"超人"就要统治人类。这不是哗众取宠，就是杞人忧天。目前的论点之一，是ChatGPT已经很智能了，以后进一步发展就不得了，小说、诗歌的创作都可以由其代劳。究竟如何发展，我们可以拭目以待。谈到小说这样的叙事形态，我个人还是比较喜欢写实一些的，莫言的作品过于魔幻，常抓住一些所谓"黑暗"的东西来怪里怪气地描述，我个人不太喜欢。当然，这也许是个人的审美趣味问题。以ChatGPT而言，其创作出来的东西，最大的问题在于缺乏原创性，ChatGPT本身是根据已有的数据展开的，如果没有人类积累的大量数据，它什么事也不能干：基于已有的数据，以最恰当的方式来组合，这是其工作的基本原理。然而，它们所依赖的数据是谁创造的？是人。ChatGPT没有原创性，原创强调的是从零到一，从目前来看，人工智能还不能做到这一点。尽管有些人认为，人工智能包括ChatGPT具有学习能力，以后也许有创造性，但原始的东西是人积累的，人工智能毕竟也是人设计出来的，是人设定的。从这个角度上讲，人的创造性还是不可替代的。超级计算机很厉害了，但从创造性的角度来说却不尽然。超级计算机归根到底是人创造出来的。

付：

它可以自学习。

杨：

自学习的本领还是人教给它的，是程序安排的自主学习，自主学习必须依据已有的数据。ChatGPT就是个典型。它是个好学生，能很好地回答问题，但主要是依据已有的数据。

付：

但它确实对伦理学的研究范式构成了强大挑战。伦理学是实践科学，必须能够回应现实、解释现实。

杨：

伦理学有其基本的规定，这一方面不能丢掉，否则就没有本了。本立而道生。另一方面，像生物工程、人工智能等，确实提出了很多问题。我们可以基于现实的发展状况来分析，但在伦理学领域，作这样的分析时，还是需要抓住传统哲学已注意到的

"人之为人"等基本问题来考察。首先，一个前提性的事实是，人不同于物，也不同于机器，机器是广义上的物。人不同于物的根本之点在于人是有自身内在价值的，康德讲"人是目的"，中国也讲"人为贵"。但是ChatGPT这一类科技产品本身不是目的，而是工具，是为人所用的。需要把握这些基本之点，以应对千变万化的现象，否则容易闻风起舞、随物而变。传统儒学讲"人禽之辨"，肯定人不同于物，中国哲学虽然没有提出"人是目的"这一现代概念，但在实质上包含与之一致的观念，这里需要区分概念（名词）与观念。在马厩失火之时，孔子关心的是"伤人乎"，而"不问马"，因为马是工具，只有人是目的。如果在考察"人禽之辨""人机之辨"时，回到人与物的区分这一基本之点，便不会偏离正当的价值原则。

付：

杨老师您刚刚讲到人不同于物，人是有自身内在价值的，从这个角度来理解，我觉得能够贯通起来。这也是中国哲学特别关注的，将"情"作为人机之际的一个分界。

杨：

在中国文化传统中，"情"有两层意思，即情实之情与情感之情。尽管有些人认为，中国人在先秦时所讲的情都是情实之情，而非情感，但这是一偏之见，不合乎实际情况。事实上，即使在先秦，中国人所讲的情固然涉及情实之情，但也包含情感之情。荀子在《正名》中曾说："性者，天之就也；情者，性之质也。"这里的"情"，既有情实之意（表示情是性的真实内容），也有情感之意。情实与情感，并无绝对界限，中国人常将情视为最真实的存在，这一意义上的"情"与情实之情具有内在关联。《性自命出》便指出："道始于情，情生于性。始者近情，终者近义。""道始于情"之情，与庄子所说"夫道有情有信"之义相近，侧重于情实；"情生于性"之情，则兼有情实与情感义。这一事实表明，情在中国哲学中常常具有沟通情实与情感之义。当然，在不同语境中，二者（情实或情感）可以有不同侧重。同样，情与性也彼此相通，《大戴礼记·文王官人》肯定："民有五性：喜、怒、欲、惧、忧也。"在此，情与性便呈现相关性：情构成了性的具体展开，真实之情即性。性、情相通，从一个侧面表明了情感与情实的相容。在中国哲学中，对于情感之情，有时不直接用"情"这一概念，但在具体情境中的运用，仍可以看到其实际所指为情，如恻隐之心，虽然没有提到情，但所指为情。这里，需要从更为实在的角度来理解。对情的注重，也是对人类精神世界的关注。同时，情与个体性具有更多关联，是内在于每个人之中的内在意识。理性可以是普遍的，但喜怒哀乐则每个人都不一样。

付：

李泽厚特别强调"情理结构""情本体"，力图凸显中国哲学的特质，又能回答普遍性的哲学问题。

杨：

李泽厚在很多地方都凸显出一种诗人的直觉。但关于情感这个问题，我觉得李泽厚的讨论并不很成功。尽管他讲情感，但主要还是从理性的层面来讲情。康德不讲情，把它当作经验的东西，这似乎更直截了当。康德固然肯定对法则的敬重之情，但这种情更多地包含理性的内涵。李泽厚试图把情纳入进来，然而，他所理解的情感，是受理性制约的情，在所谓"情本体"说中，李泽厚一再强调这一点。可以说，他对情是欲迎还拒，对理则是欲拒还迎。总体上，李泽厚并没有离开康德主义的立场。

在西方传统中，休谟比较突出"情"。在其《人性论》中，休谟大谈情感，几乎将所有东西都放在情之下。当然，休谟对情的理解不同于李泽厚。休谟所讲的，主要是与理性相对的情，李泽厚所讲的，则是理性化的情。不能被两者表面相近的词语所迷惑。李泽厚后来尽管对休谟有所肯定，但骨子里还是注重康德的理性。撇开李泽厚的特定进路，确认情理的统一，可以以此作为重要的思路考察中国伦理学的特点。事实上，中国哲学家与西方哲学家一样，既兼顾情理，又各有侧重。就早期先秦儒学而言，孟子一方面说"先立乎其大者""心之官则思"，一方面又讲"恻隐之心"，情与理两方面兼而有之。到了宋明时期，不同学派则各有侧重。张载、二程、朱熹都是如此。一方面，不能说理学完全忽略情，另一方面，理学又一再推崇天理。王阳明的"良知说"则似乎与主流的理学有所不同，良知的特点在于心和理的统一，既不是纯粹的普遍之理，也不是单纯的个体之心。在良知之中，情感、理性兼而有之：个体之情、普遍天理在良知中融为一体。这里多少表现出一种沟通两者的尝试。

刘：

杨老师，在"良知"这个概念里面，普遍性与个体性是统一面向的。在跨文化的背景下，不同的文化对良知有不同的感受。就像一开始您所讲的，实践把普遍性落实到具体情境中。普遍化原则加入跨文化语境之后，这样一种共识和普遍性，或者良知，如何达成？

杨：

良知常被译为innate knowledge或conscience，但其独特内涵还需要关注。纯粹的情感不构成良知，纯粹的理性也不是良知，前者缺乏理性引导，后者则少了情感认同。从具体哲学家来说，可能有的侧重于理性这一面，有的侧重于情感这一面。程朱一系，比较侧重于理与普遍性这一面；陆九渊则对个体性与情感性给予较多关注。尽管不同哲学家的看法各有不同，但在他们的思想中，理与情兼而有之，这一点在中西哲学家那里有共通之处。不能说中国哲学只讲情或仅谈理，如前所述，同一个哲学家，如孟子，既讲"恻隐之心"，也讲"心之官则思"，朱熹也是如此。现代西方的后果论，同样既注重情，又关注理性层面的计算。

刘：

不论是实践，还是情理结构，都不可能用来标识中国伦理学的特点。是不是这样一种努力的方向就不对呢？就是说，不要试图找到一个可以把中国区别于西方的特质笼而统之地表述出来的概念。

杨：

352

也许可以发现一个普遍的概念，但我还是比较认同先作具体的个案研究，在个案研究的基础之上，再作一提炼。现在匆匆忙忙地用一个概念去概括中西的特点，难免以偏概全。经过个案的研究之后，可能不同特点会有所显示，由此再作一个总结，也许会更可靠一些。当然，在哲学和伦理学领域，人们总是需要一些普遍概念，如感情、理性，不论中西方，都会用到这些概念。从这一角度来说，作为智慧的哲学，有其普遍性的一面。但不同的哲学传统又有不同的系统，用一般的概念去概括或描述，难免会发生各种问题。

付：

所以我想，我们可以区分两个概念。一个是伦理知识，一个是伦理学知识。中国哲学中，大量讨论的是伦理知识；但我们要从伦理学知识建构的系统化角度来看，确实需要找到一些能够沟通中西的普遍性概念。

杨：

从一些概念的区分来看，可以注意到中西思想的差异。中国人以人作为考察对象，思考如何成为人、怎样成事，都希望成就理想人格，成就人自身。就如何成己而言，从早期儒学开始，便涉及习和性的关系。孔子提出"性相近也，习相远也"，认为人具有普遍的潜能，但不同的"习"使人彼此分离。后来孟子、荀子分别发展出了不同的方面：孟子将"性相近"引申为性本善，突出了成己需要以善端为内在根据；荀子则侧重于人性中负面的潜能，肯定了后天化性起伪的必要。到了宋明时期，讲气质之性与天地之性，实际上试图对孟子、荀子加以折中。天地之性是完美的，气质之性则相当于荀子所讲的本恶之性，于是有了变化气质的要求，这也就是孔子所说的"习"的工夫。到了后来，进一步引向本体与工夫的关系，本体与性一致，工夫则属于习。王阳明提出"致良知"，其中"良知"是本体，"致"则是工夫。在中国哲学中，性、习、本体、工夫，呈现彼此互动的关系，自我则在这一过程中逐渐成就。总体上，性习相统一是中国哲学的传统，本体—工夫的一致，以及"致良知"，都是由此衍化而来，其中的核心，则是"如何成就人自身"的问题。

353

刘：

习与性成。工夫在变，本体在工夫中也会变。

杨：

本体是发展的，工夫也在变化。黄宗羲讲"心无本体，工夫所至，即其本体"，已不同于预设一个先天本体，而是明确肯定，本体也是工夫过程中形成的。这种理解已扬弃了传统儒学的看法：在孔子、孟子那里，性作为本体，主要是一种先天预设，黄宗羲则在实质上将性（本体）看作是实践过程中生成的。这也可以视为中国哲学中观念的一种转换。

刘：

那么，就实践智慧的普遍性与特殊性的关系而言，一方面是普遍原则如何落实到具体情境，另一方面，是不是也有倒过来的一个问题，普遍原则在具体情境中也要发生一些改变？

杨：

当然，那肯定是要改变的，一般原则不能照顾到方方面面，中国人讲经权，其中便包含变通的要求，原则如不变通，就容易变成独断僵化的教条。这也是中国以往思想希望避免的，变通是中国思想的题中应有之义。

三、伦理学的书写方式

付：

中国伦理学贡献了大量的思想素材，尚缺少系统化的理论论证，要构建一种学术形态的伦理学恐怕还有大量工作要做。

杨：

确实，不管是在伦理学还是在认识论中，中国哲学都没有形成严格意义上的体系。事实上，类似情况也存在于西方哲学中，其相关论说从早期来看也很难说已形成了现代视域中的体系，即使《尼各马可伦理学》，也不同于纯粹的伦理学体系，其中很多方面缺乏严密论证。形成现代学术意义上的伦理学系统，确是必要的。我在前述伦理学著作中，也尝试从一个方面来做这一工作。关于伦理学主要关乎什么这一问题，可能会有不同的看法。我将"善何以可能"作为一个核心的问题，由此来展开阐释。当然也可以从其他方面来进行讨论。要对中国伦理学作形式化的整理，前提是对先秦以及两汉、魏晋、隋唐、宋明时期的相关讨论加以反思、梳理、总结，看看其关心什么问题、如何展开讨论。从最基本的伦理概念来说，当然离不开仁、义、礼、智、信，以及基本的伦理关系，如理欲关系、为己成己等，需要对此作具体的分析。

但是，如果仅仅偏重于考察历史上这样一些伦理观念和术语，那就只是对已有的系统加以归纳整理而已。要形成能够回应西方伦理学概念的当代知识体系，仅仅做上述工作显然是不够的。这里需要"范围而进退之"。一方面，以中国伦理学为对象，自然应对传统加以关注，所建构起来的系统应体现中国的传统特点；另一方面，对西方哲学，包括西方伦理学的讨论，不能完全无视。总之，仅仅着眼于自身传统意义上的儒学或中国哲学来建构伦理系统，可能意义不大。在伦理学上，不仅需要关注中国的传统，而且应当对西方哲学有所回应，也就是说，应站在更高的理论层面上，对东西方思想都有所消化和吸取。总之，不能仅仅限定于单一的传统：在单一的传统之下，不太可能做出为世界哲学或世界伦理学所接受的伦理系统。在这方面，现代西方哲学家存在比较明显的问题。他们试图建构自身的系统，但又单纯关注自身的知识传统，未能充分考察西方之外的哲学传统，这带有明显的思想限定。中国伦理思想的发展，一方面要立足于中国已有的根基，另一方面应面向世界，以兼容而非排斥的立场对待不同的哲学传统。

我在给学生讲《中国伦理学史》这门课时，就一直在想，怎么能做到既不讲成中国伦理思想史，也不把它讲成中国哲学史的一部分，如何讲清楚中国伦理学的问题脉络，而不是思想的原生态。

杨：

这里确实存在问题。思想脉络的把握是比较困难的，在这一过程中容易分不清、理还乱。但是，从伦理学的观念出发梳理出一条线索，也不是不可能的事情。作为一个研究者，本身需要先对伦理学概念有一个清晰的认识，然后根据这一认识，处理相关的论述。如果缺乏对伦理概念和理论的清晰认识，那可能就只能罗列伦理思想史中的不同材料。康德在他的《道德形而上学奠基》等著作中，首先以自己的理解为讨论相关问题的前提。同样，在研究中国伦理思想史时，也需要对一般伦理学层面的理论有所理解与概括，根据自己的理解和概括梳理相关材料，并进一步反观中国伦理学的衍化。这里有一个不断互动的过程：一方面，形成和深化相关的理论观念，把握伦理学的基本架构；另一方面，对中国伦理学的不同系统有所了解和认识，在伦理思想的梳理过程中印证相关理解。如果缺乏深入的理论观念，对中西伦理思想就难以梳理清楚。当然，思想构架本身并非不变的，需要根据实际的材料不断有所调整。这一过程，也可以看作是做伦理学历史的过程。

对于伦理学的问题，在历史上有不同的看法。苏格拉底认为，伦理学涉及对"人应该怎样生活"的理解，中国人则注重成己与成物，为己指向的是如何成就自己，这也是对伦理道德的一种理解。康德在《实践理性批判》等著作中提出"道德行为如何可能"的问题，肯定只有通过善良意志来颁布各种律令，并按照律令去做而不考虑后果如何，才能有完善的道德行为，其中包含对伦理实践的看法。黑格尔谈要回到伦理现实，走向市民社会、伦理、家庭、国家等，这也是一种伦理观念。关于伦理学是什么，不是只有一家之言，不同的人可以有不同理解，只要言之成理、持之有故，便可立一说。伦理学的特点之一，是拒绝独断的教条，不是说只有某个说法正确。在一定的意义上，伦理学就是提供一种生活的解释模式。

刘：

《善的历程》在某种意义上也可以看成是一部儒家伦理学史。这本书在处理历史和逻辑的关系方面，堪称典范。比如每个人物有几个关键的命题，同样一个命题在不同哲学家那里又展现为历史的衍化。

杨：

确实是这样，作一个笼而统之的概括，常会遇到困难。三十多年前，我写这一著作的时候，也曾走了一些弯路。我本来想以问题为主线，但论述过程每每面临重复的问题，如义利之辩作为一个问题，尽管在每一个时期都有差异，但仅仅以此为主线，会给人以似曾相识之感。所以我最后还是取消了原定计划，改为以历史人物和问题相结合的方式来展开，因为这样更容易把握。

刘：

有些问题您处理起来，可能在某一章略一些，甚至就不讨论。

杨：

对，如果单以问题为主线容易造成一些重复，两方面结合着做，就可以避免一些重复。

刘：

当时，这个构思经历了反反复复的调整过程吧？

杨：

是的，当时按照问题线索来写，已经完成好几万字了，后来觉得不行，又回过头来重新做。研究过程总是需要面对现实，不断调整，不能一条道跑到黑，否则结果很难让人满意。回到伦理思想研究的问题：要概括中国伦理学思想，首先需要有一个理论上的构架，否则便会面临剪不断、理还乱的状况。构架很重要，概括伦理学史衍化历史，需要根据思想的实际情况梳理脉络，在面对大量伦理学史材料的时候，原来的设想可能面临调整，这是一个互动的过程。不管处理什么样的历史问题，理论构架、理论准备不可或缺。

一下子陷入思想史资料里，就容易摸不着边，找不到北：这么多的材料，每个人的情况似乎大同小异，不容易刻画和把握。但细究起来，不同哲学家对伦理问题的理解、所运用的伦理学的概念系统，实际上存在各种差异。需要先冷静思考，结合已把握的伦理学理论和伦理学的概念系统，在纷繁复杂的思想材料中梳理出一条线。作为一种解释系统，这种梳理可能只是一家之言，但只要言之成理、持之有故，能够对历史与现实给出合理的说法，便可成立了。这里无须追求定于一尊，也不必执着于所谓的"原义"：按照解释学的观点，回到原义是不太可能的。

刘：

比如《伦理与存在》也提供了一个概念框架，这个概念框架和《善的历程》可能是不一样的。如果从《伦理与存在》这个概念框架来反观中国伦理学，可能又要有一个新的伦理学史的写法。

杨：

我在该书中将"伦理"与"存在"，也就是伦理学和人的存在放在一起，从另一个角度说，其中体现了对本体论问题和伦理学问题相关性的肯定。这一思路也具有"个性化"特点。引申而言，"具体形上学"的提法是以前没有的。哲学需要创造概念，德勒兹曾有类似看法。当然，这种构造需要有根据。

我刚刚讲的意思是，或许不一定每一研究者都需要建构系统的伦理学原理，同时，对中国伦理学史可以有不同的概括。本体论与伦理学思想的统一，这是一般意义上的理论视野，在伦理学上，还需要追问具体的、合乎中国伦理学史的问题。中国哲学以"何谓人""如何成就人"为关心的具体问题，为己之学即以"如何成就人"为核心的关切。从"人禽之辨"（什么是人和其他动物的根本区别），到如何成就真正意义上的人，体现了理论的进展。人非现成的，唯有通过后天的成就过程，才能达到人的理想形态，所谓"成性"或"成己"便体现了这一意向。此外，儒学所说的"为己"以自我成就为理想的目标，这可以成为人的道德思考的一个重要方面。总之，何谓人，如何成就人，这是中国哲学关心的问题之一，其他问题往往与之相关。

刘：

杨老师的《伦理生活与道德实践》这篇论文从"活着"的角度提供了一个框架：为什么活着？如何活着？如何活得好？活得怎么样？

杨：

所以，我和李泽厚的看法不同，李泽厚把"为何活"放到了最后。实际上，"为何活"或"为什么活"是一个很重要的问题，也是具有前提性意义的追问。中国人讲"为己"，便与人的存在价值相关，各种选择都以此为依据。"如何去活"以"为何而活"为前提：只有确立了价值目的，才能选择与之相关的"活法"；以某种目的为价值方向（"为何活"），则需要以相关的方式为生活途径（"如何活"）。

刘：

这样的框架很朴实，但很多根本问题已经包含其中。康德提出的四个问题看起来也非常简单：人是什么？我能够知道什么？我应该做什么？我可以希望什么？

杨：

事实上，在理论上总是需要面对现实，否则容易华而不实。

付：

我们现在对伦理要有一个广义的理解，要回到生活世界和伦理实践上。

刘：

杨老师如何看待普遍价值与共同价值的关系？

杨：

伦理学本身是普遍性的东西，并非仅仅对某一个特定群体有意义。不过，这里所谓普遍性，离不开某种传统，也更需要基于现实。康德非常注重人是目的、普遍性原则，这也构成了其伦理学的特点。伦理学确有一些普遍性的东西，伦理学的目标本身也是要建立一种普遍性的道德秩序。当然，康德可能过于强调道德形式之维，事实上，道德还有其现实性的一面。人类为了能够和谐生存，需要建立一种共同的道德秩序，以此来为人的存在提供条件，这涉及道德的现实性，道德作为保证人类和谐共存的条件之一，即体现了这种现实性。康德完全忽略道德行为的结果，也未能对道德的现实性这一面给予必要关注。事实上，道德既有崇高性的一面，也有现实性的一面，康德只讲崇高性，不讲现实性，不免过于抽象。

刘：

康德强调形式化、普遍化。这里的难题是，对于道德原则来说，我们能不能有一种超越时空意义上的普遍性？

杨：

在我看来，道德既有普遍性的一面，又有历史性的一面。从最一般的原则来说，它并非仅仅适用于一时一地，而是具有超越特定时间与空间的性质，但同时，道德在不同时代有不同特点，前现代的道德观念和现代意义上的道德观念便并不一样。传统的中国伦理观念包括"天—地—君—亲—师"，现在"君"已不存在，只能说"天—地—国—亲—师"，这里便包含思想的历史转换。从以上方面看，中国伦理思想具有一定的历史性："天—地—君—亲—师"体现的是前现代的要求，"天—地—国—亲—师"则代表了当下的要求。道德的普遍性和历史性不能偏废：仅仅承认其中之一，可能背离历史实际。

付：

从道德的普遍性和历史性中，我们可以进一步反思德性与规范的关联与张力。

杨：

在中国传统历史上的仁、义、礼、智、信等观念中，仁指内在的德性；礼表现为外在的规范；义是"应当"与具体情境适宜的统一；智则表明，以上各个环节包含理性的意识与理性的指导：道德本身具有自觉的性质，理性则是自觉性的保证；信包含诚信、信誉。关于特定规范，历史上有不同的概括，亚里士多德讲的中道、勇敢等品格和德性，孔子所说的仁、智、勇，都可以视为这一类的表述。讲中国伦理学，自然需要关注中国已有的各种传统思想对伦理规范的理解，由此进行概括。传统伦理中，仁、义、礼、智、信可能体现了综合性；比较而言，在理学的理欲之辩中，程朱一系在突出天理、贬抑人欲的同时，进一步把"道心"视为主宰，则多少包含某种片面性。

德性与规范的相互关系，是具有普遍性的伦理问题，这一问题并不是中国哲学所特有的。我在《伦理与存在》中专门有一章讨论德性伦理及其内涵。当然，不排斥从德性与规范的关系这一角度来梳理中国伦理思想，但需要注意的是，这一问题并不只存在于中国伦理学中。关于两者如何沟通的问题，需要进一步思考。总体上，德性与规范在中国哲学中并非泾渭分明、相互对峙，而是都得到了某种关注，可以说是兼而有之。就其起源而言，规范在中国哲学中常常被视为德性的提升和普遍化。郭沫若在谈到礼与德的关系时，已注意到这一点："礼是由德的客观方面的节文所蜕化下来的，古代有德者的一切正当行为的方式汇集了下来便成为后代的礼。"① 这里的"礼"主要表现为一种规范系统，"德"则与现代所说的德性相关。依此，则历史上的"有德者"或圣人的德性在形式化、普遍化之后，便衍化为规范系统（礼）。中国伦理学中固然有很多关于规范伦理学或德性伦理学的内容，但兼顾德性与规范，可能更多地突出了中国哲学的特点，在宋明理学中，这一特点也非常明显。

付：

对于如何构建中国伦理学的当代形态，理论与方法都是至关重要的。

---

① 郭沫若：《郭沫若全集·历史编》第一卷，人民出版社，1982，第336页。

杨：

需要基于思想史或伦理学史来讲方法的问题，今天所讲的，也体现了这一原则。

付：

非常感谢杨老师拨冗指导，真是受益匪浅。

（原载《贵州大学学报》2023年第3期）

363

哲学之思：视域与进路
——杨国荣教授访谈

【题记】2023年5月19日，杨国荣教授应邀到山东大学作讲座，山东大学儒学高等研究院的博士研究生林蕴臻受《曾子学刊》的委托，对杨国荣教授作了访谈，本文系访谈记录。

一、学术研究：以具体性为进路

（一）有意义的"存在"无法疏离于人

林蕴臻（以下简称"林"）：

可以看到您的整个治学历程始终强调史、思间的互动，既要历史地回溯关注不同诠释者的观念差异，也要作自身的理论思考，在新的发展变化中把握普遍的意义。您对于"意义"的探讨、意义世界的反思是由何而起？

杨国荣（以下简称"杨"）：

应当说，"意义"是20世纪以来不同哲学流派、思潮关注的重要对象，分析哲学、现象学两大显学都谈论或涉及意义问题。分析哲学是从语言切入，将概念、语言结构作为关注之域，然而，语义也好，逻辑关系也罢，着重探讨的是语言领域内的存在，由此实施的意义辨析更多地展开为概念分析、逻辑论证的过程，偏重于理解、认知层面。通过对语言的分析来把握存在，主要基于语言之域，由此常常容易忽视语言之外的对象。在这种抽象化、形式化的过程中，实在对象的多样内容往往被过滤掉。事实上，单向度的追问总是或多或少偏离人的实际的生活实践过程。

相较于分析哲学注重语言，现象学更多地涉及意识及其作用。他们注意到理解世界的方式同人自身存在的联系，但在实质上仍主要限于观念之域。依照胡塞尔的看法，通过本质还原、先验还原，将现实存在、历史过程悬置起来，可以达到无任何中介的所谓"纯粹的意识"，它又可作为终极层面的存在形态。这种看法赋予意识以终极意义，趋向于化现实为意识，同样将疏离于实在。同时，限定于意识活动本身也容易将意义理解为人的单向构造的产物。如果说，分析哲学停留在语义层面上讲"语言的意义"，那么，现象学则更多限定在意识的追问而将意义归结为"意识的赋予"。

我的观点是，哲学的研究必须植根于现实问题，并从现实出发去思考。从价值的层面看，意义与人的目的相联系。在价值之域，意义体现于人成就自己和成就世界的过程中，其形成不仅涉及对自我和存在的理解，而且包括对自我和世界的价值规定。这也是我将意义世界与成己成物联系起来的原因：意义最终来源于成己与成物的过程。只有关注真实世界，把握具体的实践活动，意义的追问才有比较坚实的基础，这同时体现了我与其他学派在对意义问题理解上的区别。意义本身是因人而起的，本然世界不涉及意义的问题，它作为非意义的对象尚未进入人的行为、认知领域。对意义的切入涉及人的多样活动，离不开人自身的实践过程。人并非时间之流中飘移不定的存在，归根到底，人致力于建构一个合乎自身理想、合乎自身需要的世界。人是追寻意义的主体，在现实形态上，意义的生成以人化实在的方式呈现，有意义的存在无法疏离于人。

林：

意义生成并呈现于具体的存在，展开为依照人的目的和理想改变世界、改变自身的过程，您反对从单向度的视域来规定意义。可以说，形而上学的具体形态是针对抽象形态的超越吗？

杨：

抽象形态的形而上学的特点体现于不同方面，包括对存在始基的还原、预设终极的存在为统一的大全等等。不论是关于存在的理论，还是在思维方法上，都容易趋向于对世界静态、片面的看法和封闭、孤立的思维角度，从而与现实存在相疏离。作为存在的理论，形而上学始终以世界之"在"与人的存在作为考察对象，无法离开人之"在"去还原、构想一个超验的世界。我们需要回归形而上学的本来意义，从思辨抽象的形式推演转向对现实世界的把握，对抽象形态的批判首先在于把意义生成同人的基本存在处境联系起来。从这个角度说，对抽象形态形而上学的批判可视作意义考察的逻辑前提。

以哲学化的语言来讲，相较于对存在的思辨构造，具体的形而上学更多地指向意义的世界。一方面，它不预设某种终极形态，也不把观念作为存在本原，由此扬弃形而上学的抽象形态；另一方面，它又与各种形式的"后形而上学"保持距离。刚刚提及的以语言的逻辑分析来把握世界，以及诉诸个体心理体验，将"共在"视作人的沉沦，强调文本的本体论性质等，都在不同意义上自限于对象世界的某一维度或观念世界的某一方面，从而表现为形而上学的抽象形态。借用中国哲学的概念，在理解世界的

366

过程中，既不能离"器"言"道"，也不可离"道"言"器"，唯有回归具体的存在，才能消除对于存在的遮蔽：具体的存在即真实的存在。存在的统一以及把握存在的视域之间的统一，都体现了这种具体性。同时，具体性还涉及形式和实质的关系，上面谈到的分析哲学所关注的语言之域的论辩容易流于形式的静观，而"具体"则表现为现实的关切，从人与世界的互动中把握实质性的规定和内容。具体的建构不同于"分析的形而上学"或"形式的形而上学"，始终包含着人的参与，强调化本然对象为现实存在，而非停留于形式的层面。要而言之，具体形上学注重形上与形下的沟通，关注不同存在的样态与方式之间的关联。形而上学的具体形态与回归具体的存在的进路彼此统一。就此而言，具体形上学应当是形而上学的题中应有之义。

（二）美的意义更在于存在的完美性

林：

我非常认可您所说的：如果哲学仅仅是对于"是"的逻辑分析，则语言学、逻辑学便可取代哲学。您在谈到意义与存在时，除了存在之真、伦理之善外，还格外关注到美的问题，认为审美的世界也以意义的生成为其内在向度，并从物—我、情—景之间谈到审美的整体观照。这种对于审美存在整体性、统一性的确认，是否是对审美主体作用的弱化？我们应该如何理解这种存在的整体性、统一性？

杨：

首先，如你所说，意义问题涉及的面很广，不仅包括形而上之维、伦理领域，而且关乎审美问题：把握具体的存在当然不能忽略审美的维度。从审美过程切入意义的问题，需要关注两个方面，其一，从审美过程本身来说，对象意义的显现同人的审美活动相联系；同时，美常以统一的面貌展示出来，审美过程离不开整体的观照，究极而言，这种整体性观照所指向的对象，并非本然之物，而是同主体相互作用的结果。就像我们欣赏艺术作品，这并不是被动接受外在对象的过程，其本身涉及某种再创造。当人的审美活动作用其间时，对象便被打上人的印记并取得人化的形态。与之相关，审美过程存在个性的差异：哪怕是对同一音乐、同一幅画作，审美主体因互动的差异，都会产生不同的审美感受。另外，这种主体的创造性并不局限于艺术领域，而是包括自然风光。见到山水草木、奇峰峻岭，主体的审美情感亦可赋予对象以特定含义，王夫之、叶燮都曾注意到审美能力的创造性应用以及主体与对象之间的统一形态。这种整体之美不仅是审美秩序的体现，也是把握存在的一种方式，而不能等同于抽象的普遍性。相较于逻辑的形式推演，审美秩序的整体性、统一性始终同感性的存在、具体的形象分不开。以日常的审美鉴赏来说，我们可以说这幅画作是美的、这件工艺品是美的，但不会说世上所有绘画、所有工艺品都是美的，审美的过程无法脱离个体性、多样性而抽象存在，审美的对象应是具体的存在。庄子讲"天地有大美而不言"，肯定了存在的丰富性。审美主体与审美对象间互融、互动，个体、多样、差异在整体的观照中获得存在的合法性。

另一方面，可能你也注意到了，对于美的考察不能仅仅限于对象的观照，在《道论》的第六章我曾专门讨论这一问题。美的更为实质的意义在于存在的完美，这种存在的完美同时指向人的存在。中国传统哲学已注意到这一点，荀子将审美活动和人的存在形态、价值理想联系起来，讲"君子知夫不全不粹之不足以为美也"。以"全而粹"为内容的美涉及多重方面，既表现为外部对象理想的审美形态，也关乎人自身走向完美的动态过程。事实上，中国哲学所说的"成人"，便指向人的完美之境。如果离开人自身的存在，美便是不全面的。这里也体现了我一直强调的伦理学、本体论、美学不可分的观念，美与真、善在本质上同样难以分离。荀子讲"诵数以贯之，思索以通之，为其人以处之，除其害者以持养之"，便肯定了人身体力行的实践活动在存在完美性中发挥的作用，美本质上是生成而非既成，不能完全归于心灵的创造，一旦离开具体实践和价值创造，便无从言美。审美的活动过程为达到"全而粹"的完美性提供了担保。

从人的存在维度看，审美判断的普遍性在实践过程中往往从审美理想、人的创造能力、个体的鉴赏趣味等方面得到体现，从而不同于抽象的判断。从人自身的完成来说，"完美"是具体的，带有个体的特征，在个体创造性活动中又展示其普遍本质，从而表现为普遍性与个体性的统一。同时，外在的形象与内在的理想融合在一起，呈现为感性与理性的统一。美的问题一方面涉及对象存在与审美观照，另一方面指向德性的涵养与塑造。古人讲圣人气象，圣人气象便体现了形之于外的人格魅力，它在凝结价值理想的同时展开于知、行的具体过程中，外化为现实的品格。人格的升华和境界的提升一方面关乎人格形象，给人以审美意义上的美感；另一方面涉及内在品格和德性，体现为道德的崇高完善，美与善在这里相互关联。谈到美的问题，总是涉及对象的美和人自身的完美性两方面；美既无法隔绝于审美对象，也难以离开人自身之"在"。

（三）庄子：自然与自由在逍遥之"在"中走向合一

林：

您刚刚从人自身的认知和实践的角度帮助我们理解主体审美

理想和现实存在的统一。心物相融、情境互动的整体观照反倒呈现了与人的相关性、切己性。我们会注意到，庄子在谈天地之美的统一性时又强调个体性、主体的自由感，我们应该如何理解这种自然大美同人性化存在的关系？这其中是否存在一种隐性的张力？

杨：

庄子思想中确实存在不同的面向。一方面，他讲"天地有大美而不言，四时有明法而不议，万物有成理而不说。"这也是道家主流的观点，即强调道法自然。在庄子那里，道与天彼此相通，代表一种自然法则。对象世界不由人的意志为转移，它自身存在规定性，人应当顺应自然之美、合乎自然的规定性，不以人为的目的、谋划加以扭曲。但同时要注意到，另一方面，庄子强调人性有其内在价值，自然原则中包含自在性。以人的存在处境为出发点，庄子反对将人与物等同起来，肯定不能以物性替代人性，一旦"丧己于物"，自我便消解于物而丧失主导性。在此，庄子主张合乎人性，反对"以物易性"、人的物化，强调人主导物而非为物所支配。庄子认为文明的演进往往容易导致人的本真存在形态的缺失，这一思考其实蕴含着对人自身存在的关切：不要沦为外在的工具或物的附庸。从实质层面来看，庄子不是简单地漠视人的存在价值。

同时，庄子还谈到天与人之间没有明确的界限，两者呈现相互关联、交错、互动的关系：人的内在规定本于天性、合乎自然；天也并不隔绝于人，而是体现了人的价值理想、超越世俗的方式。庄子强调"以天待人，不以人入天"，反对以世俗的人化去制约自然，维护自然的形态，以此引导日用常行。

在合于自然形态的基础上，庄子也讲到人自身的完美性问题，关于个体德性，庄子有"才全""德不形"等一系列讨论，他通过很多形体残疾、丑陋的人物来举例说明内在的人格之美。人有其社会的品格。庄子对于人的目的性的思考是从追求合乎人性的存在形态这一角度论述的，我们不能简单地以为庄子不讲目的性。基于这两个面向来谈，庄子向往人性化的存在，包括认为完美的人格是"天人"，即合乎"天"（自然）之人，以此为人的理想形态。合乎自然与扬弃物化这两方面为庄子所兼重。

站在这个角度去看庄子的"无为"，便不能简单地将其理解为否认人的作用以及无所作为。"无为"的更内在的意义在于尊重对象自身的规定而不妄加干预，不刻意而为之。从庖丁解牛的寓言中便能更具体地看到这一点，其特点是从人为的"技"提升到合乎自然之道的层面，自然而然，由此使人的作用与对象融合为一，并使"技"既内化为个体的存在形态，又提升到"道"的境界。就此而言，庄子所说的实践活动，其实不是单纯用"自然"来否定"自觉"，而是逐渐地理解了"天"的本质规定，并以此引导人的活动。

林：

在这个意义上理解，庄子所说的"知与恬交相养，而和理出其性"，其实也体现了自然与秩序的统一、个体精神的统一，与合乎自然法则并非互相矛盾。

杨：

从肯定人自身的价值这个角度来说，庄子和儒家其实存在一定相关性。当然，与儒家从仁义的角度出发不同，庄子讲人的理想存在形态是天性或自然之性，我们需要做的是拒斥"以物易性"以回归天性。可以看到，儒家注重化天之天为人之天；庄子倾向于"无以人灭天"，主张维护或回归存在的本然形态。总体上，庄子侧重于以"天"为"人"的价值内涵。你谈到那种隐性的张力，在这里更多地表现为自然原则和人道原则的张力。

林：

但这其中似乎存在某种矛盾，首先庄子以合乎天性作为人的内在规定，刚刚谈到的"不以人入天""无为"好像都在表明一种有限的消极意味，抑制人对于世界的作用。虽然天与人具有统一性，但最根本的还是以天为主导。相较于宋荣子、列子，庄子强调"至人无己"，在这种形态下，人的活动、人的参与如何体现，悬置人的作用后逍遥之境由谁来承担？

杨：

首先，庄子谈"逍遥于天地之间"并非跟社会相隔绝，而是具体展开在"日出而作，日入而息"的生活世界。另外，这里涉及如何理解"己"的问题，庄子基于两个面向，区分了合于自然天性的人与世俗的人，"无己"否定的是世俗的、受限于礼乐文明的主体，这同"无为"其实具有一致性。在庄子看来，正是外在的束缚和形式的抑制构成了对人的限定，因此超越限制和达到个体的逍遥自在并不冲突，他们都指向本真的存在形态。逍遥的意义在于以合乎自然天道与内在人性的统一为前提，实现对自由的追求。这里不是悬置、消解自我，而是以自我作为主体以达到精神的逍遥。

当然，庄子的肯定个体的精神自由、注重精神的净化、认为精神世界与逍遥之境具有同一性，更多表现为把外部世界收摄到精神之境。这里或多或少忽视自由和自在的区别，对于人的自由的价值内涵似乎并未能完全把握。总体上看，庄子一方面反对以物性来替代人的本性，向往人性化的存在形态；另一方面主张"无以人灭天"，将自在（与天性为一）的人视为自由的形态。

在这里，逍遥与人的存在意义、个体的精神提升相联系，同时，逍遥之境以自然为内涵，与自然为一，可以看到，逍遥之境与自然之境在庄子这里呈现互融统一的形态。

（四）审美过程的"合目的性"问题

林：

您在谈到人与世界的关系时涉及三重维度，包括说明世界、感受世界和规范世界。我们能否认为审美属于感受世界的层面，具有某种中介的意味？比如康德的判断力批判就呈现出沟通纯粹理性和实践理性的中介作用。

杨：

我想审美具有多重性，从一方面来说，它的确同个体的感受、体验，以及主体的意识活动相联系；但从另一方面来说，它又不局限在个人的感受层面，庄子讲"天地有大美而不言"，天地隐含有本然之美，世界的审美秩序也以统一、整体的形态显现。我们对于外部世界的观照并不是去创造一种全新的规定性，而是去接受、理解对象之美，审美主体与审美对象之间是统一的。宽泛地说，感受首先是以体验来呈现，往往同人的内在意识相关。但在我们谈到与审美相关的感受时，就不仅仅是直接的体验，审美的感受既同外部对象相关，也涉及内在的审美意识；对象和审美意识之间的沟通，通过审美之域的评价来实现。审美的评价同审美的感受相联系，显示了审美感受的自觉品格。审美感受的背后，往往渗入相关的评价，刚刚提的生活是否美好、人格是否完美等，都包含评价的因素。

康德在将审美过程、审美判断与涉及利害关系的功利性活动区分开来的同时，肯定了审美判断具有普遍性，在他看来，审美判断有别于单纯的经验判断，审美判断也不是仅仅对某一特定个体有效，而是具有普遍的内涵。为什么会有审美经验，这就引出他目的论的观点。康德预设人具有认识、情感以及欲求这三种能力，对象可以唤醒人的愉悦之情，审美活动主要关联愉快的情感，是"通过愉快与不愉快的情感，对自然的合目的性作出判断"。而愉悦之情则来自对象形式同主体认识期望之间的和谐一致，由此对象呈现合目的的状态，并在人之上产生一种情感的愉悦。

康德关注审美过程的合目的性，认为"美是一个对象的合目的性的形式"，这种合目的性主要是对象的造型、结构等仿佛合乎人的审美目的或审美趣味，当对象形式的合目的性能够触发主体自由、愉悦的情感的时候，主体便会产生审美判断。首先可以看到，康德把人理解为目的性的存在，同时要注意到他并不完全否定外在的对象规定，自然的合目的性这一概念，便说明了这一点。尽管康德可能更多在先验层面讨论审美问题，但也不能说他认为美与对象毫不相关。包括康德讲到想象力和知性，认为想象力不能离开知性的约束，在审美领域，康德将理念称为审美理念，它是按照想象力和知性协和一致的原则，经由直观加以作用的。想象提供自由联想，知性保证意识秩序。

374

从表面上看，合目的性是对象合乎人的目的而产生的，但事实上并不这么简单，这其实是个互动的过程，审美理想与对象存在着相互联结。康德把优美和崇高归为人对于自然的两种审美判断力，认为优美的对象以其自身的合形式使人愉悦，崇高的表现因与人的判断力形成一定张力而呈现自我超越的形态。可见，人到底是产生优美感还是崇高感，同对象本身的结构、形式是相关联的。

（五）"生存感"广于"美感"

林：

审美活动不同于逻辑推定，虽然康德把美同主体的意识结构相联系，但就像您强调的不能认为审美活动是完全空洞的主观遐想，可以说康德对于审美判断普遍性的理解是有深意的。一方面强调审美判断的无利害性，另一方面有意识地避免极端的说法，反对美同对象是毫不相关的。就像他对于审美活动"自由游戏"的理解，我们并非毫无束缚地在感性世界里自由活动，这种自由还是有方向规定、有自然秩序的。您在讨论伦理生活时曾经提到"生存感"的概念，我们是否可以将美感视作"生存感"的表现形式之一？

杨：

从关系上来说，"生存感"这个概念比美感更广一点，美感到了一定阶段之后才会产生。果腹之欲还未得到满足、生存权利尚未得到保障的时候，美感无从谈起。所以，生存是最基本的，人的生存权利在人的生活过程中具有一定的优先性。当然，生存本身也是一个发展的过程，不论农耕时代"日出而作，日入而息"的担水砍柴的生活，还是信息时代现代人对于人工智能的探索，都涉及生存的内容，生存的方式植根于历史的发展。

正如我前面谈的，美本身有不同的意义，包括对象的自在属性、人的价值理想，但美感更为侧重于审美这一维度。而生存则与广义的生活世界相联系，所以它的意义、内容更为丰富多样，既关涉生命维系的自然维度，也有社会文化层面的形态。承认人的现实性和具体性是考虑生存感、美感的出发点，就像前面说的随着技术发展，生存的空间在变大，人作用于自然的方式也更多样。从价值的维度出发，真、善、美的追求相互关联，其具体内容包括拓展认知、提高审美趣味、完善德性、养成品格等。进一步来说，人的生存具体落实于成己、成物的过程中，关乎物质需要的满足和精神生活的追求以及一系列自觉创造，可以把存在的问题、善的问题、能力的问题、美的问题等不同维度都囊括于其中。可以看到，生存感具有综合性的形态，包含多方面的含义。

（六）范围古今中西而进退之

林：

在具体形上学的一系列论著中，您系统地关注"道""成己成物""几""势""事"等极具传统意味的中国哲学概念，有一些是难以找到对应的西方概念或西语翻译的。包括再版时将《存在之维》更名为《道论》，这种对中国哲学范畴的系统讨论是否出于某种回归传统的心态？

杨：

这里可以对《道论》略作解释。从该书第一版标题"存在之维"可以看到，此书关注的是形而上学的问题。前面提到，20世纪初分析哲学兴起，形而上学一直没有得到充分的重视，后来哈贝马斯提出"后形而上学时代"的观念，也在一定层面上表现出疏离形而上学的趋向。以此为背景，这本书强调人对世界的把握无法离开形而上学，重要的不是拒斥形而上学，而是对形而上学作新的理解。通过区分"抽象的形上学"与"具体的形上学"，"具体的存在"或"存在的具体性"成为形而上学之域的关注之点。《存在之维》的副标题是"后形而上学时代的形上学"，这其实就是针对所谓的"后形而上学时代"的进路，明确形而上学是不可能终结的。

该书再版的时候把书名易为"道论",增加了附录,其他总体上没有变动。不管是"存在之维"还是"道论",都是在讲形而上学的问题,改名为"道论"主要考虑更多地显示中国哲学的特点,体现对于这一问题思考的中国哲学背景。中国哲学有其特点,有关形而上学问题的讨论常常通过对道的思考、追问而展开,金岳霖先生已提到这一点,他的《论道》试图提供一个新的形而上学系统,所关注的是哲学领域的普遍性问题。他讲到"中国思想中最崇高的概念似乎是道"。如果说西方哲学是以philosophy的方式来把握世界,那么中国哲学在类似问题上则表现为对"性"与"天道"的追问。"道论"同时试图展示如下视域:联系"人自身存在"考察世界,强调"道"和"器"的统一(即"器言道")、形上和形下之间的沟通。

但是,从另一个角度来说,体现中国哲学的个性特点并不等同于简单地回归传统,将"存在之维"改为"道论",也不仅仅是形式上的改变,而是试图凸显中国哲学在形而上学问题上的实质特点。在我看来,现在"做哲学",包括形而上学、美学、伦理学等,都需要有一种宽广的视野,不能仅仅限定在单一的传统中,中国传统也好,西方传统也罢,都需要范围而进退之。一方面,应认真地理解、吸取、消化古今中西的各种观念和资源;另一方面,应当避免守着单一的传统。现在一些学人试图剔除所有西方哲学的概念理论,主张纯粹从中国哲学的角度来理解中国哲学,这种"以中释中"的论调很容易导致思想的封闭。从大的方面来说,每一种传统都各有其所见,亦有其所弊。在进行反思探索的时候,既要对其所"见"(思想成果、理论资源)加以吸取,也应对其不足和历史局限加以分梳,由此自成一家之言,形成自主的哲学系统。

任何一个哲学家在其所处的特定的历史和文化环境中，总是会自觉或不自觉地受到自身传统的影响，其关注和运用的资源也会体现个性特征。作为一个中国学者，毫无疑问，中国哲学会更具切近性，也会影响对人和世界的理解。步入近代以后，中西哲学彼此相遇，此时所面对的，不再是单一的传统，而是世界性的、全人类的思想资源。不同文化传统间逐渐形成实质性的关联，呈现于世界哲学之中。在这一背景下，一方面需要立足于自身的思想传统，体现民族特色和传统，《道论》在形式上也试图体现这一点；另一方面应以更为宽广的哲学视野考察世界，避免闭门造车。

林：

中国哲学中确有很多重要的概念、问题有待学者们去阐发，但在探索、回溯的过程中也要避免将自己隔绝于地域性的范围内。对您而言，回到中国哲学传统中，并不是为了彰显某种传统，而是为了将其自身的世界性的意义揭示出来。

杨：

即使是所谓反思传统、回归传统，也应站在现代的世界中予以反思，而不是简单地回到过去。过去是回不去的，不管今天如何讲"回到过去"，实际上这还是站在当下的视野、站在现实的社会背景之中提出的主张。中西哲学的问题最终都指向世界哲学的视野。所以，传统的反思回归，需要站在现代社会人类文明的成果之上。文明成果属于全人类，可以为今天的人们所共同运用，成为当代思考哲学问题的共同的理论资源。西方哲学不是西方人的专利，从近代哲学衍化的过程去看，单纯关注、解释西方哲学的学者通常很少呈现哲学家的品格；同样地，现在一些研究者把自己限定在自身单一的传统中，将人类文明创造的其他成果弃于一旁，好像一旦接纳、运用就会偏离中国哲学的本来形态，这是十分消极的观念。

从语言层面来看，除非现在使用秦汉的语言，否则自汉代后期佛教传入中国以后，汉语本身已经渗入域外因素，今天普遍使用的"因果""能所""境界"等词汇，便受到印度文化影响。另外，秦汉至现代以前的"古代汉语"是同书面形态的文言相关的，这明显不同于今天日常生活的交流所运用的语言。即使是现代汉语，也有大量外来语的引入，其规模远超过佛学。语言并不仅仅是单一的符号问题，大量外来语言的渗入不单是符号的输入，而且涉及不同的文化观念，当我们使用现代汉语来表述自身的思想时，已经或多或少同时受到其中的外来观念的影响。可以看到，今天所讲的"现代汉语"，已并非纯粹的"汉"语，在内容和形式上同原初形态都有了很大的区别，就此而言，限定于单一视域、刻意排斥外来文明只能是一厢情愿。一方面使用包含大量外来语的现代汉语作为表达手段，另一方面又要剔除其他文化的影响，这无疑自相矛盾。历史上，宋明时期的理学与佛学在相当程度上呈现相拒而又相融的关系，从而在整体思想进路上别开生面。这一事实表明，对哲学传统的理解，需要有不同的思想参照系统和多元的思想背景。

（七）统一、求通、互动与"具体"性

林：

所以您对于中国传统哲学概念的关注还是基于史思互动的治学进路，贯穿古今、会通中西，而非刻意求新图变。为创造而创造，为回归而回归，这反而会失去对哲学问题的真切把握。在您的论著中，我们始终能够感受到互动、统一、求通的态度，包括成己成物的内在统一，本体论、价值论和认识论的统一视域，存在与生成的交融统一等等，这种"统一"的讲法、表达是否受到黑格尔辩证法的影响，还是可以将其理解为您对于中国哲学面貌的一种把握？

杨：

首先，这里需要将体系和系统区分开来讲，体系化已经过时，但系统化的研究在哲学领域是不可避免的。哲学观念本身有多方面性而且相互关联，在进行哲学思考的时候，总是需要对相关看法予以系统化的考察和论证。形而上学离不开系统的论述，我所说的系统化考察说到底就是"具体"的研究。与抽象形态不同，"具体"的进路既关注统一性，也注意现实性。从观念的层面上看，一方面需要关注存在本身的具体性，另一方面应注意考察存在方式的具体性，后者也体现了哲学上的系统性。

在康德那里，形式、普遍性、先验这类表达可以互用，在我的论说中，具体、真实、现实也处于同一序列。现实世界就是具体世界，它不同于观念性对象，也非虚幻的存在。你刚刚谈到的"统一"，其实就隐含了对"具体"的理解。首先，作为现实的存在，具体的事物和具体事物的存在方式是多样的，存在的现实形态正在于多样性的统一，包括体和用、本和末、理和事等的交融，这种"统一"用中国哲学的概念来表述，就是"和而不同"，其特点是包含差别的统一。同时，这种"具体"确认了存在的过程性："统一"可以理解为在过程中展开的统一，它不同于非过程的自我封闭。

林：

就像黄宗羲讲"心无本体，工夫所至，即其本体"。从您对于"统一"的理解来看，在个体的向度同样会呈现自我的统一性。

杨：

从本体与工夫的关系看，意识的综合统一即展开为本体与工夫的统一。中国传统讲身心之学，"我"就表现为身与心的统一，这个"身"不单是自我的外在符号，还与道德实践相联系，所谓"身体力行"，不仅仅包含意识的规定，而且是通过基于"身"的践行来确认。它从一个方面表明："统一"是存在的具体形式。

林：

从区分抽象形态与具体开始，统一其实都是相对于抽象的整体而言的。在这个意义上您谈到个体的综合统一，其实同前面谈到达到完美的人格境界，这种具体展开于成己成物的过程与以真善美为内容的意义世界的统一是相对应的。

杨：

在实践过程中走向完美、自由的境界与回归具体、全面的存在同样是相统一、互动的。就"具体"而言，马克思、黑格尔和中国哲学都强调"具体"。黑格尔曾谈到普遍思想形式的现实化过程，这种现实化就体现了具体的指向。当然，黑格尔更多地还是从精神的层面出发理解世界，他以绝对精神为第一原理，肯定其能通过自身外化而生成自然。黑格尔对于自然和世界的实在性的肯定我可以认同，但他认为精神本身外化为自然而后又回归到精神，这种精神的形而上化和思辨化过程同人的现实活动实际上彼此脱离，这一进路我无法接受。马克思同样谈到"具体"，并将人置于具体的社会历史中予以考察，以区别于抽象的体悟。也就是说，马克思注重在现实的存在境域，在切实变革世界的过程中来把握世界和人自身。

（八）"知性思维"及其限度

林：

回到"统一"的问题上，对于西方近代哲学我们往往会从主客、心物两分的角度予以批判，这仿佛导致了一种对于"分"的全然否定和对于"合"的绝对认同，您如何看待这种现象？

杨：

讲到西方近代的哲学观念，经常会批评笛卡尔以来的哲学观念执着于心物、主客的二分，与之相对的是推崇主客合一、心物不分的观点。进一步说，认为中国文化讲"和"，西方文化讲"分"，肯定"合"，拒斥"分"。其实这一系列的观点都需要反思。从本质上来看，这属于我一直提到的知性思维。我们都知道，德国古典哲学从康德开始便区分了感性、知性与理性。感性侧重于经验性的认识方式；知性的特点主要在于逻辑的分辨和划界，具体来看就是以分析为主要方法，丢掉一部分的多样性以抽取相同的部分，通过将完整的统一体分解为不同的部分、截断运动和过程以考察对象。这种方式在一定层面对把握真实的世界是必要的，但如果停留在知性思维，事物的真实形态就容易被悬置：一旦趋向于以划界的方式把握世界，就会忽略真实的对象，由此将导致一系列负面的思维后果。

就西方文化而言，有主张"合"的学者和学派；中国哲学之中，同样有讲"分"的人物：朱熹便要求"铢分毫析"。所以并不能简单地通过划界把两大系统区分开来。从更一般的角度来说，"分"与"合"都是把握对象的题中应有之义。一个具体事物既有可以相区分的规定性，这种规定性也以综合的形态存在于对象之中，偏于一端无法如实地把握事物。具体的形而上学主张分与合、存在与本质、个体与普遍的统一，这种进路可能不同于康德而近于黑格尔：后者更为注重理性的思维运用，这里的理性与我说的"具体"、辩证思维都有相通之处。相对于划界、分解，具体的思维更强调跨越界限，要求将知性分解的不同方面重新整合为整体，回归到统一的过程，以此考察世界。具体的也是真实的、现实的，回归这种存在形态需要超越知性的考察方式，从整体、过程的视域来研究对象，避免限定于片段和分解为部分，以此导向非此即彼式的断论。

当然，需要重申，这里不是否定知性思维的作用，无论是考察对象，还是从事研究，都需要运用逻辑分析，对概念作界定，对论述的内容加以严密论证，而不是停留在个体的感受或经验之上，以避免走向独断论的立场。这里不难注意到知性思维的作用：从真实地理解世界的角度看，知性思维和辩证思维都不可忽视。关键是，在关注知性方法运用的同时，不能限定于这种思维模式。我一直主张不仅要回到康德，而且应回到黑格尔，从研究进路上讲，黑格尔的辩证思维对于克服知性的思维方式是有重要意义的。

林：

不仅是心—物、主—客关系，像"天人之辩"也是贯通中国哲学的一条重要主线，其中不乏关于"分""合"的讨论，在儒道两家也呈现不同的面向。庄子讲"天地与我并生，而万物与我为一"的同时，也说天道与人道相距甚远，荀子批评其是"蔽于天而不知人"。荀子自身主张"明于天人之分"，又谈到"能参""知天"。到了宋明，张载提出民胞物与、天人一物，二程讲"仁者，以天地万物为一体"。可见，"合一"在各家思想中亦有不同的表现形态，我们应该如何理解天人之间的分合异同关系？特别是在现代生态文明建构的议题下，我们应该如何思考自然与人的关系？

杨：

这需要对"合"本身加以分析。在人类发展的初始时代，天人之间尚处于浑而未分的原始之合。随着人的知、行活动的展开，人逐渐在不同层面把握自然、变革自然、改造自然，在这种作用过程中，人也开始走出自然。与之伴随的是意识与存在、能知与所知、天人分离等相对的情形，如果选择执着于这种相分的形态，便会出现所谓主客对立、天人对峙、心物二元等诸多问题。这种单纯的分离无疑应当超越，也就是说，需要走向"合一"的重建，这种合既不同于天人不分的原初之合，也有别于天人对峙的形态，而是经过分化而重建的合一。具体而言，初民时期，人的生息过程大致是日出而作，日落而息，此时人的生活节奏同自然的节律基本上是一致的。尔后人类运用技术对自然加以利用，而片面分离的结果，则是导致现代生态危机、资源浪费、环境破坏。现在需要转变生存方式，保护环境，建构生态文明。这一过程也体现了从人与自然的原始合一，到单向变革自然的分，再到合一的重建这一衍化进程。现在一些学人单纯赞颂原始的合一，显然不可取。理解天人之间分与合的关系，始终要站在现实、具体的层面思考，无条件地把天人不分的存在状况看成理想之境，往往会忽视从动态的发展过程中理解天与人、人与自然的关系。我曾谈到要区分狭隘的人类中心和广义上的人类中心。那种以某一时期的人类利益为出发点导致对自然过度征服、利用等诸多问题的狭隘人类中心观念当然需要被超越，但是不能因此否定"以人观之"的立场：广义的人类中心可以视为"以人观之"，其内在意向在于肯定人生活于其间的现实世界的生成和发展都离不开人自身的知行活动。

可以看到，笼统地讲好、坏，或者以"凡合皆好，凡分皆坏"定义天人关系，都属于知性的思维，一方面，这种看法没有注意到两种合一（原始的合一与重建的合一）的不同；另一方面没有如实确认相对于初始的混沌，分化所具有的意义。"分"在过程中超越混沌的状态成为重建合一的前提，从而展示出其必要性。与抽象的知性思维方式不同，应当注重走向具体、回归现实。你刚刚谈到的统一、求通，都可以说是"具体"的应有之义，是具体形上学所关注的内容。没有分哪有合？没有差异或"异质"作为前提，哪来的统一、互动、沟通？但在注意到这些分、别之后，不能仅仅停留在此，而是需要进一步考察其间的关联。"通"也是一样，其内在要求是超越分离、分化，重建存在的统一性、整体性、具体性。从"做哲学"的角度来说，"求其通"并不仅仅是说思想学说本身在逻辑上的融贯、无矛盾，而是指向具体性的敞开和澄明。也就是超越特定的界限，超出逻辑分析和知性思维，呈现实质性的内容和意义。感性、知性和理性是三种相互关联的认识形态，需要注意的是三者间的沟通而非对立、对峙。通过兼容感性、知性、理性，关注三者的互动，以把握人与世界的现实关系，这是哲学的使命之一。

二、"事"的视域及其理论意蕴

"成己成物"以及人的审美活动、伦理活动、实践智慧的系统研究，在更为广义的层面体现为人所作之"事"。"事"的阐发进一步明确、透显了"具体形上学"的"具体"之意。

（一）"事"由人作，人因"事"成

林：

通过您的解读我们能够完完全全感受到意义世界呈现方式的多样性和丰富性，而从"事"的角度出发，无疑意味着更具体地理解与之相关的意义世界。在《人与世界：以事观之》一书中您曾经谈到"在'事'的过程中，人将自身与其他对象区分开来，并获得了人之为人的内在品格"，亦有"现实世界可以视为属人的世界""事源于人之所作"的表述。"因事而在"和"事在人为"两种表述间是否存在矛盾？"人"和"事"之间哪一个更具优先性？

杨：

事实上如果要讲优先的话，可能人是具有优先性的。世界本无意义，意义因人而起；世上本无"事"，"事"由人而作，在这个意义上人是最本原的。人的存在伴随着其活动而展开，"事"由此而生。对本然世界之"物"来说，因其尚未与人相涉，也就不涉及"事"的问题，唯有当人实际作用于"物"，相关之"物"方能进入人所作的"事"。现实世界以人为主体，生成于"赞天地之化育"的多样活动，并被打上了人的印记。在此，"事"以人为承担者，人则以"事"为其存在方式。真正意义上的人，总是与做事过程联系在一起。孔子讲"性相近也，习相远也"，从本然层面来说，人性具有相通性；通过人在后天从事的多样活动，则形成了彼此不同的人格。马克思在讲到世界的现实性时，强调了劳动的作用，劳动可以视为人所作的本源之"事"。综合来看，人与事并非先后、主次的关系，两者更多的是现实的相关性：事由人作、人因事成。

林：

就像您对于人的定义，作为现实世界的主体和"事"的承担者，人既是具体的存在形态，又处在不断生成、发展的过程中。人是既济而未济、既成而未成的。从刚刚您对于人和"事"的分析，其实我们可以看到"事"是有一种本源性意义的，但是我们讲这种意义，它无法疏离于人的存在。同时以"事"观之似乎赋予了"事"某种本体的地位，对此您是如何看待的？

杨：

应该说，"事"有自身的意义，但"事"又是意义之源，一切意义最终通过人所作的多样之"事"而形成，人的存在离不开人做事的过程。"事"当然有它自身的独特意涵："事"乃是人之所作及其结果，《韩非子》认为"事，为也"，也表明了这一点。在西方语境中，似乎没有与"事"相对应的语词，需要用engagement、human affairs、to do something来表达其意义，同样，event也仅仅表示"事"的一个侧面，而非其全部含义。中国人所讲之"事"，内容很丰富、含义也很广。当然，肯定"事"是中国哲学中的独特概念，并不意味着西方人没有做事。无论中国、西方，人都以"事"为本源，都通过做事过程来理解和参与世界。从这方面看，中国哲学中的"事"类似西方的philosophy：中国没有出现philosophy，并不代表中国没有哲学，事实上，"性"与"天道"之学便近于philosophy所内含的智慧追求；同样，西方文化中没有与"事"对应的概念，也并不表明"事"仅仅适用于中国文化。不过，挖掘中国哲学独特的概念，确实有助于推进对世界以及人类生活的理解，这也可以视为中国哲学对世界的贡献。

回到刚刚的问题。人之所作及其结果是"事"的最为基本的意义。"事"本身又具有综合性的特点，人的劳作、信息时代的生产活动、诗人艺术家的艺术创作、理论家的思想建构等，都属广义之"事"，在此意义上，"事"涉及经济、政治、伦理、科学、艺术等多重领域。引申而言，它既呈现为动态的过程，也指向事物、事件和社会现象等；不单涉及知，而且关乎行；既有对象性的作用，也包括观念性的活动。理论创作之"事"构成了理论建构之源，生产劳动之"事"决定着人化世界的形成，如此等等。以"事"的展开为前提，事物在事实层面的属性同人在价值层面的需要进一步相互联系，"事"的产物则不仅关乎事实，而且包含价值的维度。

你刚刚提到"事"有某种本体的地位，确实，"事"本身可以看作一种与人相关的广义的存在，具有形而上学的性质。但需要注意，"事"始终是具体形而上学视域中的存在，而非思辨或抽象的形而上学的考察对象。

388

（二）"事"有目的，"史"有方向

林：

在论著中您关注到了人的多样活动之"事"与社会变迁衍化之"史"的关系，历史之道寓于历史之事。您引入"事"的视域，是否有意识地对线性历史观、因果决定论进行超越？

杨：

倒不是有意地去超越，可以说是一种回应吧。真实地理解历史与刚刚谈到真实地理解世界一样，都需要引入"事"。从历史演进的过程来看，历史与人的活动是无法相分的。在物质文化的层面，农耕劳作、工业发展、技术进步等劳动过程既改变着自然也创造了历史；在政治衍化的领域，中国古代有"政事""事变"以及"举事"等表述，其中关乎社会治理、政权更迭等活动；在军事征伐方面，既包括用兵之道也包括军事活动，大大小小的战事都以不同形式影响和制约着历史进程。前面谈到的艺术和文学创作、哲学构思，体现了文化领域的不同活动以及相关的文化成果，它们也以文化创造的形式构成了历史发展的一个方面的内容。"事"的这种多方面性赋予了历史衍化具体、丰富、多样的内涵，展现了历史的真实形态。所有这些"事"，都离不开人的参与，它从一个方面表明，历史是由人创造的。

相较于那些宿命意义上的历史决定论或命定论，在"事"的视域中做事、处事总是需要依循一定的条件，并在一定的情境下展开。我在《"事"与"史"》这一章专门谈到了"势"与"事"的关系，这一视域中的态势，即表现为做事的背景。人的当下活动，总是为后续之"事"提供各种条件、创造多方面的情境。人在做事时固然出于某种需要、源于一定的动机，但这一过程并非随心所欲。不能认为展开于"事"的历史仅仅基于理性的设计，也不能认为历史是杂乱无章、无法把握的，这涉及人的自觉创造与因果法则作用的关系。"事"有其目的，历史的发展则有方向，人的多样活动同历史演进的过程具有对应性，实际的做事过程构成了历史发展的具体内容，而现实的需要和人的目的性也扬弃了"事"的空洞性，表明历史进程包含着实质的价值内容。从具体的人与"事"的角度考察历史，意味着历史过程不同于抽象的时间流逝。从现实形态看，与"事"的不同展开相关，历史并非线性、单一的衍化，而是包含多重性，既有正面的进步也有负面的倒退。历史整体的变迁往往是曲折的，可能在前进过程中出现某种回流，但是暂时的回流不能等同于历史发展的终结。

（三）经典与经学

林：

在中国古代思想史上我们会发现一个有趣的演变：汉代立《诗经》《尚书》《周易》《礼记》《春秋》为五经；唐代增加为九经，而后唐文宗开成年间又加为十二经；五代十国时后蜀国主孟昶刻十一经；南宋复增《孟子》，十三经正式形成。历代对于经典的理解有增益也有删减。反观西方，特别在基督教传统中，似乎历史与经典的关系与中国有明显不同，看起来中国传统对于历史更为关注，也更强调经史间的联系。从"事"的角度出发，您如何理解经与史的关系？这同时涉及今天对于经学的讨论。对于当前的经学热，想听听您的看法。

杨：

经典文献在内涵上广于经学：从时间上看，经学是在汉代逐渐形成的，但作为经学的思想和学术依据的经典（如五经）则在先秦已存在。同时，在近代，随着科举制的终结，经学的社会依托也消失了，但经典文献并不因为科举制的废除而消失。就此而言，经典相对于经学而言，具有更为绵长的生命力。经典的内容体现于在形而上的层面追问世界的普遍原理，同时在现实世界探讨人自身如何"在"。作为人类文明的凝结，其自身的意义可以超越特定的时空和地域。相较而言，经学只是其中一小部分。进一步看，经典并不限于经学文献，诸子的著作也构成了广义经典的内容，在学术思想的层面，这里涉及经与子的关系。历史地看，经学在其衍化过程中，并不限于以经解经，或以儒家经典解释经学思想，而是同时在不同意义上关乎以诸子解读经学，这种解读过程体现了开放视域。与之相对，以经学为准则判定经学，则表现为狭隘的眼界。近人蒙文通已注意到此，他主张以"诸子之学求儒者之旨"，反对以"经生之业以读诸子"，这里体现了基于广义经典以理解经学的视野。蒙文通常被视为近代经学的重要人物，其看法无疑值得关注。要而言之，从历史发展来看，经典是永远存在的，而经学的产生、作用都有历史性，其内容也包含自身的限定性。对经学需要进行具体的反思。

这里同时可以作某种对比。广而言之，中国的文化呈现出面向更广领域的开放性。在宋明时期，儒学尽管形式上拒斥佛老，但实际上展现的却是在排斥中的融合。比较而言，在基督教的传统中，可能更多地可以看到某种排外性：正统与异端、基督教与异教绝对地互不相容，除了早期同根同祖的犹太教，其教义也不允许其他宗教介入。基督教与伊斯兰教水火不相容，中世纪近10次的十字军东征，就表明了这一点；后来天主教和新教的矛盾也遍布整个欧洲，宗教改革带来内部各派的矛盾最后导致三十年战争的爆发。直到今天，依然存在各种宗教的对立。从这个角度来看，西方的宗教传统与中国文化存在比较大的差异，其特点在于缺乏宽容精神，也未能以开放的胸怀接受自身传统的扩展。今天西方热衷于以价值观划分阵营，尽管种种言说附上了"高尚"的道德外衣，实质上不外乎以上传统的延续。当然，从经学之域看，它也存在自身的历史限度：需要把广义的中国文化与中国经学区分开来。

林：

您认为今天单纯地像今文经学、古文经学那样去研究，其实是非历史的。

杨：

非历史意味着缺乏时代感和现实关切。经学从汉代开始确立，形成于特定的历史背景，当时统一的意识形态需要有一套能够影响、规范甚至支配人们言行的观念。但对于现代文明而言，这套名教系统中的以宗法的关系定位个体、注重尊卑等级差异等，主要体现了前现代的观念，已无法左右现代人的思想、影响现代人的行为。要对经典中的历史限定和价值内涵作具体反思，跳出其历史限度进行理性的分析。

同样地，现在有些学者将西方近代以来启蒙思想家的观念当作神圣的东西看待，这也没有必要。事实上，近代西方启蒙学者的这些思想内容也有其历史局限，对卢梭、洛克、霍布斯大加追捧，这并不可取：他们的思想只是一家之言，可以借鉴，但不必以此作为唯一的准则。一方面需要尊重以往的传统，以世界哲学的眼光来看待人类文明的思想成果，肯定这些思想成果作为人类文明的产物，应该被重视并加以学习；另一方面，也不必依附于某个哲学家或某种传统之上。总体上，亚里士多德、康德、黑格尔等，都是需要加以尊重的哲学家，但他们是人而不是神，其思想观念也有其历史局限，没有必要将某一哲学家或流派神化，一味推崇与理性的思维无法相容。

林：

这也是我们有时候在哲学思考、论文写作上会遇到的问题。

杨：

"写谁爱谁"这是我不断提醒同学们需要注意的问题。一些同学针对某一家、某一流派的研究，在将正面的优秀的部分充分地予以说明、分析的同时，常常回避其中的不足和弱点，这显然不可取。在做哲学研究、进行理论分析时，既要善于揭示和阐发其中的创造性见解，也需要指出相关思想观念中的局限性，后者往往表现为对于问题思考的深入。在写作和讨论的时候需要不断提醒自己，如实地评价，而不要趋向偏于一端的思考。

（四）时间实质的意义体现于过程性和历史性

林：

在存在与生成的讨论中，您用"变"与"常"加以说明，同时提到柏格森、怀特海等人的观点，以"事"来理解历史，时间就不是均匀的时序，这里是否以人之"作"区别了不同于以内在直观为准的意识时序，而强调历史性的时间？能否谈谈您对于"事"与时间性关系的理解？

杨：

从哲学的角度看时间，其最实质的意义就在于过程性和历史性。我们看海德格尔，他在一定程度上注意到了个体存在的历史性和时间性，像他的论著《存在与时间》，提出时间和存在是相联系的。海德格尔谈到个体生存关乎广义的生活世界，将个体的存在过程理解为自我筹划或自我谋划的过程，其实是将生活世界的展开同人自身的活动联系起来。他还注意到个体的存在形态并非完全地既定固有，同样具有面向未来的开放性。个体的生存过程，同时以烦、畏等心理体验为具体的内容。这就在一定意义上将存在的过程性纳入进来：一旦离开这一过程，共在、烦、畏这些内容就会流于空洞。他虽然没有明确地表示，但实际上已多少肯定存在的过程性，只是还不够彻底，其理解更多地限定在个体内在的精神世界、观念领域。海德格尔认为个体的生存过程总是围绕烦、操心等体验，而且在与人共在的过程中，个体往往处于沉沦之中，呈现的是比较消极的意味。实际上，生命延续的同时伴随着我们的创造活动，不仅仅涉及外部对象，也赋予人自身的存在以意义。从人的存在与生活的完整性出发，时间既不同于既定或现成的存在形态，也不可能终结于某一处，其意义体现于历史性和过程性。无论是个体的完善，还是生活本身的完整性，都

393

是在历史过程中不断实现的，具有过程的品格，而不是基于虚幻的来世或抽象的形态。

林：

物理、生物学上的一些解释能够说明科学的客观的时空关系，但无法说明现实的生活世界、现实的时空概念，包括刚刚谈到的生命的延续、历史的发展、生活的秩序、做事的过程等等。

杨：

以人的存在作为关注点，生活涵盖不同的方面，不仅仅是生命维系、延续的依循往复，还有我讲的在社会文化层面人的自觉活动、创造性活动。人和动物不一样，动物只求生存，但是人追求意义，在自然之维以外还有其他的价值追求。黑格尔在《历史哲学》里谈到："在自然界里真是'太阳下面没有新的东西'。""只有在'精神'领域里的那些变化之中，才有新的东西发生。"在黑格尔看来，自然界中时间只与对象自身的变化相关，在本然世界中，对象本身无所谓"新"和"旧"。从自然角度去说都是时间之流，没有什么新意可言。但是进入"精神领域"，也就是他所理解的历史领域或历史过程，世界历史就是"精神"在时间里的发展，时间的意义往往能不断获得新的内容。虽然黑格尔将历史划归"精神领域"，表现为思辨和抽象的产物，但是他肯定历史领域与自然界都关乎时间，已经注意到历史过程不同于自然界，有"新东西的发生"。在自然界或物理世界是不存在创造性的，唯有同人的做事过程相联系，时间的展开在内容和方式上都渗入了新的内涵。

威廉·詹姆斯提出"意识流"，认为人的意识活动是一种斩不断的"流"，柏格森讲时间是意识的"绵延"状态，认为"绵延的本质就是流逝"。这还是限于意识或精神之维，以意识持续不断的变化、流逝作为实际的存在或实体，其实是对存在或实在性的消解。从现实过程的角度看，"事"与时间展开为一个互动的过程：通过自身之"事"和社会之"事"，人进一步深化、扩展生命的意义。"事"中有时间，如此绵延不断，时间在自我肯定、意义生成中获得现实的根据，否则去讲"绵延"未免显得抽象和思辨。这就是为什么我谈到，一旦人疏离于"事"的时候，就会有空幻或虚而不实之感，这种空虚之感跟人自身的存在是密切相关的。撇开人的存在去观照时间，只能或是一种超验的设定，或是流于思辨的构造，这种活动除了满足人的思辨兴趣外，并没有增进我们对现实世界的真切了解。

林：

我们知道在时间之流中，每一个时间点都没有差别，既没有内容也无所谓过去、现在和将来。但是现实时间是有时态、有变化的。包括您刚刚谈到詹姆斯的"意识流"理论，他认为过去意识同现在意识相交织会重构人对于时间的感受，在主观感觉中形成具有现实性的时间感。您如何看待这种"绵延""意识流"所组织重构的时态？这同我们谈到的"人事有代谢，往来成古今"并不相同，我们应当如何理解中国哲学中古与今的时态变化？

杨：

"绵延"或"意识流"在内在时间里表现为有见于"心"、无见于"事"的特点，缺乏人化世界的现实性。"人事有代谢，往来成古今。"从个体来讲，人所作的"事"构成了人生的过程；而从社会的层面，"事"的代谢呈现为前后赓续的历史过程。由"人事代谢"来看"古今往来"，这也体现了人所作之"事"同时间的关系。一旦离开"事"、离开人事的代谢来谈

"古今"，那"古今"只是空幻的时间之流，李贺的诗"今古何处尽？千岁随风飘"说的就是这一点。"人事有代谢"，特定的事情在一定时间内完成，这件"事"就结束了，但是随着时间的不断推移，不同时代的个体又接续下来。比如我们刚刚讲到的经典的生成和衍化：后代基于当下的思想背景不断地对以往的经典作出自己的诠释和理解，承先启后绵绵不断，思想和学术得以传承。这里就反映了人事既有间断性，也有延续性。也正是人事的这种间断性和延续性，赋予了历史过程间断和延续的双重品格。"往来成古今"，时间的变化和演进，在实质的层面关乎历史发展中的延续性与间断性，这种特性源于"事"的展开，而不引向抽象之域。

站在时间之维去看，历史发生于过去，但又存在于现在。以人的具体存在为关注点，我们对于过去的理解总是受到当下的制约，比如一些历史事件的意义只有在现在的时空背景下能够得到具体展现；过去发生的事件也制约着现在所作之"事"。同样地，未来的时间不可能凭空产生，必须以现实世界作为本源，以实际的存在作为根据。以理想为例，一方面它植根于现实，一旦脱离现实就失去内在生命力；同时它还可以还治现实，为现实世界的进步提供依据。正是在这种现实与理想的互动中，不断达到历史性的统一，这也是我一直强调的要将时间同历史性、过程性联系在一起的缘由。可以说，正是人所作之"事"，赋予时间以具体的内容。

林：

不同于意识在内在时间里构造对象，中国的传统并不预设纯粹的内在时间，而将更多的关注点放在具体的历史性和过程性中，时间的价值正在于意义的变化生成而非无意义的流逝。

孔子讲"述而不作"，这里就谈到了创造的"作"和传袭的"述"，"往来成古今"的"今"不仅仅止步于当下，还因为人之"作"、人之"述"的"人化"过程而指向未来，"今"包含一种对未来的期待。

杨：

孔子虽然说"述而不作"，但他实际上既"述"又"作"。因为做事过程没有停止、不断变化、日新不已，所以"人事有代谢，往来成古今"，历史也没有终点。你看《易传》也提到"日新之谓盛德，生生之谓易"，都是相对人的存在、人从事的人事活动来说的，表现为新的存在形态的形成。顺便一提，像"人事有代谢，往来成古今"，这是孟浩然的感怀之句，我的书中经常会引用这些诗人的洞见。韦应物的名句"春潮带雨晚来急，野渡无人舟自横"，虽然诗中讲"无人"，但其实是以"有人"作为前提的，"野渡"和"舟自横"就存在于这样一个现实世界。再如我们讲，没有目标、无所事事，就会有乏味、空虚的感觉，人就处在无意义之境中，辛弃疾讲"闲愁最苦"，一下子就把在空虚中感受闲愁，那种绵绵的精神痛苦传神地描绘出来。

（五）"公共之间"的传统形态

林：

刚刚您谈到了"事"同历史、时间的关系，从人的创造活动和历史过程来看，我们会发现当代西方哲学家往往会区分个体领域和公共领域两个向度，要么聚焦个体生存，要么讨论社会政治结构。但是从您以"事"观之的视角出发，似乎并未对私人领域和公共空间进行严格的划分，对此您是怎么理解的？

杨：

从一个方面来说，确实，近代以来，对私人领域同公共领域作了比较明确的区分。罗蒂曾经有一个讲法，大意是说海德格尔、德里达是好的私人哲学家、坏的公共哲学家；哈贝马斯、罗尔斯等则是好的公共哲学家、坏的私人哲学家。这里区分了当代哲学的不同形态，像海德格尔、德里达等主要聚焦在个体的生存、个体领域，海德格尔把存在理解为通过烦、畏等内在体验而走向本真之我的过程；德里达反对逻各斯中心主义的思想传统，以此消解社会建构起来的意义世界。与之相对的是哈贝马斯、罗尔斯这些学者，他们主要关注公共领域。哈贝马斯强调主体间的交往是社会生活的主要内容；罗尔斯虽然关注个体自由，但他又认为个体的品格可以由社会政治结构来塑造，政治被归入公共领域，而道德、宗教等则被定位在私人领域，其关注之点，更多是公共领域对个体的作用。

　　这是基于现代人的视野、现代人的生活作出的区分，古代并没有这样一种严格划分。不过，虽无严格分野，也有类似的情况。属于个人德性修养、品格塑造、成就自己的领域，与以一定的政治身份来履行某种政治职责、国家治理之域，存在区分。此外，还有广义的社会领域，首先是家庭，所谓"父慈子孝"便是处理这一领域关系的基本原则。除了家庭之外，中国传统文化中的邻里、朋友关系，也属广义的"公共空间"。儒家讲"里仁为美"，以及"长幼有序""朋友有信"，这便关乎生活世界的多样关系。"里仁"已经超乎家庭的生活空间，指向宽泛意义上邻里之间的相处。朋友之间的友情、交往也不仅限于私人关系，而是关涉更广领域的人际交往。家庭、邻里、朋友作为广义"公共空间"的存在方式，与政治领域不同，更多地是介乎个体与国家之间的公共交往形态，构成传统社会重要的社会活动空间，其中，邻里、朋友可以视为家庭空间的扩展。可以看到，个体性与公共性之间的区分也是存在的，传统的生活世界涉及人的存在的不同维度，可以表现为家庭成员的相互关切，也可以是朋友乡邻之间的守望相助，"父慈子孝""长幼有序""朋友有信"，则是处理、协调传统意义上公共关系的不同原则。

在以上方面，中国的传统与西方不同。哈贝马斯在《公共领域的结构转型》中，曾谈到17、18世纪的英国、法国，人们在咖啡馆、文学沙龙以及集会、宴会上讨论文学、艺术，然后这些公众开始关注政治、国事，而咖啡馆提供了一个议论世风、褒贬时政的公共空间。中国不存在这样的背景，它强调依循一种基本原则，注重人与人之间的情感沟通、情感关切，所谓"长幼有序"、朋友之间讲诚信、师生之间彼此尊重，以情理交融的准则对人的交往行为加以引导，涉及礼仪的规范和仁道的原则。和谐的社会形态、有序的公共领域一方面需要理性规范的制约，以此避免相争和纷乱，儒家的礼作为引导社会生活和行为的基本准则，即体现了这一功能；另一方面，礼又与仁相涉，而仁则包含情意的内涵。在此意义上，仁与礼的统一，也意味着情与理的交融。儒家没有像现代政治学那样对私人、公共的领域作严格的区分，它更多地从日常生活或生活世界入手，讨论其中的多样人伦关系。

（六）个体之域与公共之域的互动

林：

这其实涉及您对于人的理解，人既有自我认同的个体性，也有社会认同的社会性。个体的自我完善和公共领域虽然各有侧重，但也并非绝对地分离。

杨：

人具有双重性。一方面，人是个体的存在，荀子从"心"的角度谈"出令而无所受令"，也涉及人的这一特点。人的价值追求、精神提升以个体自身的存在为关切点，并非他人所能替代。另一方面，人又不是孤独的、离群索居的对象，而是具有社会性，个体与他人共同生活在这个世界，不论是物质生活还是精神交往，人与人之间都无法相分。可以看到，人的存在涉及自我之维，也离不开与人共在。从孔子、孟子、荀子，再到马克思所说的"人是一切社会关系的总和"，都强调了人是群体的动物，这是基本的事实。从这一层面来说，个体之域与公共之域并非截然隔绝，而是相互交融的。传统的社会背景中，一方面是君权至上的尊卑有序的等级制度，另一方面邻里、朋友、家庭间也相互理解帮助。现代社会人与人之间则更多呈现为平等的关系，政治领域中干部与群众之间不存在等级界限，父子之间也不再以单向服从为交往原则。时代不同，社会关系的表现形式也不同，但是人的个体性与社会性的品格始终存在。无论是日常生活中的彼此相处，还是政治领域中的对话沟通，都涉及个体的选择、社会的关系，这也是我反复提到的存在的具体性。离开人的具体存在，离开了具体的社会关系去谈个体领域与公共领域，就失去了实际的价值意义。

林：

就人与人之间的交往来看，从传统社会到现代有着相异的形式。落实到成己成物的具体过程，通过将个体和更广的社会生活相联系的"事"的视角，能够扬弃当代哲学中个体领域与公共领域相互分离的趋向。

三、中西哲学：文明互鉴与个性化探索

（一）"入乎其中"和"出乎其外"

林：

中西之辩是老生常谈，由此也产生反向格义、以中释中、以

西释中等一系列论调，包括比较热门的运用现象学、后现代观点研究中国哲学，您如何看待这类研究现象？

杨：

从20世纪西方哲学流派来看，其构成呈现多样化，但最为主要的应当是现象学与分析哲学。进入21世纪以后，从分析哲学来看，很多年轻的学人有海外学习或访学的经历，受过较为严格规范的分析哲学训练。所以他们研究的方式方法和表述观点的进路都接近于西方分析哲学的模式，特别是一些青年学人刻意地仿效，以至于他们聚焦的论题、论述的方式、观念的认知与当代西方分析哲学几乎一一对应。不过到目前为止，更多还是集中于介绍、引入西方分析哲学的新进展，基本上是在分析哲学的框架内来思考某些问题，其研究方式如包括思想实验、逻辑预设等，也与之相近。

现象学在中国俨然已成为显学，以现象学的观点来反观某一问题，或者对某一问题作现象学的考察，此类题目多如牛毛。言必称胡塞尔，言必称海德格尔，表明现象学的影响力超过了分析哲学。但对于这类以现象学的概念去考察中国哲学的研究现象，我持保留意见。首先，现象学作为20世纪的重要学派之一，本身在演进过程中经历了诸种变化，其理论十分繁复。现象学的哲学内涵是什么？它究竟要解决什么样的问题，达到何种哲学的目标？相对于其他哲学系统，其思想进路的独特性又体现在何处？这些问题首先需要加以梳理。如果对现象学本身都尚未了然，动辄就讲现象学的方法，结果只能是以其昏昏，使人昭昭。一些文章的表述看似高深莫测，实则云里雾里、不知所云。现象学本身在对哲学论题的言说上，往往缺乏概念的辨析和严格的观点论证，因而很多表述较为晦涩模糊。

一些学人虽好讲明见性、本质直观、意向性、纯粹意识等，但实际上并不理解其理论内容。其研究仍在现象学之外兜圈子，看起来云遮雾罩，实则并不能提供真正启迪智慧的见解。这种"做哲学"的方法，意义显然不大。我不大赞同刻意套用某种西方主义的思潮去反观中国哲学，在我看来，单纯以非反思的形式加以迎合和效仿是不可取的。

前面已经讲过以世界哲学为视域，中国哲学、西方哲学都是人类文明发展的成果，其他哲学流派和哲学家的观点都是我们进一步思考中国哲学的重要参考背景。具体、认真地去理解、梳理、消化这些成果，以这些成果反观中国哲学自身传统，这是必要的。如果缺乏理论的视野、缺乏世界哲学的高度，仅仅把西方哲学普遍化为唯一的标准，以此规约中国哲学，这无疑是片面的。当然，以封闭的方式回溯和理解中国哲学，片面强调中国思想自身的特殊性，也非健全的思想形态。中国传统哲学以"性"与"天道"的考察为指向，对于问题的理解、阐发具有丰富的内在意蕴，也有其内在的逻辑脉络，今天需要在新的理论背景下来理解。剔除一切外来的概念和理论就中国哲学而论中国哲学的所谓"以中释中"，显然难以推进对中国哲学的理解。相反，如果有不同的思想参照系，能够以较为开放的态度看待中西哲学，则可以从经典中读出新的意义，看到以前所未关注的问题。

中国哲学中有很多重要的概念、观念、范畴，其特点是言约义丰，包括汉语的表达特点也是绵密、细微的，它们隐含着丰富的意涵而非显露在外，有待人们去阐发、去解读。解读者自身的修养愈是深厚，愈能从中挖掘出丰厚的文化内涵，愈能将中国古典哲学的深层意义予以充分揭示。反之，如果拘守单一的思想传统，缺乏多重理论资源的掌握，自然只能重复那些几百年、几千年来已昭然若揭的东西，难成自身独特的理论构架。说到底，既不能亦步亦趋，用半生不熟的概念框架加以依傍；也不能囿于以往传统自我封闭；更须拒绝跟风式的研究，群起而关注某种问题，以致人云亦云。

林：

经典从其内容上并未发生实质变化，但对于经典的理解、诠释却与所处的时代背景、现实问题密切相关，把西方哲学作为思考中国哲学的"他山之石"而非迎合、重复的对象，有助于赋予传统以新的生命力。回到分析哲学和现象学的研究上来，您在文章中也谈到并不是要完全放弃逻辑分析论证，也并不是要排斥语言分析。

杨：

我一直强调，在现代两大学派中，首先要经受分析哲学的洗礼。分析哲学中对于概念的辨析、理论的论证，有助于提供清晰有效的思维成果，是我们从事哲学研究不可或缺的。这种训练和洗礼不同于把分析哲学概论或介绍性的教材通读一遍，而是深入阅读、理解分析哲学家的著作，像赖尔、奥斯汀和维特根斯坦等真正意义上的分析哲学家的原著，都值得认真研读。分析哲学的进路与方法，乃是通过他们的著作传达出来的，唯有深入把握原著，才能领略其独特进路。

当然，如上所述，分析哲学有其自身的缺陷，包括将辩护或批驳的过程视为研究工作的全部。他们的讨论常常限于语言和概念的领域，而非世界本身，体现在研究上就是表述严密、论证透彻，但缺乏现实关切，无法提供真正引人深思的问题以及问题的解决方法，也未能呈现期望中的哲学的洞察和智慧的见解。语言本来是我们理解世界的一种工具，但在分析哲学中，工具本身却成了目的。因此我们对于分析哲学要加以反思，一方面不能简单地否定，需要切实地把握其哲学取向，通过概念辨析、理论论证的训练克服思辨性、模糊性；另一方面又应避免刻意仿效的做法，扬弃其化"道"为"技"的趋向，也就是说，尽可能做到"入乎其中"和"出乎其外"的统一。

（二）超越独断：言之成理，持之有故

林：

中国哲学传统或多或少较为忽视概念分析与逻辑推论，同西方哲学在思维方式上有所不同。

杨：

概念的辨析和理论的论证是分析哲学最为重要的两点，它从根本上保证逻辑的严密性，避免含糊其词、不知所云。中国哲学传统对于形式逻辑似乎没有给予充分关注，引入这种逻辑分析的研究进路，有助于克服我们自身传统中忽视形式逻辑的局限，在研究过程中达到"言之成理，持之有故"。"理"与"故"就是我们推论的理由、根据。像匹兹堡学派塞拉斯、麦克道威尔、布兰顿都在讨论理由空间，讲到底就是在推论过程中给出充分的理由。哲学的意义跟人的理性化追求是相联系的，所以整个推论过程既要有思维进路的条理化、脉络的清晰化，又需要提供一定的根据，进行相应的论证，而非仅仅依赖于自身的感受。

林：

刚刚谈到言之成理、持之有故，您将其视作哲学的一个特征。但其他具体学科似乎同样需要给出理由、进行理性的分析和推论。

杨：

从论说或研究的方法上，哲学与其他学科具有相通性。提供理由、进行论证是不同学科共同的要求，不光是哲学需要言之成理、持之有故，经济学、自然科学等学科也需要言之成理、持之有故。可能哲学在这方面的要求更为严格，具体学科除了逻辑论证，还有实证的过程，最终要通过经验领域以获得和验证知识，但是哲学则无法仅仅局限在经验领域，它需要跨越特定学科的界限而指向世界本身。哲学与文学等人文学科也不同，文学可以将感受、体验作为重要的立论依据，一些个体性的内在感想常见于小说、诗歌、散文等文学作品之中，与之相异，哲学必须以逻辑为形式，有理有据，它很难接受缺乏理性根据的断言。

林：

哲学与具体学科在相关的论证过程、呈现方式上的不同其实也涉及您一直强调的知识与智慧的区分。

杨：

我讲要将知识与智慧区分开来，但并不是说要将两者割裂开来。离开了知识，智慧就是空泛的、没有实质内容的，像康德说的"感性无知性则盲，知性无感性则空"，知识与智慧的关系亦是如此。

（三）开眼看世界：学术的优势与未来

林：

我们刚刚谈到中西哲学的关系，我也关注到您还有"超越非对称"的提法，这涉及另外一个很现实的层面：我们中国思想和哲学还没有完全融入西方哲学的主流，依然停留在表面热闹的阶段，更多作为异域文化的存在形态出现，汉学家怀着猎奇的心态进行研究。您认为中国哲学应当如何真正地走出去？

杨：

这种不对称性更多指的是当前的现状。从19世纪后期开始，中国的主流思想家其实就深入西学中，特别是到20世纪像梁漱溟、金岳霖、冯友兰这些思想家，都在不同程度上关注西方哲学，并受其影响来建构自身的思想体系。但是西方的主流思想家并未将中国哲学作为真正的哲学来理解，一个很明显的现象就是：中国哲学并没有进入主流的西方高校的哲学系中，常常和历史研究、宗教研究、区域研究归在一块儿，西方学界常常趋向于将中国哲学视为宽泛意义上的"思想"。这种不平衡性和不对称性就表现为中国哲学家将西方哲学作为思想资源加以运用，但西方主流的思想家和哲学家并不了解中国哲学。所以我们这里讲"走出去"绝不是申请一个国际交流项目、在学术会议上发言或者通过翻译、介绍等形式实现，这只是自娱自乐的行为，一厢情愿的"走出去"是无济于事的。我们说的真正"走出去"是真正进入西方主流哲学的视野，作为人类文明的普遍成果得到接受和认可。

首先需要潜下心来做一些切实的研究，以世界文明为视野，踏踏实实地关注具体问题，如果我们的思想仅对东方人适用，西方人读了云里雾里，主流的西方哲学就不可能发现和承认中国哲学所具有的内在价值。应当将中国哲学中真正具有普遍性意义的思想内涵，以西方主流思想所能理解和认可的形式呈现出来，形成建设性的成果，这是一个大前提。所有的概念、观点、术语都需要在更为宽广的世界范围内被理解，不能停留在中国哲学怎样、西方哲学如何，而是需要以东西方共同面对的普遍性问题为对象，思考在解决这些普遍性的哲学问题上，中国哲学能够提供什么东西。其次，应当提出一套有创见的理论，也就是说，不能单单止步于理解其他文明的层面，还要以多重的智慧资源建构自己的体系，并进一步作出自身独特的思考。从文化内涵的角度来说，唯有展现自身文化创造的意义和内在力量，才能获得其他文化形态的尊重和认可。在这里，独特的视野、自身的洞察和创见不可或缺，由此形成具有个性特点的哲学系统，并在此基础上持之以恒地加以推进。这样，中国哲学便不再限定于某一特定的文化圈或地域之中，而是能够展现普遍的品格和创造性的内涵，这是融入包括西方主流哲学在内的世界哲学发展过程的前提。创造性的研究是不可或缺的，这样的成果不用我们自己翻译，国外的学界也会主动翻译和了解。

林：

您刚刚谈到西方主流大学并未将中国哲学纳入哲学系的讲授中，包括一些西方专业的学术刊物其实也有类似的情况。

杨：

这是他们的偏见，其实这种思想视野对他们自身的哲学发展构成了明显的限制。随着20世纪初叶和中叶出生的西方哲学家相继谢世，在50年代、60年代的学人中，已经很难举出真正意义上的哲学家。尽管西方哲学界出现了很多具有优秀逻辑分析能力的专家学者，但缺乏哲学思辨的气象，很少有自成一系、能够对世界和人自身作出深刻考察的哲学家。其中的原因就包括守着单一的哲学传统，不承认也不了解西方以外的其他文明，这就限制了眼界和理论资源，每每讨论的都是西方哲学的论题，在自己的圈子里打转。反之，中国学人注重开眼看世界，也可以视为一种学术优势，我反复提到要有世界哲学的视野，能够运用多元的哲学智慧思考哲学问题。刻意地排斥外来文明是消极、狭隘的，现在需要的就是在世界文化和世界哲学的视野下，把东西方文明的成果都看作人类文明的成果。只有会通，才能不断有新的思想创造。

林：

学术之路日新不已，哲学之思无有止境，感谢您接受我们的采访。

（原载《曾子学刊》第5辑）

后　记

　　收入本书的文章，以儒学与广义的中国哲学为论题，大多在2022年以后发表于各种学术刊物，收入本书时有改动。相关论文均首次结集，为避免交叉重复，略去了近年已汇入其他论集的文章。书后收入近年的四篇访谈，作为附录。

杨国荣

2023年6月